BIBLIOTECA
HUMANIDADES

A BIBLIOTECA
DE FOUCAULT

REFLEXÕES SOBRE ÉTICA, PODER E INFORMAÇÃO

BIBLIOTECA
HUMANIDADES

Cristian Brayner

A BIBLIOTECA DE FOUCAULT

REFLEXÕES SOBRE ÉTICA, PODER E INFORMAÇÃO

Copyright © 2018 Cristian Brayner
Copyright desta edição © 2018 É Realizações

Editor
Edson Manoel de Oliveira Filho

Coordenador da Biblioteca Humanidades
João Cezar de Castro Rocha

Produção editorial, capa e projeto gráfico
É Realizações Editora

Diagramação
Nine Design Gráfico | Mauricio Nisi Gonçalves

Preparação de texto
Fernanda Simões Lopes

Revisão
Juliana de A. Rodrigues

Reservados todos os direitos desta obra. Proibida toda e qualquer reprodução desta edição por qualquer meio ou forma, seja ela eletrônica ou mecânica, fotocópia, gravação ou qualquer outro meio de reprodução, sem permissão expressa do editor.

DADOS INTERNACIONAIS DE CATALOGAÇÃO NA PUBLICAÇÃO (CIP)
ANDREIA DE ALMEIDA CRB-8/7889

B838b
    Brayner, Cristian
      A Biblioteca de Foucault : reflexões sobre ética, poder e informação / Cristian Brayner ; coordenação de João Cezar de Castro Rocha. – São Paulo : É realizações, 2018.
    288 p. (Biblioteca humanidades)

    ISBN 978-85-8033-346-6

    1. Biblioteconomia 2. Bibliotecários 3. Biblioteca - Administração I. Título II. Rocha, João Cezar de Castro

18-1302   CDD: 025
                                                                           CDU: 025

É Realizações Editora, Livraria e Distribuidora Ltda.
Rua França Pinto, 498 · São Paulo SP · 04016-002
Caixa Postal 45321 · 04010-970 · Telefax: (5511) 5572 5363
atendimento@erealizacoes.com.br · www.erealizacoes.com.br

Este livro foi impresso pela Paym Gráfica e Editora em julho de 2018. Os tipos são da família Minion Pro e Avenir Next. O papel do miolo é offset 90 g, e o da capa, cartão Ningbo C2 250 g.

Pelas aulas práticas de alteridade,
ofereço este livrinho ao Senhor Brayner
e à Dona Noélia.

"Existem momentos na vida onde a questão de saber se se pode pensar diferentemente do que se pensa, e perceber diferentemente do que se vê, é indispensável para continuar a olhar ou a refletir."
Foucault, M.
História da sexualidade.
Rio de Janeiro: Graal, 1984. v. II, p. 13.

SUMÁRIO

Biblioteca como *Éthos* | 11
Rompendo o Mito do Silêncio | 17

1. Uma entrevista | 23
2. A liberdade | 43
3. O poder | 53
4. A neutralidade | 81
5. A cooperação | 99
6. A opressão | 107
7. A violência | 115
8. A ética | 123
9. A luta | 147
10. A felicidade | 159
11. A amargura | 179
12. A celebração | 183
13. O medo | 187
14. A beleza | 193
15. A coragem | 197
16. A ignorância | 203
17. O caráter | 209
18. A verdade | 225
19. A gratidão | 231
20. O respeito | 235
21. O Progresso | 241
22. A empatia | 247

Da nova geração de intelectuais bibliotecários | 265
Ética, estética e política: por uma nova biblioteca | 271
Índice temático | 279
Índice onomástico | 284

BIBLIOTECA COMO *ÉTHOS*

Dr. Marcos Galindo
Professor da Universidade Federal de Pernambuco

É um prazer escrever um antelóquio às ideias do pensador contemporâneo e beletrista Cristian Brayner. A princípio, observo que há um rastro de *éthos* no discurso deste bibliotecário que se serve de seu "personagem" para se colocar no lugar daquele que reflete sobre as crenças orientadoras, os mitos fundamentais, os ideais e os princípios que caracterizam os costumes da comunidade bibliotecária contemporânea.

Se é certo que o *éthos* não pertence ao orador, mas ao público, a oratória de Cristian certamente espelha uma fatia expressiva do seu público, bem como o espírito geral que governa ou determina os costumes do seu tempo.

No original grego, o termo *éthos* também foi usado para designar o lugar do acostume, ou o costume como hábito. Se assim valia para os gregos antigos, parece-nos que o nosso tempo deixou a Biblioteconomia na condição da nação em busca de uma nova pátria.

Aristóteles entendia que o *éthos* de um arauto se constituía em uma estratégia retórica empregada com o propósito de despertar a confiança em seu público.[1]

---

[1] ARISTÓTELES. *Arte retórica e arte poética*. 15. ed. Rio de Janeiro: Ediouro, [199-].

Se este foi o propósito de Cristian, ele o alcançou por meio do bom senso e da argumentação sólida.

"Todo ponto de vista é uma visão, vista de determinado ponto" – esta aparentemente óbvia máxima popular contém *mais* sabedoria do que parece e nos ajuda a entender a mente complexa e buliçosa de Cristian Brayner. *A Biblioteca de Foucault* é uma obra formada por um conjunto de ensaios desnudados nos quais Brayner nos deixa enxergar sua visão de mundo.

Logo no princípio do texto faz um elogio a *parrhesía*, entendida não como uma prática inocente da franqueza que provoca e libera a franqueza alheia. Cristian apoia-se no entendimento foucaultiano que vê na *parrhesía* a oportunidade que o falante tem de oferecer uma narrativa honesta, completa e precisa do que tem em mente, de modo que seus interlocutores consigam compreender, sem ruídos ou deformações, aquilo que o autor fala e pensa. Assim, como um genuíno parresiasta, Cristian se propõe a abrir sem reservas seu coração e sua mente completamente em benefício da boa comunicação.

O manuscrito que seguro em minhas mãos, de certo, exige esforço intelectual adicional para não ser confundido com um libelo escatológico que anuncia o fim "de um mundo". Antes disso, trata-se de um convite inteligente à reflexão e à esperança na renovação do ofício.

Isso dito, importa que o leitor espere um manifesto crítico que se debruça sobre a Biblioteconomia e seus frutos, sobre seu ser e estar no mundo moderno contemporâneo. Tampouco é uma prosa comprometida com a mansidão, com a vassalagem – afasta-se e se distingue dos Servos dos Servos da Ciência,[2] não se desfaz a afagos ou elogios, e sim é um chamado, uma denúncia contra a descura da inteligência. Cristian Brayner é um provocador, na melhor semântica que o conteúdo deste termo pode alcançar. Desse modo, é possível que não agrade a alguns desavisados passageiros da agonia contemporânea.

O texto procura as mentes sem teto, envolvidas com a angústia de viver a crise moral do nosso século. É um aceno atordoado para o futuro que rasga, profundamente, a pele da Biblioteconomia, procurando a essência que imerge da sua substância mutante. Busca os descontentes, os divergentes ou inquietos, aqueles comprometidos *in essentia* com o estar em seu tempo histórico.

As mentes progressistas que se derem o direito de pensar com Cristian terão no seu texto a oportunidade de uma deliciosa viagem. É, sem dúvida, um militante, mas de que ordem? Da ordem da humanidade! Do lado da cultura livre e democrática.

Seu ponto de vista mescla tons do visionário esperançoso do amanhã com a perspectiva do desassossegado que perdeu a paciência com a tradição empedernida pela visão da cabeleira multisserpentinar da Medusa. Lança seu olhar para ela pelo espelho, passando em revista o azedume do silêncio, das regras monásticas, com a sacralidade a que traz luz e impregna as paredes dos edifícios públicos bibliotecários.

---

[2] Tendência desenvolvida historicamente pelos bibliotecários que teve seu ápice no auge do positivismo. Nesta postura, os bibliotecários se autodeterminavam, voluntariamente, como servos subalternos dos cientistas, considerados por eles os verdadeiros servos da ciência.

Paradoxalmente, sua visão de leitura em certos momentos o trai e com doçura deixa escapar, por entre os dedos do crítico, a esperança mordaz, aquela que restou na jarra de Pandora. Cristian acredita na leitura tradicional como redentora das inteligências, libertadora das almas escravizadas pelos dogmas e preconceitos herdados do nosso passado histórico, aplicados *ad nauseam* nas bibliotecas brasileiras.

É certo que um neo-humanismo se constrói em nosso tempo, trabalhado pelas mãos de uma geração mais livre das amarras de gênero, raça, sexualidade. Talvez tenha chegado o momento de ver emergir uma nova religião. Não aquela construída pelos fundamentalistas farisaicos, mas uma mais próxima do seu senso latino residente no termo "*re-ligare*", que significa ligar novamente, no sentido de retornar às origens, religar o homem à partícula fundamental divina que nos une ao universo. Essa partícula amorfa, todavia, não reconhece as fronteiras que a nossa carcaça animal impõe para sobreviver no ambiente denso da atmosfera. A partícula fundamental liga-se ao divino pelo amor aos homens, não tendo "em espírito" sexo, cor ou gênero, apenas humanidade.

Assim é a biblioteca. Construímos historicamente um lugar para esse instrumento social encaixado na atmosfera. Segundo Halévy,[3] estamos no tempo da gnoosfera, no qual as inteligências tendem a encontrar outras inteligências em universos hiperconectados. Serão estes os palácios da memória que Santo Agostinho esperava? Não sei! Sei, entretanto, que o mundo das bibliotecas mudou irremediavelmente.

---

[3] HALÉVY, M. *A era do conhecimento*. São Paulo: Unesp, 2010.

Outro universo com sua função dilatada encontra-se em construção. É certo, também, que a leitura não acabou. Ao contrário, está se tornando mais livre, menos linear, mais universal. Em qual palácio esta memória repousará? Não sei, mas não será, certamente, nas paredes frias das bibliotecas monásticas que resistem na modernidade.

Em um momento feliz, Cristian se reencontra com o discurso de Edson Nery da Fonseca, que bradava aos quatro ventos a noção do bibliotecário pós-graduado sem encontrar, em seu tempo, uma vivalma que o compreendesse. O que defendem Nery e Brayner? Parece-me ser o conceito de bibliotecário, menos como ofício, mais como vocação. O primeiro decorre e deriva-se do segundo; sem vocação, não há ofício. Ser bibliotecário é, portanto, uma condição que se conquista com esforço e dedicação. Não basta o diploma de bacharel para ser bibliotecário. Antes de configurar uma profissão conquistada nos bancos da escola, a Biblioteconomia é um estado de espírito a que se alça, o lugar de onde se milita a função social da mediação do conhecimento canonizado. Em suas palavras, citando Jacob, a biblioteca seria "um conceito imaterial que dá sentido e profundidade às práticas da leitura, da escrita e da interpretação".[4]

---

[4] JACOB, C. Prefácio. In: BARATIN, M.; JACOB, C. (Dir.). *O poder das bibliotecas*: a memória dos livros no Ocidente. Rio de Janeiro: Ed. da UFRJ, 2000. p. 10.

ROMPENDO O MITO
DO SILÊNCIO

Dr. Aquiles Alencar Brayner
Bibliotecário da British Library

Os ensaios aqui reunidos lançam, de uma maneira elegantemente articulada, um alerta para todos nós, bibliotecários, pensarmos de maneira crítica e construtiva a nossa profissão. Ao levantarmos a voz contra as representações mais comuns a que estamos submetidos – taciturnidade, conformidade às regras, inércia e, em casos bastante frequentes, misantropia –, que, muitas vezes, internalizamos como comportamentos inerentes à nossa prática profissional, estamos desconstruindo um mito para exercer uma prática relevante de acesso, uso e disseminação de acervos institucionais para uma gama mais diversa de usuários.

O silêncio ensurdecedor de muitos colegas que, ocupados em repetir regras e padrões para descrever, organizar e proteger os "seus" acervos, acabam por construir uma barreira entre bibliotecários e usuários. O emprego do termo "usuário" aqui não é gratuito – ele designa de maneira muito mais propícia aqueles que povoam as nossas bibliotecas. Assim como o termo biblioteca não pode ser entendido somente como "coleção de livros", não podemos reduzir nossos usuários à mera condição de leitores. A biblioteca existe não porque alberga escritos, mas sim porque serve para usuários: ela presta serviço ao mesmo tempo que demonstra uma utilidade de uso! Dessa forma, a biblioteca deve atuar não somente como espaço físico reservado à leitura, mas também, e principalmente, como serviço que facilita a criação e a troca de ideias. Ao passo que a leitura, pelo menos na acepção moderna do verbete, evoca um ato solipsista e, portanto, uma atividade silenciosa e puramente individualista, a dinâmica que impulsiona a fomentação e o intercâmbio de ideias está vinculada ao diálogo e à interação reflexiva, atividades intrinsicamente ligadas ao conceito de democracia e formação do sujeito, segundo nos afirma Jürgen Habermas.[1] A nossa tarefa como bibliotecários deve ser exercida nesse contexto.

O bibliotecário "atrincheirado", aquele que se coloca por trás das mesas de referências para atender ao usuário, assume, literalmente, uma atitude de defesa e rechaço ao incorporar uma posição de distanciamento a quem o procura. Alguns anos atrás, recordo uma palestra proferida pela professora Marilena Chaui, no King's College, em Londres, na qual a filósofa argumentava, seguindo a mesma linha do pensamento habermasiano, a relação antagonista entre os conceitos de democracia e burocracia. A democracia, segundo Chaui, oferece uma prática dialogizante entre sujeitos, independentemente da posição que estes ocupam na esfera social. É por meio do diálogo democrático que podemos, então, repensar práticas e reformular leis de acordo com a realidade na qual os sujeitos se

---

[1] HABERMAS, J. *The theory of communicate action*: reason and the rationalizations of society. Boston: Beacon Press, 1984.

encontram inseridos. A burocracia, por sua vez, desconhece qualquer prática de diálogo, já que ela se pauta sobre o poder assumido pelo burocrata, aquele que representa e assume para si a imposição de regras irrevogáveis, justificando, por meio de códigos e leis obsoletos, uma disposição intransigente e proibitiva a qualquer atitude ou ideia que possam questionar o seu *modus operandi*.

A interessante observação levantada por Chaui se adequa perfeitamente à prática atual da Biblioteconomia. De um lado, deparamo-nos com o bibliotecário-burocrata, aquele que se ocupa em proteger acervos, decidindo quem está ou não autorizado a acessá-los. Para esse profissional, a palavra de ordem será sempre o silêncio. Regras são estabelecidas para serem tacitamente aceitas, e o usuário, comumente definido como leitor, deve estar submetido ao jugo das proibições impostas. O lado oposto da moeda traz o bibliotecário-democrático, aquele que, atendo-se ao seu compromisso de "preservar o cunho liberal e humanista da profissão de Bibliotecário, fundamentado na liberdade de investigação científica e na dignidade da pessoa humana",[2] está sempre facilitando o acesso à informação ao repensar novas estratégias de interação entre usuários e acervos, seguindo o preceito de que

> [a]dmitir autoridades, mesmo austeramente engomadas e togadas, em nossas bibliotecas e deixá-las

---

[2] CONSELHO FEDERAL DE BIBLIOTECONOMIA. Resolução n°. 42, de 11 de janeiro de 2002. Dispõe sobre Código de Ética do Conselho Federal de Biblioteconomia. *Diário Oficial da União*, Brasília, DF, 14 jan. 2002. Seção I, p. 64.

nos dizer como ler, o que ler, que valor atribuir ao que lemos, é destruir o espírito de liberdade que é o oxigênio desses santuários. Em todos os demais lugares poderemos ser constrangidos por leis e convenções – ali, não.[3]

Há alguns anos, ao ser convidado para dar uma palestra em uma renomada universidade norte-americana, citei o exemplo de como bibliotecários vêm trabalhando na disseminação dos seus acervos pelo uso de plataformas de acesso aberto. Para elucidar a minha fala, tomei o caso da Wikimedia Commons, e de como estamos trabalhando para adicionar conteúdos àquela plataforma, que vão desde imagens para utilização por editores para ilustrar artigos na enciclopédia *on-line* até a própria participação de bibliotecários, arquivistas, curadores e museólogos na edição dos textos ali publicados. Alguns colegas que assistiam à palestra retrucaram os meus argumentos afirmando que a falta de validação científica para a maioria das entradas na Wikipedia dava razão suficiente para que alertemos os usuários a não recorrerem à plataforma. Rebati as críticas perguntando aos colegas se algum deles havia entrado na plataforma para editar dados incorretos. A resposta, como era de se esperar, foi um redondo "não"! O caso mostra o quanto ainda adotamos atitudes fora de moda ao julgar as informações e suas fontes. É certo que devemos instruir usuários a buscarem informações em fontes confiáveis, o que não implica, necessariamente, que não podemos tornar mais confiáveis as fontes de

---

[3] WOOLF, V. *The Second common Eeader*. San Diego: Andrew McNeillie, 1986, p. 258.

buscas às quais os usuários têm maior familiaridade de acesso e uso. Mais vale o ditado: "Se Maomé não vai à montanha, a montanha vai a Maomé".

Outro exemplo de prática dialógica que podemos travar com usuários e que vem se espalhando em instituições de memória cultural em algumas das mais importantes bibliotecas do mundo, como no caso da Biblioteca Britânica e da Biblioteca Pública de Nova Iorque, é a adoção de folksonomias ou tagueamentos – descrição da informação adicionada por usuários – em catálogos eletrônicos. Infelizmente, no Brasil, essa prática ainda é pouco utilizada por nossos bibliotecários e arquivistas. As taxonomias e os vocabulários controlados que elaboramos para a organização e a recuperação de dados formam padrões rígidos de descrição que, na maioria das vezes, não estão calibrados com a linguagem ou com a interpretação que diferentes grupos de usuários possam utilizar para referir-se a um mesmo objeto. Se desejamos realmente nos comunicar diretamente com os usuários, devemos, então, aprender a sua língua, e não esperar que eles possam entender o "diálogo de comadres" que travamos, crendo, assim, que podemos justificar a nossa existência em uma prática profissional que se escuda na terminologia e nas estruturas ininteligíveis às quais devemos servir. O que defendo aqui não é negar a validade e a importância dos nossos padrões de descrição e representação informacionais, mas sim agregar-lhes valor e utilidade ao pensarmos em estratégias de coadunar a nossa linguagem ao modo de expressão pública para assim podermos traçar um verdadeiro diálogo com aqueles que buscam os nossos serviços.

Esses breves exemplos, ainda que enfocados em catálogos eletrônicos, acervos e plataformas digitais, não deixam de ser relevantes para refletirmos sobre as inúmeras possibilidades que hoje estão disponíveis para que renovemos a nossa atuação profissional, principalmente ao oferecerem novos tipos de serviços e disseminação de acervos para um número mais amplo e variado de usuários. No caso dos espaços e acervos físicos, como alguns dos ensaios neste volume tratarão, cabe a nós pensarmos em ambientes mais aconchegantes e atrativos para tornar a biblioteca a extensão da nossa casa, favorecendo, assim, a socialização em que todos se sintam à vontade em um espaço descontraído e acolhedor. Salas e mobiliários austeros à moda de repartições públicas do século XIX se mostram tão defasados quanto a imagem do bibliotecário sisudo e burocrático. O momento é mais que propício para transformarmos a imagem obsoleta da biblioteca como repositório de objetos cujo papel é preservar e reproduzir o passado. A biblioteca do século XXI deve ser necessariamente um espaço de novidades e descobertas, e o bibliotecário o agente articulador deste lócus de inovação. Os ensaios do autor nos apontam para esse rumo.

UMA ENTREVISTA

1. Cristian, como você enxerga a relação entre as áreas de Biblioteconomia e História?

Encaro a História como um conjunto de narrativa das subjetividades.[1] Como história-relato, destinada a contar o que foi visto e sentido, ela se erige por meio de uma seleção prévia de fontes acondicionadas em depósitos físicos e digitais, alçadas à condição de documentos. Nesse sentido, a biblioteca é o lócus privilegiado da forjatura dessa história-testemunhal, não apenas por se tratar de um equipamento destinado a coletar e a disseminar narrativas múltiplas, mas também por estar empenhada em invisibilizar vozes consideradas impróprias ou inadequadas ao sistema de poder vigente, silenciando, total ou parcialmente, sujeitos e coletividades. É desse modo que a sua topografia reflete a estrutura de poder vigente, subordinada às entidades políticas e aos saberes hegemônicos. A biblioteca possibilita ao historiador construir narrativas geminadas, tanto pelo que se é encontrado em suas estantes, salões e

---

[1] LE GOFF, J. *História e memória*. 5. ed. Campinas: Ed. da Unicamp, 2003.

corpus quanto por suas lacunas físicas e simbólicas. A história de qualquer biblioteca envolve, necessariamente, um conjunto de presenças e defecções.

Gostaria de me debruçar sobre duas relações mais específicas, uma pretérita, outra atual. A Biblioteconomia, nos oitocentos, sofreu um curioso processo de apropriação, tornando-se uma espécie de serva da História. Frédéric Mauro[2] compreendeu esse fenômeno de vassalagem como uma estratégia destinada a atribuir cientificidade à História. De todo modo, vale ressaltar que essa relação, ainda que subordinativa, beneficiou a Biblioteconomia, ao lhe outorgar *status* de ciência auxiliar. Acredito que a solidez dessa aliança se deu em virtude do enorme sucesso do aforismo de Leopold von Ranke[3] entre os historiadores: "er will bloss zeigen wie es eigentlich gewesen ist" [Apenas mostrar como realmente aconteceu]. Afinal de contas, nessa perspectiva, como recuperar a pretensa verdade histórica sem recorrer às fontes custodiadas pelo bibliotecário?

Sinceramente, não me parece que os atores da Biblioteconomia contemporânea se sentiriam satisfeitos em encará-la como disciplina submetida ao saber histórico. Contudo, se é verdade que a sensatez tenha cassado o título de "ciência" atribuído à Biblioteconomia pela História, ela foi investindo, pesadamente, em um conjunto de técnicas pretensamente neutras, destinadas a ordenar qualquer

---

[2] MAURO, F. *Des produits et des hommes*: essais historiques latino-américains, XVIe-XIXe siecles. Paris: Éd. EHESS, 1971.
[3] RANKE, L. von. *Geschichten der romanischen und germanischen Völker von 1494 bis 1535*. Leipzig: Duncker & Humboldt, 1885. p. VII [tradução nossa].

coleção bibliográfica produzida por saberes. Isso justifica o investimento pesado em estratégias linguísticas no trato com os acervos e o público, em especial a partir da segunda metade do século XIX. Isso é explicado, em parte, pelo abandono da matriz curricular de forte inspiração humanista, baseada na École des Chartes. Em prol de uma biblioteca de livre acesso, os bibliotecários brasileiros dito "progressistas"[4] abraçaram, sem reservas, o modelo norte-americano. E cá estamos nós, ansiosos com o lançamento da nova edição da CDD[5] e preocupadíssimos com a morte prenunciada da AACR2.[6] Do bibliotecário erudito restaram as cinzas.

Não se trata, evidentemente, de negar a importância de construção de padrões de tratamento das fontes ou de serviços e produtos, mas de colocar sob permanente suspeita a independência da técnica frente à teoria social. Esse temor não é recente. Lee Pierce Butler,[7] professor de Biblioteconomia da Universidade de Chicago, já denunciava essa postura em 1933: "Ao contrário de seus colegas de outros campos de atividade social, o bibliotecário é estranhamente

---

[4] CASTRO, C. *História da biblioteconomia brasileira*. Brasília: Thesaurus, 2000. p. 199.
[5] A Classificação Decimal de Dewey (CDD) é um sistema de classificação documental desenvolvido pelo bibliotecário norte-americano Melvil Dewey, em 1876. Já na 23ª edição, tem recebido críticas pelo seu anglocentrismo e conservadorismo, propensos a reduzir ou desqualificar as experiências socioculturais de outros povos em suas notações.
[6] O Código de Catalogação Anglo-Americano – 2ª edição (AACR2) é um compêndio de regras para descrever fontes bibliográficas representando pessoas, localizações geográficas e entidades coletivas.
[7] BUTLER, L. P. *An introduction to Library Science*. Chicago: University of Chicago Press, 1933. p. xi-xii [tradução nossa].

desinteressado aos aspectos teóricos de sua profissão. O bibliotecário é o único a permanecer na simplicidade de seu pragmatismo". Aquele "gosto exclusivo pelo real e pelo útil",[8] tão apregoado por Auguste Comte, afetou-nos profundamente. Esse divórcio entre teoria e técnica, também denunciado por Ortega y Gasset,[9] introduziu o bibliotecário em um estado de alienação, fragmentando tudo o que ele toca, como se o atuar não estivesse associado ao pensar.

Nesse cenário, penso que a História pode prestar um serviço para a Biblioteconomia, contemporizando sua matéria-prima – a palavra –, desvendando suas cores e nuances. Não se trata de uma tarefa fácil. O culto respeitoso à verdade circunscrita às fontes e a modos particulares de tratamento documental não resultou no interesse por parte dos atores envolvidos em compreender as estratégias legitimadoras das vozes que povoam nossas estantes. Há focos de resistências na superação da ideia de imparcialidade discursiva, como se a palavra, materializada em verbetes, números de chamada e taxonomias, não implicasse, em si mesma, um compromisso político. O envolvimento ideológico da biblioteca é comprovado tanto pelas labaredas de fogo que dão cabo às suas fontes quanto pela diligência por parte do Estado em construir edifícios nababescos para abrigarem a sua memória. Estou convencido que as narrativas históricas podem diluir os dogmas do tecnicismo canhestro, por meio

---

[8] VITA, L. W. *Alberto Sales:* ideólogo da República. São Paulo: Companhia Editora Nacional, 1965. p. 276.
[9] ORTEGA Y GASSET, J. *Meditación de la técnica y otros ensayos sobre ciencia y filosofía*. Madrid: Alianza, 2008.

do cruzamento das memórias, colaborando com o bibliotecário ao subjetivar seu olhar e seus modos de "fazer biblioteca", levando-o a experienciar a técnica como "agir produtivo na sua integridade".[10]

2. Em 2015, o Ministério da Cultura (MinC) lançou uma plataforma muito interessante na qual é possível encontrar, dentro do mapa do Brasil, as mais de 6 mil bibliotecas públicas (municipais e estaduais) e comunitárias cadastradas no Cadastro Nacional de Bibliotecas e que integram o Sistema Nacional de Bibliotecas Públicas (SNBP). Como você avalia as recentes políticas públicas do Brasil para as bibliotecas?

Sua pergunta parte do princípio de que o Brasil tem desenvolvido políticas públicas destinadas às bibliotecas. Estou de acordo. O mapa que você menciona é prova de que algo tem sido feito na esfera federal. De todo modo, vale esclarecer que a letargia conscienciosa é política pública.[11] Se, por exemplo, o atual ministro da Cultura privilegiar a indústria cinematográfica, como me parece estar fazendo, ele poderá, ao final de 2018, afirmar, serenamente: "Desenvolvi políticas públicas para as bibliotecas brasileiras ao ignorá-las".

Respondendo, pontualmente, à sua questão, observo que, nos últimos anos, o Brasil avançou, particularmente no campo da política pública regulatória. Ressalto, sobremaneira, a aprovação da Lei nº

---

[10] AGAMBEN, G. *O homem sem conteúdo*. 2. ed. Belo Horizonte: Autêntica, 2013. p. 89.
[11] DYE, T. *Understanding Public Policy*. Englewood Cliffs: Prentice Hall, 1984.

12.244/2010,[12] que dispôs sobre a obrigatoriedade da biblioteca em todas as escolas públicas e privadas do país. Essa medida, se cumprida até o prazo estabelecido pelo legislador, a saber, dia 24 de maio de 2020, fomentará hábitos permanentes quanto ao uso das fontes de informação.[13]

Embora defenda a lei supramencionada, reconheço que o legislador se equivocou ao estabelecer um único indicador – a quantidade de livros por número de alunos matriculados. Biblioteca envolve, além das coleções, tecnologia, mobiliário e processos. Biblioteca envolve profissionais, e o Brasil não dispõe de bibliotecários suficientes para atender às demandas futuras. Nesse sentido, é importante que o Ministério da Educação protagonize uma ação em prol do estabelecimento de padrões mínimos, garantindo, assim, que a universalização das bibliotecas escolares se vincule, de modo permanente, à qualidade. Recentemente, participei de uma audiência pública na Comissão de Educação da Câmara dos Deputados para discutir a matéria. Propus ao Fundo Nacional de Desenvolvimento da Educação (FNDE) a criação de um grupo de trabalho destinado a estabelecer parâmetros claros a respeito da biblioteca escolar.

Ainda no domínio regulatório, será necessário descascar, mais cedo ou mais tarde, um abacaxi enorme: a precariedade da memória bibliográfica

---

[12] BRASIL. *Lei nº 12.244, de 2010*. Dispõe sobre a universalização das bibliotecas nas instituições de ensino do País. Disponível em: <http://www.planalto.gov.br/ccivil_03/_ato2007-2010/2010/lei/l12244.htm>. Acesso em: 10 nov. 2017.

[13] FONSECA, E. N. da. *A biblioteca escolar e a crise da educação*. São Paulo: Pioneira, 1983. p. 7.

nacional, tanto em relação à sua preservação quanto à disseminação. Recentemente, a historiadora Georgete Medleg, com outro pesquisador da Universidade de Brasília, publicaram um artigo[14] em que pontuaram os graves problemas enfrentados pela Fundação Biblioteca Nacional (FBN), entidade responsável pela preservação de nossa memória bibliográfica. Embora tenham reconhecido o impacto negativo das limitações orçamentárias enfrentadas pela direção da FBN no cumprimento da missão a qual está legalmente investida, os dois pesquisadores apontaram outro aspecto que, embora estruturante, vem sendo ignorado pela FBN: o descumprimento da Lei nº 10.994/2004.[15]

De fato, desde a sua promulgação, há treze anos, a chamada Lei do Depósito Legal tem sido desrespeitada em vários aspectos. Primeiro, por não haver controle quanto ao cumprimento do depósito das obras por parte dos impressores no prazo legalmente estabelecido, a saber, trinta dias após a sua publicação. Segundo, por não haver cobrança de multa a quem não efetuar o depósito, o que, de fato, não pode ocorrer, já que a lei em questão nunca foi regulamentada. Embora o legislador tenha estabelecido no teor da própria lei o prazo de noventa dias para que o Poder Executivo o fizesse, treze anos se passaram. Terceiro,

---

[14] JUVÊNCIO, C. H.; RODRIGUES, G. M. A Bibliografia Nacional Brasileira: histórico, reflexões e inflexões. *In CID: Revista de Ciência da Informação e Documentação*, Ribeirão Preto, v. 7, p. 165-82, aug. 2016. ISSN 2178-2075. Disponível em: <http://www.revistas.usp.br/incid/article/view/118769/116240>. Acesso em: 20 nov. 2017.

[15] BRASIL. *Lei nº 10.994, de 2004*. Dispõe sobre o depósito legal de publicações, na Biblioteca Nacional, e dá outras providências. Disponível em: <http://www.planalto.gov.br/ccivil_03/_ato2004-2006/2004/lei/l10994.htm>. Acesso em: 10 nov. 2017.

pela Bibliografia Nacional não ser editada há dez anos. Quanto a esse último problema, se ligarem para a FBN, dirão, sem ruborizar, que a Bibliografia Nacional foi substituída pelo catálogo eletrônico que, simplesmente, não possibilita, sequer, gerar uma lista anual das fontes depositadas. Esse quadro catastrófico justifica o tom incisivo adotado pelos autores:

> A BN [Biblioteca Nacional] coopera com a invisibilidade do livro ao não exercer suas missões, ao não "difundir os registros da memória bibliográfica e documental nacional"; ao atuar, em parte, como "centro referencial de informações bibliográficas"; ao não atuar "como órgão responsável pelo controle bibliográfico nacional"; ao não "assegurar o cumprimento da legislação relativa ao depósito legal"; e ao não compreender a diferença entre um catálogo e uma bibliografia. [...] É notório, e reiteramos, o descaso com a Nacional, mas, por sua vez, ela mesma é ativa no descaso com que trata o "Nacional", os registros de memória da produção intelectual brasileira. [...] É necessário despir-se da soberba e entender que o "Nacional" que ela representa hoje está bem aquém do Nacional que o Brasil é, mesmo em termos bibliográficos.[16]

O que fica claro é que o fim do descaso em relação a nossa memória passa, necessariamente, pela regulamentação da Lei do Depósito Legal. Por se tratar de

---

[16] JUVÊNCIO, C. H.; RODRIGUES, G. M. A Bibliografia Nacional Brasileira: histórico, reflexões e inflexões. In: *CID: Revista de Ciência da Informação e Documentação*, Ribeirão Preto, v. 7, p. 179-80, aug. 2016. ISSN 2178-2075. Disponível em: <http://www.revistas.usp.br/incid/article/view/118769/116240>. Acesso em: 20 nov. 2017.

um assunto de enorme relevância aos historiadores, creio que vocês podem colaborar, sobremaneira, com o debate.

Fiz questão de elencar duas medidas regulatórias claramente possíveis de ser realizadas porque, não raramente, a discussão em torno das políticas públicas para bibliotecas tende a emperrar sob a justificativa de não haver dinheiro para a efetivação das ações. Ao jogarmos luz sobre compromissos legalmente firmados – universalização das bibliotecas escolares e preservação efetiva da memória bibliográfica nacional –, abrimos canais de negociações com os gestores públicos para que as ações se concretizem.

3. Em agosto, você pediu exoneração do cargo de diretor do Departamento de Livro, Leitura, Literatura e Bibliotecas (DLLLB). Por que você tomou essa decisão?

Durante os nove meses em que estive à frente do DLLLB, enfrentei quatro ministros. Fui convidado pelo ministro Marcelo Calero. Em nossos dois únicos encontros, Calero foi bastante empático, manifestando interesse em instalar bibliotecas em bairros suburbanos. Ele ficou animado quando mencionei o Projeto de Lei n° 2.831/2015,[17] que

---

[17] BRASIL. Congresso. Câmara dos Deputados. *Projeto de Lei nº 2.831, de 2015*. Altera a Lei n°. 11.124, de 2005, e a Lei n°. 11.977, de 2009, para incluir a obrigatoriedade de instalação de biblioteca pública e salas de estudos nos projetos de conjuntos habitacionais financiados pelo Fundo Nacional de Habitação de Interesse social (FNHIS) ou implantados no âmbito do Programa Nacional de Habitação Urbana (PNHU). Disponível em: <http://www.camara.gov.br/proposicoesWeb/prop_mostrarintegra?codteor=1379381&filename=PL+2831/2015>. Acesso em: 11 nov. 2017.

torna obrigatória a instalação de bibliotecas nos projetos de conjuntos habitacionais financiados pelo governo federal. Ironicamente, fui nomeado no dia em que Calero pediu exoneração.

Aí assumiu o Roberto Freire que, em seu curto espaço frente à pasta, priorizou, em palavras e ações, a leitura e as bibliotecas. Semanalmente, durante os despachos, ele ressaltava a necessidade de investir em bibliotecas, justificando ser o equipamento cultural com maior capilaridade nacional. Trabalhamos muito. Desenvolvemos 28 ações,[18] todas elas alinhavadas aos quatro eixos do Plano Nacional do Livro e Leitura (PNLL). A título de ilustração, cito: a criação do Prêmio Literário Ferreira Gullar; a elaboração de um projeto para a reconstrução da Biblioteca Demonstrativa de Brasília, separando um valor considerável para a empreitada; as ações destinadas a distribuir entre as bibliotecas públicas e comunitárias cerca de 500 mil livros armazenados no prédio anexo da FBN; a formação de uma biblioteca brasilianista na Casa de las Américas, em Cuba; a indicação vitoriosa do Brasil como sede do Estágio do Iberbibliotecas; a autorização por parte da Academia Sueca de o Ministério da Cultura indicar, a partir de 2017, um escritor ou uma escritora para a disputa do Prêmio Nobel de Literatura; e a criação de um Grupo de Trabalho encabeçado pela

---

[18] BRAYNER, C. O corte orçamentário e a anomalia institucional me levaram a pedir exoneração do DLLLB. *Biblioo: Cultura Informacional*, Rio de Janeiro, 16 ago. 2017. Disponível em: <http://biblioo.cartacapital.com.br/cristian-brayner-o-corte-orcamentario-e-anomalia-institucional-me-levaram-pedir-exoneracao-do-dlllb/>. Acesso em: 11 nov. 2017.

FBN para produzir uma minuta de decreto regulamentando a Lei do Depósito Legal, e que, lamentavelmente, por malemolência de alguns, foi suspensa.

A empatia demonstrada pelo ministro Freire fez com que diversas ações se desenvolvessem, apesar da escassez de dinheiro. Ao retomar o seu mandato de deputado federal, a penúria do DLLLB, já deflagrada com a sua alocação ao nível mais baixo da estrutura orgânica do MinC, agravou-se: primeiro, em virtude dos cortes orçamentários contínuos; segundo, em decorrência de uma crise orgânica, fruto de uma disputa patética protagonizada por duas Secretarias do Ministério da Cultura.

De volta à Câmara, o que me resta é torcer para que o DLLLB não esteja sendo conduzido a partir da lógica da descontinuidade, em uma tentativa clientelista e personalista de apagar ações e invisibilizar atores que passaram por lá. Quem ganha com a prática do bom senso? Toda a sociedade brasileira.

4. Nas redes sociais, você tem lembrado bastante que a Lei nº 4.084/1962 estabelece que "administrar biblioteca é competência exclusiva do bibliotecário". Porém, nem sempre são os bibliotecários que estão à frente das bibliotecas. Por que isso acontece? Será que a mencionada lei tem sido interpretada de maneira diferente? Ou será que isso se deve a questões de ordem mais prática, como dificuldades na contratação desse tipo de profissional?

A administração de bibliotecas é competência exclusiva do bibliotecário. É o que reza o ordenamento jurídico brasileiro. Longe de ser mero corporativismo, trata-se de uma estratégia destinada a garantir a todo cidadão brasileiro acesso a bibliotecas de qualidade.

O fato é que muitas bibliotecas brasileiras continuam sendo administradas por pessoas inabilitadas. E isso se deve, fundamentalmente, a duas posturas fortemente enraizadas na cultura brasileira. A primeira delas, a política de favores que, no caso da biblioteca, é agravada pelo seu baixo prestígio. De fato, na hora de fatiar o bolo, a biblioteca, quase sempre desvalida em méritos na estrutura orgânica, costuma ficar por último, sendo entregue de bandeja a correligionários de formação medíocre ou duvidosa. É terrível constatar que a biblioteca se tornou prêmio de consolação na administração pública. Foi essa lógica hedionda que justificou a nomeação de um médico-veterinário para administrar a biblioteca de um importante Tribunal Superior.

Outro caso representativo é o da Fundação Biblioteca Nacional, a maior biblioteca do país, atualmente gerenciada por uma advogada.[19] Aqui não se trata de personalizar a discussão, culpando quem assumiu o cargo, até mesmo porque esse quadro insólito, de flagrante desobediência ao ordenamento jurídico, não se iniciou no governo atual. De fato, há mais de 30 anos o gabinete principal da Biblioteca Nacional não é ocupado por um bibliotecário, embora saibamos que a discricionariedade

---

[19] BRAYNER, C. O corte orçamentário e a anomalia institucional me levaram a pedir exoneração do DLLLB. *Biblioo: Cultura Informacional*, Rio de Janeiro, 16 ago. 2017. Disponível em: <http://biblioo.cartacapital.com.br/cristian-brayner-o-corte-orcamentario-e-anomalia-institucional-me-levaram-pedir-exoneracao-do-dlllb/>. Acesso em: 11 nov. 2017.

garantida ao administrador público[20] não lhe outorga o direito de ignorar os pressupostos exigidos pela lei já citada. Acho pouco provável que esse quadro banalizado resulte da ignorância dos nossos oito últimos presidentes da República. Defendo que, além da judicialização da flagrante violação legal, o Conselho Federal de Biblioteconomia atue na esfera política, convencendo o morador do Alvorada, seja quem for, a nomear um bibliotecário para o cargo. Creio que, após mais de um século da criação da primeira escola de Biblioteconomia, o país tenha gente gabaritadíssima para assumir o posto citado, inclusive entre os bibliotecários da própria Biblioteca Nacional.

O segundo ponto que me parece nevrálgico ao tratar do descumprimento da Lei nº 4.084/1962 é o desprezo das autoridades públicas em relação à biblioteca escolar. Minha esperança em relação a um Brasil decente passa pela escola, e tudo o que se reporte a melhorá-la. Mas o que estão fazendo com as bibliotecas escolares? O espaço destinado a fomentar a cidadania de crianças e adolescentes a partir do treinamento das habilidades informacionais, se converteu em oásis terapêutico para professores readaptados, muitos deles sofrendo de transtornos psiquiátricos graves. Infelizmente essa prática tem sido recorrente em diversas regiões do país. Em alguns casos, o destrato tem alcançado níveis alarmantes, a ponto de o professor readaptado

---

[20] BRASIL. Constituição (1988). *Constituição da República Federativa do Brasil de 1988, art. 37, II e V*. Disponível em: <http://www.planalto.gov.br/ccivil_03/constituicao/constituicao.htm>. Acesso em: 9 nov. 2017.

auferir, em portaria assinada pelo prefeito do município, o título de bibliotecário.[21]

Pergunto-me: o que leva um agente público a legitimar essa ilegalidade? Penso que Edson Nery da Fonseca, em 1982, respondeu a essa questão da seguinte maneira: "De modo geral, as autoridades brasileiras (governamentais e universitárias) não reconhecem a importância das bibliotecas porque elas próprias não se beneficiaram de bons serviços bibliotecários".[22] Não tenho motivo para duvidar de Nery. Afinal, nossas autoridades, antes de ocuparem as tribunas e os parlatórios, frequentaram os bancos escolares, e lá tantas vezes se depararam com uma sala fétida e escura denominada biblioteca, guardada a sete chaves pela "tia".

Além disso, ao contrário do hospital ou do tribunal, espaços estes erigidos e destinados a reordenar o corpo físico e social, a biblioteca, no imaginário de nossos prefeitos e secretários de educação, representa, por excelência, o lócus da inação. Desse modo, espera-se da parte do médico ou do magistrado a destreza em proferir uma verdade destinada a sanar um conflito físico ou social, o que pressupõe o fazer falar, espera-se do professor readaptado, vulgo "bibliotecário", apenas algum nível de habilidade em preservar o silêncio de seu espaço de trabalho, garantindo-lhe,

---

[21] LADÁRIO (Município). Portaria nº 581, de 30 de outubro de 2017. *Diário Oficial dos Municípios do Estado do Mato Grosso do Sul*, Cuiabá, v. 8, nº 1966, p. 50-1, 2017. Disponível em: <http://www-storage.voxtecnologia.com.br/?m=sigpub.publicacao&f=351&i=publicado_53815_2017-10-31_75abbbe98094b0e28d9882e22b62c439.pdf>. Acesso em: 10 nov. 2017.

[22] FONSECA, E. N. da. Cansei-me da burocracia pedagógica. *Cadernos de Biblioteconomia*, Recife, v. 5, jun. 1982, p. 52.

quem sabe, recuperar certo nível de sanidade perdido na sala de aula barulhenta. É triste observar que o amadorismo na biblioteca escolar tenha crescido e ganhado feições de legitimidade, levando a prejuízos para um país em que apenas 8% da população é plenamente alfabetizada.[23]

Enfim, essas duas práticas – a partidarização das bibliotecas por meio da designação de indicados políticos e a patologização da biblioteca escolar – representam, no fundo, uma ameaça única: desqualificar a Biblioteconomia e, consequentemente, a biblioteca como equipamento cultural. Não deixa de ser curioso observar que se os historiadores dos oitocentos nos ofereciam coroas de louros, reconhecendo nosso papel colaborativo, ainda que na condição de ciência menor, a burocracia brasileira, apesar do ordenamento jurídico, tende a negar nosso papel, relativizando a necessidade de bacharéis em Biblioteconomia nas bibliotecas e, em certos casos, justificando esse discurso em virtude do número insuficiente de bibliotecários. Ora, se o problema é falta de profissionais, que se multipliquem os cursos de Biblioteconomia no Brasil.

As bibliotecas financiadas com dinheiro público, e aqui eu incluo também a Biblioteca Nacional, permanecerão sob ameaça contínua enquanto deputados e governadores continuarem chamando a "tia da biblioteca" de "bibliotecária" e reduzirem esse equipamento

---

[23] INSTITUTO PAULO MONTENEGRO. *Indicador de analfabetismo funcional – INAF*: estudo especial sobre alfabetismo e mundo do trabalho. São Paulo: Instituto Paulo Montenegro, 2016. Disponível em: <http://acaoeducativa.org.br/wp-content/uploads/2016/09/INAFEstudosEspeciais_2016_Letramento_e_Mundo_do_Trabalho.pdf>. Acesso em: 11 nov. 2017.

cultural a espaço terapêutico destinado a professores readaptados ou comissionados de segundo escalão. Embora essas autoridades costumem adotar, em solenidades, um tom laudatório às bibliotecas, sua prática é, frequentemente, desrespeitosa, inclusive quanto ao que estabelece nosso ordenamento jurídico. O que nos resta é se valer da palavra. Afinal de contas, "há momentos em que silenciar é mentir".[24]

5. O desenvolvimento tecnológico nos últimos anos provocou uma série de transformações nas bibliotecas: a digitalização de acervos, o tagueamento de objetos digitais, os algoritmos usados em sistemas de busca, a introdução do computador e da internet em espaços onde antes predominavam o papel e o microfilme. Tudo isso passou a fazer parte do vocabulário corrente dos(as) bibliotecários(as). Como isso tem impactado na função social da biblioteca? E mais: como você acha que as bibliotecas estão se preparando para lidar com o gigantesco volume de objetos digitais?

Você elencou algumas transformações nas bibliotecas provocadas pela tecnologia digital. Quanto à digitalização, é admirável constatar a possibilidade de consultar os maiores acervos bibliográficos do mundo no sofá de casa, o que antes somente era possível com o deslocamento do cidadão até o prédio da biblioteca. Desenvolvi parte considerável da minha pesquisa de doutorado na Biblioteca Nacional da França sem ter pisado os pés em Paris. Contudo, noto

---

[24] UNAMUNO, M. de. Mentira. In: DUAILIBI, R.; PECHLIVANIS, M. *Duailibi essencial*. Rio de Janeiro: Elsevier, 2006. p. 268.

que muitas instituições de memória ainda têm uma visão da biblioteca digital somente como mimese da biblioteca física. Assim, preocupamo-nos em escanear milhões de páginas sem nos preocuparmos em apresentar essa massa documental de maneira inteligente, o que envolveria o uso das ferramentas Web 2.0. O que torna a biblioteca digital particularmente interessante é a oferta de uma série de mecanismos destinados a facilitar o uso dessas informações por meio de novas ferramentas de trabalho. Por exemplo, o Reconhecimento Ótico de Caracteres (OCR), na maior parte das vezes, tem sido utilizado apenas como facilitador de buscas de palavras textuais, quando, na verdade, oferece maior potencial de uso, como a mineração de texto e a extração de palavras para análise de frequência semântica.

Durante o meu pós-doutorado em História, enfrentei uma *via crucis* na recuperação das caricaturas produzidas por Angelo Agostini e publicadas nos jornais do Império. É que a Hemeroteca Digital Brasileira, embora abarque um universo impressionante de fontes, não oferece um instrumento inteligente de busca. Isso poderia ser solucionado por meio do uso de OCR, como já tem sido feito por algumas instituições. A British Library, por exemplo, tem adotado o OCR para identificar e extrair imagens de seus acervos físicos, construindo, assim, bancos de dados iconográficos.

A prática da folksonomia pela etiquetagem (tagueamento) garante a interatividade entre o usuário e a informação, possibilitando o enriquecimento dos catálogos institucionais. Plataformas que tornam possível a busca integrada em catálogos bibliográficos se beneficiam dessas ações, como é o caso do WorldCat. Esse novo modo de tratamento da informação ainda não tem sido explorado de maneira muito expressiva no Brasil, isso talvez porque as bibliotecas brasileiras ainda não encarem a folksonomia como mais-valia, tanto para os usuários quanto para as bibliotecas,[25] e sim como uma ameaça ao controle linguístico. Isso provoca alguma resistência em relação a esses novos modelos de tratamento informacional em ambientes digitais.

A serendipidade, esse encontro inusitado, não agendado entre o indivíduo e um componente informacional é um fenômeno recorrente na era digital. Nesse sentido, o uso de algoritmos representa uma prática destinada a auxiliar o usuário a reconhecer as suas próprias necessidades informacionais. Embora as livrarias brasileiras estejam recorrendo aos algoritmos há um bom tempo, isso ainda é tímido em relação aos catálogos de nossas bibliotecas.

Penso que o uso massivo dessas ferramentas no espaço das bibliotecas passa, necessariamente, pela discussão a respeito das fronteiras simbólicas erigidas entre os atores envolvidos na produção, na representação e no consumo da informação. Talvez tenha passado da hora de investirmos na adoção de práticas cooperativas destinadas a enriquecer as nossas ferramentas e acervos.

6. Cristian, você está prestes a lançar um novo livro, A biblioteca de Foucault. *Você pode falar um pouco sobre a proposta do livro? O que você busca discutir nele?*

---

[25] KUMBHAR, R. *Library classification trends in the 21st century.* Oxford: Chandos Publishing, 2012.

Contam que a assistente de Husserl, Edith Stein, em férias na Baviera, ao procurar na biblioteca dos Conrad-Martius, seus anfitriões, algo interessante para ler, deparou-se com a autobiografia de Teresa de Jesus.[26] Apaixonada pela "mulher inquieta, errante, desobediente e contumaz",[27] Edith, até então ateia, se converte ao catolicismo, buscando o refúgio do claustro. Com Foucault, tive uma experiência ao avesso. Era um jovem bibliotecário. Antes da leitura de sua aula inaugural no Collège de France,[28] creditava à biblioteca os atributos de continuidade e universalidade. Não vislumbrava outro caminho aceitável senão o do sujeito racional plasmado por Descartes, Galileu e Bacon.

Foucault me desarranjou. Aprendi com ele não haver entidades supra-históricas. Passei a suspeitar de saberes, objetos, métodos e sujeitos perenes. Se o discurso é instrumento de desejo e, ao mesmo tempo, de poder, não podia encarar a biblioteca como espaço franco e neutro, alheia aos conflitos e motins, mas sim como um dos equipamentos em que o poder tem feições terríveis ao ser exercido quase sempre de maneira dissimulada. A cada periódico indexado, a cada atendimento no balcão, fui observando que a biblioteca, com seus ditos e não ditos, esteve profundamente comprometida com um regime histórico de produção de verdades destinado a preservar uma ordem de coisas.

---

[26] TERESA, DE ÁVILA, Santa. *Livro da vida*. 15. ed. São Paulo: Paulus, 2016.
[27] SAGGI, L. "Vetera et nova" nella biografia di Santa Teresa. *Carmelus*, Roma, v. 18, nº 1, p. 142-50, 1971.
[28] FOUCAULT, M. *A ordem do discurso*: aula inaugural no Collège de France, pronunciada em 2 de dezembro de 1970. São Paulo: Edições Loyola, 2012.

O livro nasceu daí, dessa experiência. Tenho por pretensão analisar a biblioteca como forma histórica de poder. Afinal, "antes do fim do século XVIII, o homem não existia".[29] Preocupei-me em compreender como as bibliotecas foram se erigindo e atuando como equipamento burguês, tendo por fim último produzir corpos dóceis e úteis. A maximização dessas forças corpóreas destinadas a garantir o máximo rendimento pressupõe, certamente, um investimento em técnicas de controle, vigilância, delimitação de espaço e tempo, bem como no culto de determinadas práticas, como o silêncio. Essas estratégias docilizadoras me interessam, particularmente.

O bibliotecário tem se comprometido com uma forma particular de verdade. Verdade límpida, livre de qualquer mancha de opacidade relativista. A verdade, para o bibliotecário, está submetida à clareza e à universalidade. Foucault me convenceu de que, longe de ser mero espelho da infraestrutura econômica, a biblioteca, por meio de seus produtos e serviços, retroalimenta o regime. Ao refutar a concepção da biblioteca dentro da lógica do espelhamento, foi-me permitido discutir as possibilidades éticas dos agentes que ali atuam. Em síntese, *A biblioteca de Foucault* tem por fim analisar o poder sofrido e, principalmente, exercido pela biblioteca a partir da identificação de certos mecanismos ali presentes, como a separação, a interdição e a vontade de verdade, ressaltando as possibilidades de resistência.[30]

---

[29] FOUCAULT, M. *As palavras e as coisas*: uma arqueologia das ciências humanas. 9. ed. São Paulo: Martins Fontes, 2007.
[30] Entrevista concedida a Bruno Leal, da Revista *Café História*, em 11 de dezembro de 2017. Com adaptações.

A LIBERDADE

Embora fosse o dia mais quente do ano, gelava dentro do terno de lã. A qualidade de convidado não mudava o meu estado, misto de apreensão e constrangimento. Pudera. Voltava à minha escola após 22 longos anos. Era um desalmado confesso. Resignado, deixei que as lentes do câmera da Fundação Roquette Pinto capturassem os franzidos do meu rosto. E assim se fez.

Durante três anos, enfrentei os corredores do Elefante, famoso colégio de Brasília, frequentado pela classe média nas décadas de 1970 e 1980. Ingressei ali em tempos menos áureos, o que não poupou a minha mãe de ter dormido na fila para garantir a bendita vaga. "A escola contribuiu com o que você é hoje?" Primeiro franzido. Suspeitei que minha vida tivesse sido devassada via Google. Acabei repetindo a história de sempre: o menino suburbano, filho de um nordestino e de uma mineira, que, segundo o olhar de certos tipos meritocráticos, venceu na vida graças aos estudos. Acrescentei à história um detalhe jamais esquecido: o frio gélido da madrugada – acordava às 4h – foi expurgado com o casaquinho amarelo de lã, presente da professora de História. Rezo por ela até hoje pelo ato de compaixão.

O jornalista me mastigava: "O que o Elefante representou pra você?". Franzido número dois. Mirei a lanchonete instalada debaixo do pilotis. Ah! A esfirra de queijo comprada na primeira semana de aula. Experiência gastronômica única. O preço exorbitante me motivou a recorrer ao pãozinho dormido, embrulhado no plástico leitoso e comprimido entre os cadernos. Pontualmente, às 6h30, sentado em um dos bancos de concreto do colégio, devorava a iguaria sob o uivo do vento. Logo à frente, a grande porta de vidro que dava para o salão negro; território restrito à comunidade escolar. Embora a bermuda furada, usada na educação física, irritasse os mais pudicos, era a versão ultrapassada da camiseta que me deixou na corda bamba, ameaçado de ficar do lado de fora. Naquele território, a pobreza era tolerada, desde que contida. Lá dentro, consumia o recreio copiando o dever de casa a ser entregue no dia seguinte. Livro didático tinha peso de ouro.

Ao final da aula, cruzava ensandecido a W5 Sul, rumo à parada de ônibus, rezando pela impontualidade do motorista. São Cristóvão fazia ouvido mouco, obrigando-me a almoçar quando o chá da rainha era servido. *Selva selvaggia*? Não é pra tanto. Já dizia Machado: "Tempo é um tecido invisível em que se pode bordar tudo: uma flor, um pássaro, uma dama, um castelo, um túmulo. Também se pode bordar nada".[1] Foi no palheiro do Elefante que encontrei as duas agulhas para o meu rendilhado florido.

A primeira delas, uma situação envolvendo o casaquinho amarelo-ovo. Fui ao banheiro da escola. O espelho, formado por quatro peças grosseiramente coladas, flagrou um menino medroso. O olhar desviado se deparou com a poça d'água que, ao refletir

---

[1] ASSIS, MACHADO DE. *Esaú e Jacó*. Rio de Janeiro: Nova Aguilar, 1994. p. 27.

a lã quentinha e dourada, me fez questionar os anos de frio. Esquizofrenia? *Maybe*. Desde então, passei a teimar quanto aos porquês de os justos cumprirem os suplícios do inferno na Terra. Não era para menos: o patrão do meu pai insistia em não pagar o salário devido. Minha mãe, sem o gás de cozinha, transformava a lata de tinta em um fogão. E meu coração, apesar da culpa, batia forte pela beleza dos meninos. Iniciei no banheiro encharcado a travessia pelo rio Aqueronte.

Quiçá o espírito de Virgílio tenha me ciceroneado até o destino final, a biblioteca. Situada em uma salinha medonha, ficava sob os cuidados de duas senhoras de meia-idade, bem-vestidas e controladoras. Descobri, mais tarde, que eram professoras readaptadas, praxe em muitas bibliotecas brasileiras. Nem a antipatia da dupla me desmotivou a frequentar aquele espaço silencioso, absurdamente tentador a garotos introvertidos.

De início, recorri ao que me era familiar: a história de Francisco, o santo dos pobres e passarinhos. Ao terminar as *Fioretti*,[2] debandei para o convento capuchinho vizinho ao colégio. Aspirava tomar o burel religioso e, quem sabe, ser martirizado em solo mouro. O frade, rindo aos borbotões com a proposta, me ordenou que rezasse, esperasse e lesse a vida dos santos. Cumpri o *trivium*. E fui lendo, sem pressa, as venturas das miríades de virgens e confessores. Observado, passei a contar com a admiração das duas senhoras devotas.

Deparei-me, em uma manhã chuvosa, com um exemplar do Relatório Kinsey,[3] faceiro entre

---

[2] FRANCISCO, DE ASSIS, Santo. *Il cantico delle creature; i fioretti*. Milano: Modernissima, 1920.
[3] KINSEY, A.; POMEROY, W.; MARTIN, C. *Conducta sexual del varón*. México: Editorial Interamericana,1949.

A Imitação[4] e a *Filoteia*.[5] Tive noites convulsivas ao descobrir que meu desejo, mascarado pelas jaculatórias, era compartilhado por gente bem-nascida. Embora tenha feito as pazes com o meu corpo apenas quando passaram a surgir as primeiras rugas e fios brancos, senti-me povoado por uma fração de segundos. A ignorância das senhoras na prática da classificação transformou meu céu solitário em um doce campo de batalha.

E a ordem do frade ribombava: "Conheça a vida dos santos". Li, quase inteira, a estante de religião. Abandonei, apenas, a edição luxuosa e empoeirada do *Inferno*.[6] Estava no Canto 14. Constatei que, caso avançasse, além da pena já imputada de varar, sem rumo, pelo deserto, seria espremido como uma laranja entre tipinhos nerds e intelectuais. Penitência cumprida, fui vaguear por outros corredores.

Escutei a dor paterna no silêncio do matuto Fabiano.[7] Reconheci Valjean na vizinha prostituta, presa por furtar leite e pão.[8] Rascunhei, com Thomas Morus,[9] um projeto ordeiro de mundo. Com Marx,[10] descortinei a dialética sangrenta e irrevogável. Esquadrinhei o poder com os porcos de Orwell.[11] Junto a Aristófanes, gozei no banquete.[12] Invejei Peter Kien pelos seus 25

---

[4] KEMPIS, T. de. *Imitação de Cristo*. São Paulo: Paumape, 19079.
[5] FRANCISCO, DE SALES, Santo. *Filoteia*. Petrópolis: Vozes, 2012.
[6] ALIGHIERI, D. *A divina comédia:* inferno. Rio de Janeiro: Record, 2004.
[7] RAMOS, G. *Vidas secas*. São Paulo: J. Olympio, 1938.
[8] HUGO, V. *Os miseráveis*. São Paulo: Edigraf, 1959.
[9] MORUS, T., Santo. *Utopia*. São Paulo: Martins Fontes, 1999.
[10] MARX, K. *Manifesto do partido comunista*. São Paulo: Novos Rumos, 1986.
[11] ORWELL, G. *A revolução dos bichos*. São Paulo: Abril Cultural, 1982.
[12] PLATÃO. *Banquete, ou, Do amor*. São Paulo: Difusão Europeia do Livro, 1966.

mil livros.[13] Assustei-me com a vulgaridade de Nossa Senhora das Flores.[14] Casei-me com Perpétua, mas dormi foi no seio de Tieta.[15] Adoeci com Ivan Ilitch[16] e fui curado pela punhalada de Dorian Gray.[17] Virei bibliotecário por um livro envenenado.[18]

Louvei o pretérito e voltei à labuta. Na tribuna, um deputado uivava. Dedo em riste, apregoava a violência contra os apoiadores da exposição *Queermuseu*:

> Não consigo acreditar que tenha algum pilantra, algum vagabundo, dentro desta Casa, que aplauda isso. Porque, se tiver, tem que levar porrada, tem que levar cacete, para aprender. Bando de traidores da moral brasileira, tem que ir para a porrada. Nós não podemos mais aturar isso. Se você apoia patife, se você apoia tarado, é na tua cara que eu vou dar.[19]

Violência namoradeira da moral. Moral X, Y ou Z? O que sei é que seu rosto não me era estranho. *Touché*! O novo Antonio Conselheiro era o sujeito flagrado, meses antes, assistindo a filme pornô no plenário. É o que diziam os irmãos Goncourt: "As

---

[13] CANETTI, E. *Auto-de-fé*. Rio de Janeiro: Nova Fronteira, 1982.
[14] GENET, J. *Nossa Senhora das Flores*. São Paulo: Círculo do Livro, 1991.
[15] AMADO, J. *Tieta do Agreste*. São Paulo: Companhia das Letras, 1977.
[16] TOLSTÓI. L. *A morte de Ivan Ilitch*. Rio de Janeiro: Alhambra, 1981.
[17] WILDE, O. *O retrato de Dorian Gray*. São Paulo: Círculo do Livro, 1979.
[18] ECO, U. *O nome da rosa*. 4. ed. Rio de Janeiro: Nova Fronteira, 1983.
[19] PERON, I. Deputado flagrado vendo pornografia no plenário critica "tarados" que defendem performance no MAM. *O Estado de São Paulo*, São Paulo, 3 out. 2017. Disponível em: <http://politica.estadao.com.br/noticias/geral,deputado-flagrado-vendo-pornografia-no-plenario-critica-tarados-que-defendem-performance-no-mam,70002026249>. Acesso em: 26 out. 2017.

palavras! As palavras! No teatro das coisas humanas, o cartaz é quase sempre o contrário da peça".[20]

Dias depois, vi Marco Feliciano e uma comitiva de deputados evangélicos tentando constranger o diretor do Museu da República a cancelar uma exposição sobre o Golpe de 1964.[21] Deram com os burros n'água. Oh, glória! Mas também provei do lamento amargurado da mineira Ropre, assistindo à apreensão de sua tela amarela, portadora da aflição encarnada na frase: "O machismo mata, violenta e humilha".[22] No seio do Espírito Santo, presencio o banimento da Vênus de Caio Cruz de uma exposição destinada a representar mulheres mastectomizadas em virtude do câncer.[23] Tudo operado em nome do passado saudosista, do presente mentiroso e do futuro assombroso.

Doído, fecho os jornais, e me deparo com o Projeto de Lei nº 8.927,[24] fresquinho e despudorado.

---

[20] GONCOURT, E. de; GONCOURT, J. de. *Idées et sensations*. Paris: G. Charpentier, 1877. p. 171 [tradução nossa].
[21] ROVAI, R. Feliciano tenta censurar exposição no Museu da República de Brasília. *Forum*, Santos, SP, 13 set. 2017. Disponível em: <https://www.revistaforum.com.br/blogdorovai/2017/09/13/feliciano-tenta-censurar-exposicao-no-museu-da-republica-de-brasilia/>. Acesso em: 26 out. 2017.
[22] SANCHEZ, I. Artista tentou combater o machismo e a pedofilia, mas foi julgada no cadafalso. *Campo Grande News*, Campo Grande, 14 set. 2017. Disponível em: <https://www.campograndenews.com.br/lado-b/artes-23-08-2011-08/artista-tentou-combater-o-machismo-e-a-pedofilia-mas-foi-julgada-no-cadafalso>. Acesso em: 26 out. 2017.
[23] MARCONDES, L. Obra é retirada de ação do Outubro Rosa no ES por conter nudez. G1, Rio de Janeiro, 25 out. 2017. Disponível em: <https://g1.globo.com/espirito-santo/noticia/obra-e-retirada-de-acao-do-outubro-rosa-no-es-por-conter-nudez.ghtml>. Acesso em: 26 out. 2017.
[24] BRASIL. Congresso. Câmara dos Deputados. *Projeto de Lei nº 8.927, de 2017*. Altera a Lei nº 8.069, de 13 de julho de 1990, que dispõe sobre o Estatuto da Criança e do Adolescente, para dispor sobre o controle de acesso à pornografia nos museus, teatros, cinemas e

A ideia da proposição é combater a depravação artística, condenando a oito anos de prisão curadores que ousarem exibir nudez em museus e espetáculos. Gargalhei. Riso de gente nervosa. Embora tenha oferecido, em desagravo, uma prece à vagina peluda de Courbet, temo que a ideia de arte degenerada alcance as nossas bibliotecas. Por que elas seriam poupadas? Afinal de contas, tudo o que evoca imprecisão, possibilidades e encruzilhadas será presa da ideologia puritana – de um pênis a um livro. O desassossego foi aumentando à medida que ponderava a respeito da finalidade de toda biblioteca: garantir que do embate continuado de discursos apareçam rastros de verdades. Reconheci, modestamente: as boas bibliotecas, naturalmente utópicas, são moralmente perigosas, pois se comprometem a dar voz e vez aos sujeitos das fronteiras. Em uma fração de segundos, suspirei, aliviado, ao constatar que a caça a falos e a cabaços nas milhares de páginas de nossos acervos exigiria da parte da trupe do Kim e do Frota um investimento pesado em uma tarefa penosa para eles: a leitura. Recuperei a sanidade prontamente ao relembrar que, à época da ditadura, milicos expurgaram, em poucos dias, o acervo da Biblioteca da Universidade de Brasília das obras comunistas, descartando todos os livros de capa escarlate.

Parva e perene, a censura volta a desembainhar sua espada pelo lado de nossos acervos. A Câmara de Vereadores de Marechal Floriano, por exemplo, caminha para a aprovação do projeto de lei que veta livros com conteúdo envolvendo "drogas, pedofilia, zoofilia,

exposições a menores de idade. Disponível em: <http://www.camara.gov.br/proposicoesWeb/prop_mostrarintegra?codteor=1613829&filename=PL+8927/2017>. Acesso em: 28 out. 2017.

racismo, incesto e incitação à violência de qualquer natureza" nas bibliotecas do município. Segundo o vereador Diony Stein, autor da proposta, o projeto "tem o intuito de defender as famílias florianenses, principalmente nossas crianças".[25] Prefiro acreditar em Bernard Shaw: "Toda censura existe para impedir que se questionem os conceitos e as instituições do momento. [...] A primeira condição do progresso é a superação da censura".[26] E por aqui, assistimos a muita gente que, investida na condição de mensageiro da verdade proclamada no monte, púlpito ou firmamento, trema, ameace e dê chilique sob o menor contato com outras verdades.

No frigir dos ovos, o que está em disputa é o monopólio discursivo, o poder de falar e de fazer silenciar, de dizer o que foi e o que será. "Sempre foi assim". Ao criar a tradição, a palavra forja o futuro e firma os espaços políticos, estabelecendo, divina e moralmente, centro e margens: pastor e ovelha, santo e pecador. Solitária, a palavra é sempre arrogante. Palavra de Malafaia; palavra de Bolsonaro; palavra do Senhor. Não me impressiono com o fato de que, há anos, chovam proposições no Parlamento destinadas a encher nossas bibliotecas públicas de bíblias,[27] se possível, tradução de João Fer-

---

[25] DIAS, K. Projeto de lei quer vetar livros de bibliotecas públicas em Marechal Floriano. *G1*, Rio de Janeiro, 26 out. 2017. Disponível em: <https://g1.globo.com/espirito-santo/sul-es/noticia/projeto-de-lei-quer-vetar-livros-de-bibliotecas-publicas-em-marechal-floriano.ghtml>. Acesso em: 28 out. 2017.
[26] SHAW, B. *Mrs. Warren's profession*: a facsimile of the holograph manuscript. New York: Garland Pub., 1981. p. 194.
[27] BRASIL. Congresso. Câmara dos Deputados. [*Proposições sobre a obrigatoriedade de exemplares da Bíblia nas bibliotecas*]. Disponível em: <http://www.camara.leg.br/buscaProposicoesWeb/resultadoPesquisa?numero=&ano=&autor=&inteiroTeor=b%C3%ADblia+bibliotecas&emtramitacao=Todas&tipoproposicao=%5BPLP+-+Projeto+

reira de Almeida![28] Nessa mesma linha, estratégias assépticas têm sido adotadas: uma emenda constitucional acaba de ser aprovada pela Comissão de Constituição e Justiça, retirando a imunidade tributária de textos que apresentem caráter pornográfico. A justificativa do autor da proposta é que tais publicações não resultam em "ganhos educacionais ou culturais a seus leitores".[29] A censura se cria do seguinte modo: uma palavra escolhida é congelada, elevada à condição de princípio e fim; todas as outras são passíveis de interdição. Temi pelos sutras[30] e pela Gita.[31] Temi por Lucrécia[32] e por Lolita.[33] Não é para menos: a proposição não define pornografia. O risco é que, sob o menor sinal de erotismo entre o prefácio e a quarta capa, o preço de obras *non gratae* seja majorado.

Apesar das ameaças sofridas, minha esperança está na biblioteca, espaço contundente de

---

de+Lei+Complementar,+PEC+-+Proposta+de+Emenda+à+Constituição,+PL+-+Projeto+de+Lei%5D&data=28/10/2017&page=false>. Acesso em: 28 out. 2017.

[28] Tradutor português, responsável pela versão da Bíblia mais usada pelos protestantes brasileiros.

[29] BRASIL. Congresso. Câmara dos Deputados. *Proposta de Emenda à Constituição nº 265, de 2008*. Retira imunidade tributária atribuída a publicações, quando apresentem caráter pornográfico. Disponível em: <http://www.camara.gov.br/proposicoesWeb/prop_mostrarintegra?codteor=575448&filename=PEC+265/2008>. Acesso em: 28 out. 2017.

[30] Escrituras canônicas tratadas como registros dos ensinamentos orais de Buda.

[31] O *Bhagavad Gītā*, "canção do bem-aventurado", é uma das principais escrituras sagradas da cultura védica. Relata o diálogo de Krishna, a suprema personalidade de Deus, com Arjuna, seu discípulo guerreiro, no campo de batalha.

[32] VARGAS LLOSA, M. *Elogio da madrasta*. Rio de Janeiro: Objetiva, 2011.

[33] NABOKOV, V. V. *Lolita*. Rio de Janeiro: Biblioteca Universal Popular, 1968.

combate à palavra singular. Ainda que em estado murmurante, ela é a geografia da permissividade dialógica. Em suas estantes e nichos, bocas escancaradas. Biblioteca é confronto inacabado. Se há interdição entre seus muros, que seja *à la* Saramago: "Há duas palavras que não podem ser usadas; uma é sempre, outra é nunca".[34] E assim, no salão de leitura, Jesus descansa no colo de Buda. Na catalogação, colegas enfrentam, silenciosamente, as práticas de censura, inclusive as suas próprias. Pelas ruas de São Paulo, bibliotecários exibem faixas defendendo a presença da filósofa Judith Butler[35] no Sesc e em seus acervos. Já os órgãos de classe publicam corajosas moções de repúdio contra proposições e movimentos destinados a patologizar as minorias. Maluquice? Simplesmente sonho com que, neste tempo temeroso, resistamos ao discurso tosco, confortável, monolítico e virulento de negar a liberdade de o outro ser o outro. Rememorei, já pela noite, a entrevista no colégio e meu amor pela leitura sem filtros. Sorri ao constatar: um elefante pariu uma vaca. Vaca profana, terceiro sexo, cornos longos. No calor do edredom, o último desejo do dia: que o Brasil tenha bibliotecários suficientemente corajosos para resistir, dentro e fora da biblioteca, às futuras investidas dos que negam ou relativizam a diversidade como elemento configurador da natureza humana.[36]

---

[34] AGUILERA, F. G. (Org.). *As palavras de Saramago*: catálogo de reflexões pessoais, literárias e políticas. São Paulo: Companhia das Letras, 2010. p. 24.

[35] O Sesc Pompeia sofreu ataques online por ter sediado, em novembro de 2017, evento com a filósofa norte-americana Judith Butler, uma das principais teóricas do movimento *queer*.

[36] Adaptação de um artigo publicado, originalmente, pelo site Biblioo Informacional.

O PODER

Mesmo correndo o risco de ser taxado de bairrista, creio que, nos últimos anos, o fato mais importante para a Biblioteconomia brasileira ocorreu lá pertinho de casa, em Brasília. Não me refiro à aprovação de nenhuma proposição legislativa importante para as nossas bibliotecas. Também ainda não conseguimos convencer o morador do Alvorada a participar da mesa de abertura do Dia do Bibliotecário.

O grande feito ocorreu fora do perímetro da Esplanada dos Ministérios, longe dos ousados edifícios de Niemeyer e dos jardins paradisíacos de Burle Marx. Nosso cenário é a Papuda, complexo penitenciário cinzento, distante a 15 quilômetros da Praça dos Três Poderes. O protagonista da história foi um mineiro na faixa dos 60 anos, nascido em Passa-Quatro. Agradeço ao ex-Chefe da Casa Civil, carinhosamente chamado de Zé, pelo bem que fez à Biblioteconomia.

Afinal de contas, Zé Dirceu, ao pretender ocupar o posto de gestor da biblioteca de um dos mais importantes escritórios jurídicos do país, acabou nos prestando um serviço. Sua segunda tentativa de passar o dia fora da prisão – na primeira ele cobiçou o cargo de gerente de um hotel –, foi noticiada pela imprensa e reverberou nas redes sociais. Como em um passe de mágica, uma profissão de existência ignorada pela maioria da população brasileira, ganhou as manchetes dos principais jornais do país. Isso não seria motivo suficiente para agradecermos ao Zé?

A publicidade inesperada e gratuita acabou reproduzindo discursos curiosos e equivocados a nosso respeito. Entre eles, o que mais me surpreendeu foi o proferido pelo Sr. Gerardo Grossi, dono do escritório de advocacia, lamentando o fato de ter que submeter o seu culto amigo a uma rotina simplória e enfadonha em sua biblioteca de dois mil livros. O ilustre senhor, ex-ministro do Tribunal Superior Eleitoral, reproduz uma ideia que povoa o imaginário do povo brasileiro: as ações envolvidas no cotidiano de uma biblioteca são tão desprovidas de complexidade que qualquer zé-ninguém pode executá-las sem o menor atropelo.

Essa proposta de emprego flagrantemente ilegal e ironicamente encabeçada por um *expert* do Direito amargou a boca de muitos colegas. De minha parte, penso que colhemos dois frutos bem doces a respeito. O primeiro foi termos nos tornado visíveis à sociedade brasileira; vi, inclusive, bibliotecários na TV e nas folhas de alguns jornais de circulação nacional justificando não apenas os motivos legais pelos quais o apenado não poderia exercer a profissão de bibliotecário, mas também evidenciando as sérias implicações de tal contratação para a qualidade do serviço de qualquer escritório advocatício, inclusive o do Grossi Paiva Advogados. O segundo fruto foi certa mobilização nascida fora dos muros dos órgãos de classe em torno da matéria. Não nos parece notável que o tradicional espírito de alheamento que paira sobre a categoria profissional tenha sido exorcizado, pelo menos naquela ocasião, permitindo a insurgência de vozes?

Experiência curiosa essa. Sabe-se que nenhuma profissão se sustenta, exclusivamente, por um ato normativo de reserva de mercado. Na verdade, creio e espero que a nossa reação proveniente do caso José Dirceu e, recentemente, do ex-governador Sérgio Cabral, outro que se devotou aos livros na prisão, não seja resultante do mero incômodo quanto ao descumprimento da Lei nº 9.674/1998.[1] Ainda que as medidas adotadas pelos órgãos de classe tenham sido adequadas e necessárias, parecem-me insuficientes para sanar o problema a longo prazo. Não estamos tratando de mera invasão de nosso monopólio laboral. Essa leitura me parece ingênua, já que encara a solução como simples movimento de expulsar o invasor de nosso território; ora, o cerne do conflito não está em permitir ou não que um cidadão sem a formação acadêmica exigida exerça a Biblioteconomia. Se alguns colegas aqui presentes pensam assim, sugiro que voltem à tranquilidade reinante de suas bibliotecas, já que a atuação exemplar do Conselho Federal e dos conselhos regionais tem impedido, com certo nível de sucesso, tamanho disparate.

O que vos proponho nesta noite é abandonar a perspectiva focada na reserva de mercado e na capacidade fiscalizatória dos órgãos de classe. Afinal de contas, seria um equívoco acreditar que os discursos produzidos pelo Dr. Grossi e pela mídia a nosso respeito e da entidade em que atuamos gravitem em torno de questões normativas e jurídicas.

---

[1] BRASIL. Lei nº 9.674, de 25 de junho de 1998. Dispõe sobre o exercício da profissão de Bibliotecário e determina outras providências. Disponível em: <http://www.planalto.gov.br/ccivil_03/leis/L9674.htm>. Acesso em: 6 mar. 2016.

O convite que vos faço é nos debruçarmos, primeiro, sobre a fala do Dr. Grossi, buscando extrair de suas entrelinhas verdades forjadas em torno do universo da biblioteca. A partir de então, procuraremos estabelecer uma relação entre essas narrativas e a biblioteca como equipamento cultural moderno, comprometido em formar cidadãos úteis por meio de práticas docilizadoras de seus corpos. Ao comprovarmos a insustentabilidade desse modelo de biblioteca, sugeriremos uma estratégia de reconfiguração desse espaço a partir da adoção da *parrhesía*, modelo ético grego.

A proposta é desafiadora porque corremos o risco, já de início, de perdermos o foco e convertermos esse caso em uma questão menor, gravitando entre o queixume contra o Conselho Regional ou, quem sabe, contra o próprio Dr. Grossi, que supostamente ignoraria a atividade de um bibliotecário genuíno. Em vez de impropérios disparatados contra colegas e usuários, podemos atribuir a real dimensão do problema respondendo a duas perguntas: 1) A tentativa de José Dirceu ser bibliotecário, ainda que frustrada, evidencia a vulnerabilidade social da Biblioteconomia brasileira, profissão regulamentada em lei desde a década de 1960. Como associar essa fragilidade ao modelo de gestão de bibliotecas iniciado no século XIX, e até hoje vigente em nosso país? 2) Seria possível estabelecer uma nova percepção de Biblioteconomia e, consequentemente, do bibliotecário, a partir das particularidades da sociedade atual?

Em virtude da estreita relação entre escrita e poder, a biblioteca se revelou, no curso dos séculos, uma entidade conservadora, comprometida com a tradição. Ela foi erigida e mantida como "instrumento simbólico" destinado a conhecer e, ao mesmo tempo, construir o mundo objetivo.² A partir do esquadrinhamento prévio dos múltiplos saberes e da legitimação de alguns tipos em detrimento de outros, estabelece-se uma estrutura epistemológica que reflete a ordem de poder em vigor. Mas o que vem a ser "poder"? Foucault o define como "[...] um conjunto de mecanismos e de procedimentos que têm como função e tema manter – mesmo que não o consigam – justamente o poder".³ Portanto, a biblioteca, nascendo do poder, funciona em consonância com esse mesmo poder, sustentando-o por meio da legitimação da ordem das coisas.

E como o poder é exercido dentro dos muros da biblioteca? De maneira simbólica, principiada pela construção de um sistema de verdades (arranjos) firmado em uma ordem gnosiológica. É assim que o mundo se torna logicamente plausível e homogêneo, destituído de arbitrariedade.⁴ Portanto, a biblioteca não é mero substrato, mas fundamento do mesmo poder que lhe deu origem. Em outras palavras, além de sustentada, é sustentáculo do poder político, seja como prédio, seja como fornecedora de algum tipo de serviço destinado a cultivar corpos sadios e socialmente habilidosos. Algumas bibliotecas gregas na Antiguidade, por exemplo, ainda que avessas à difusão da leitura,

---

[2] BOURDIEU, P. *A economia das trocas simbólicas*. 3. ed. São Paulo: Perspectiva, 1992.
[3] FOUCAULT, M. *Segurança, território, população*: curso dado no Collège de France (1977-1978). São Paulo: Martins Fontes, 2008. p. 4.
[4] BOURDIEU, P. *O poder simbólico*. Rio de Janeiro: Bertrand Brasil, 1989.

prática esta muita tardia, serviram como elemento evocador da grandeza e da estabilidade do governo. Colunas de mármore e balaustradas a serviço da pólis.

Historicamente, a biblioteca se assujeitou a um modo de governar. De fato, da coleção de tabuinhas de argila do rei Assurbanípal no século VII a. C. ao complexo sistema taxonômico de Melvil Dewey, a biblioteca foi se revelando, ainda que sob matizes diversos, como substrato de um poder institucionalizado e, ao mesmo tempo, como entidade ressoadora desse mesmo poder. Portanto, ela se ocupará de reproduzir, em suas instalações, acervos, produtos e modos de lidar com os "de fora" essa mesma lógica de poder pela qual foi erigida.

Entretanto, se a biblioteca se revelou assujeitada a esse poder em seu percurso histórico, procurando construir instrumentos totalizantes e homogeneizadores, a estrutura gnosiológica que serviu de fundamento não foi a mesma. Peço a vocês um pouco de paciência para trilharmos um percurso do pensamento ocidental proposto pelo filósofo francês Michel Foucault. Por mais árido que isso possa parecer, creio ser importante, já que, a partir da identificação das particularidades das três fases propostas por Foucault[5] – a saber, Renascença, Época Clássica e Modernidade –, poderemos esquadrinhar o projeto de biblioteca que se instaurou no Ocidente ao final dos oitocentos, e no Brasil, nas primeiras décadas do século posterior, e que, penso eu, está morto, embora parcialmente desenterrado.

---

[5] FOUCAULT, M. *As palavras e as coisas*: uma arqueologia das ciências humanas. São Paulo: Martins Fontes, 1966.

Vale ressaltar que nossa empreitada não envolve estabelecer juízos em relação a projetos de bibliotecas erigidos no curso dos séculos, valorando um modelo em detrimento de outros, mas, simplesmente, entender "[...] como se produzem efeitos de verdade no interior de discursos que não são em si mesmos verdadeiros nem falsos".[6] Observaremos que o pensamento no Ocidente foi sendo forjado, basicamente, pela ereção de sistemas taxonômicos gradativamente aprimorados ou, simplesmente, substituídos por outros considerados mais comprometidos com um modo de governar. Apresentarei, ainda que de modo panorâmico, a concepção de conhecimento na Renascença e no Classicismo, detendo-me à chamada Modernidade. Creio que parcela significativa de nossos desafios atuais começou por lá, ao final do século XVIII.

O mundo renascentista foi concebido como um códex a ser decifrado, sem se valer, contudo, do instrumental científico. Trata-se de um dos períodos mais descompromissados com a razão.[7] A assertiva está associada ao fato de que o conhecimento no século XVI se restringiu ao processo de interpretar um texto, reduzindo o "cientista" a mero comentarista. Foucault[8] é categórico em afirmar que o saber daquele momento se condenou a conhecer a mesma coisa. Além disso, a supervalorização da arte, com suas múltiplas possibilidades, refletia a primazia da imaginação sobre a razão.

---

[6] FOUCAULT, M. *Microfísica do poder*. Rio de Janeiro: Graal, 1979. p. 7.
[7] KOYRÉ, A. *Estudos de história do pensamento científico*. Rio de Janeiro: Forense Universitária, 1982.
[8] FOUCAULT, M. *As palavras e as coisas*: uma arqueologia das ciências humanas. São Paulo: Martins Fontes, 1966.

A credulidade do homem renascentista em relação à intervenção do sobrenatural resulta do abandono da perspectiva aristotélica de um cosmos bem ordenado. Não havendo uma ordem física ou metafísica que sustente os seres, tudo passa a ser plenamente possível. Desse modo, o homem divide seu espaço com uma infinidade de entidades e cenários: desse contato, o conhecimento vai sendo paulatinamente construído. Em outros termos, por meio da similitude, ou seja, graças ao processo de assemelhamento, todas as coisas, tanto celestes quanto terrestres, revelam-se intimamente comprometidas:

> O mundo enrolava-se sobre si mesmo: a terra repetindo o céu, os rostos mirando-se nas estrelas e a erva envolvendo nas suas hastes os segredos que serviam ao homem. A pintura imitava o espaço. E a representação – fosse ela festa ou saber – se dava como repetição: teatro da vida ou espelho do mundo, tal era o título de toda linguagem, sua maneira de anunciar-se e de formular seu direito de falar.[9]

É nesse sentido que Koyré afirma: "Se se desejasse resumir em uma frase a mentalidade da Renascença, eu proporia a fórmula: tudo é possível".[10] Não por acaso, textos de magia ocuparam o *top list* das obras mais consumidas nesse período. Se os livros vão sendo elaborados a partir da similitude entre imaginação e crença, as bibliotecas, nesse período, nada mais farão que coletar documentos dos mais diversos lugares,

---

[9] FOUCAULT, M. *As palavras e as coisas*: uma arqueologia das ciências humanas. São Paulo: Martins Fontes, 1999. p. 25.
[10] KOYRÉ, A. *Estudos de história do pensamento científico*. Rio de Janeiro: Forense Universitária, 1982. p. 48.

permitindo aos entendidos apreciar os entes celestes e terrestres por meio da aproximação e identificação de sinais compartilhados entre eles. Portanto, prima-se pela reunião de acervos enormes e, até certo ponto, pela construção de listas bibliográficas. Os sistemas classificatórios ainda inexistem, já que estes demandam uma ordem epistêmica capaz de reduzir as possibilidades de construção gnosiológica, o que não é o caso. Parece-me que a ideia do Dr. Grossi de dispor de um acervo visualmente organizado em estantes tem aqui sua origem.

O Classicismo, por sua vez, surgido no século XVII, "[...] marca o desaparecimento das velhas crenças supersticiosas ou mágicas, e a entrada da natureza na ordem científica".[11] É criada, a partir de então, uma multiplicidade de nomenclaturas destinadas a taxonomizar os reinos dos seres vivos. Isso compreende o triunfo do homem frente ao universo inesgotável da Renascença. Em vez de rebuscamento, a linguagem prima pela objetividade, e o cartesianismo, por sua natureza extensiva, reconhece a indefinição das coisas, negando, ao mesmo tempo, sua infinitude. A partir de então, tudo é passível de ser esquadrinhado e reduzido a uma combinação de letras e números. O conhecimento clássico se vincula, justamente, à habilidade de medir, de ordenar: "[...] conhecer nada mais é do que decifrar a Natureza, expor a sua infinita e imperturbável regularidade. E dela dar um quadro, o mais completo possível".[12]

---

[11] FOUCAULT, M. *As palavras e as coisas*: uma arqueologia das ciências humanas. São Paulo: Martins Fontes, 1999. p. 75.
[12] TERNES, J. *Pensamento moderno e normalização da sociedade*. Inter-Ação: Rev. Fac. Educ. UFG, Goiânia, v. 32, nº 1, p. 47-67, jan./jun. 2007.

Profundamente marcado pelo mecanicismo, em que "astros, pedras ou seres, todos os corpos estão submetidos às mesmas leis do movimento",[13] o Classicismo se constitui a partir da reunião de quatro elementos: "[...] forma dos elementos, quantidade desses elementos, maneira como eles se distribuem no espaço uns em relação aos outros, grandeza relativa de cada um".[14] Para as bibliotecas, o seu grande feito foi "[...] o de pousar pela primeira vez um olhar minucioso sobre as coisas e de transcrever, em seguida, o que ele recolhe em palavras lisas, neutralizadas e fiéis".[15] A *Encyclopédie*,[16] por exemplo, é fruto da ação criativa – e, portanto, arbitrária – em selecionar e hierarquizar verdades registradas em suportes, como bem admitiu Diderot: "Não é suficiente reunir sem escolher, e amontoar sem ordem e sem gosto".[17] Ordenação, portanto, submetida à volição, ao desejo, o que nos leva a admitir a relação subordinativa entre as ferramentas classificatórias em relação ao regime de verdade.

Finalmente, na Modernidade, o homem se converte em medida de todas as coisas, passando a ser sujeito e, ao mesmo tempo, objeto do seu próprio conhecimento. O seu ingresso como pilar de todo o discurso exigiu uma reordenação de todas as taxonomias

---

[13] JACOB, F. *A lógica da vida*: uma história da hereditariedade. 2. ed. Rio de Janeiro: Graal, 2001. p. 38.
[14] FOUCAULT, M. *As palavras e as coisas*: uma arqueologia das ciências humanas. São Paulo: Martins Fontes, 1999. p. 148.
[15] FOUCAULT, M. *As palavras e as coisas*: uma arqueologia das ciências humanas. São Paulo: Martins Fontes, 1999. p. 179.
[16] DIDEROT, D., D'ALEMBERT, J. le R. *L'Encyclopédie, ou, Dictionnaire raisonné des sciences, des arts et des métiers*. Paris: Briasson, 1751.
[17] DIDEROT, D. *Choix d'articles de l'Encyclopédie*. Paris: Ed. du CTHS, 2002.

concernentes aos seres vivos, motivada pela criação de novos saberes. Afinal de contas, a "analítica de finitude do homem", ou se preferirmos, a descoberta de seu desaparecimento permitiu que o corpo fosse dissecado. Em outras palavras, ao se livrar, definitivamente, de sua prisão, a alma,[18] o corpo se converte em objeto, surgindo, em torno dele, diversas disciplinas que o disputarão.

Levando em conta a natureza hermenêutica da Modernidade, a biblioteca surgiu como lócus de tradições, não apenas em relação ao processo de desenvolvimento do acervo, mas também quanto à criação dos catálogos, à elaboração de linguagens documentárias e ao tipo de serviço de referência adotado. Desaparece de uma vez por todas a *máthêsis*, projeto de ciência universal que serviria de suporte para todas as ciências, e, em seu lugar, surgem a ciência e, com ela, o que Foucault designou de "sociedade disciplinar".[19]

É muito importante compreender esse ponto porque a biblioteca participou ativamente desse processo. Todas as técnicas de engenharia e os seus *experts* nos reportam a uma concepção idealizada de corpo. À medida que o indivíduo não corresponde às exigências de verdades estabelecidas por domínios de saberes, por razões genéticas ou adquiridas, técnicas de disciplinamento deverão incidir sobre ele, garantindo, desse modo, obter a tão esperada docilidade corpórea.[20]

---

[18] FOUCAULT, M. *Vigiar e punir*: nascimento da prisão. Petrópolis: Vozes, 1975.
[19] FOUCAULT, M. *Resumo dos cursos do Collège de France (1970-1982)*. Rio de Janeiro: Jorge Zahar, 1997. p. 77.
[20] FOUCAULT, M. *Vigiar e punir*: nascimento da prisão. Petrópolis: Vozes, 1975.

Por sua vez, a Modernidade pode ser encarada como um movimento comprometido com uma "arte do corpo", não mais preocupada em conter sua rebeldia orgânica, como tantos outros procedimentos disciplinares instaurados no curso dos séculos, como a escravidão, a domesticidade e a vassalidade.[21] Mas, então, o que significa docilizar um corpo na Modernidade? Significa torná-lo saudável e produtivo. Instituições e disciplinas, como a biblioteca e a escola, serão criadas ou reconfiguradas em razão de um modelo de cidadão assujeitado e útil:

> O momento histórico das disciplinas é o momento em que nasce uma arte do corpo humano, que visa não unicamente ao aumento de suas habilidades, nem tampouco aprofundar sua sujeição, mas a formação de uma relação que no mesmo mecanismo o torna tanto mais obediente quanto mais útil, e inversamente. Formam-se então uma política das coerções que são um trabalho sobre o corpo, uma manipulação calculada de seus elementos, de seus gestos, de seus comportamentos. O corpo humano entra numa maquinaria de poder que o esquadrinha, o desarticula e o recompõe. [...] A disciplina fabrica assim corpos submissos, exercitados, corpos "dóceis".[22]

Portanto, a biblioteca, a partir do século XIX, foi se configurando em razão de um padrão de sujeito, não demonstrando qualquer atitude revoltosa em

---

[21] FOUCAULT, M. *Vigiar e punir*: nascimento da prisão. Petrópolis: Vozes, 1975.
[22] FOUCAULT, M. *Vigiar e punir*: nascimento da prisão. Petrópolis: Vozes, 1975. p. 119.

relação ao projeto utilitário de indivíduo e de sociedade perpetrado por correntes de pensamento então em voga. De fato, os bibliotecários e os intelectuais do século XIX foram entusiastas dos estudos sociológicos e biológicos de Comte, Darwin e Spencer. A filosofia utilitarista de Auguste Comte, por exemplo, destinada a fornecer "a todas as questões, tanto intelectuais quanto sociais, respostas sempre decisivas e plenamente concordantes, de modo a poder dirigir a conduta privada e pública",[23] teve enorme penetração nos países do Ocidente. Como não enxergar no sistema de classificação bibliográfica produzido por Dewey, em 1876, marcas profundas da positividade, dessa pretensão de tudo conhecer e hierarquizar em prol de uma sociedade ordenada e progressista?

A biblioteca moderna atuará como uma "forma de poder" destinada a otimizar as aptidões dos indivíduos, inserindo-os no aparelho produtivo: "[...] investir nos indivíduos, situá-los onde eles são mais úteis, formá-los para que tenham esta ou aquela capacidade [...]".[24] E como a subordinação da biblioteca ao projeto de modernidade se manifestou? Tomando para si o lema "ordem e progresso", ela se configurará de tal modo que funcione como entidade preservacionista do *nomos*, ou seja, da "ordem estabelecida".[25]

---

[23] COMTE, A. *Lettres à divers*. Paris: Fonds Typographique de l'Exécution Testamentaire d'Auguste Compte, 1902. t. 1, p. 252 [tradução nossa].
[24] FOUCAULT, M. Sexualidade e poder. In: MOTTA, M. B. da (Org.). *Ética, sexualidade, política*. Rio de Janeiro: Forense Universitária, 2004. p. 75.
[25] BERGER, P. L. *O dossel sagrado*: elementos para uma teoria sociológica da religião. São Paulo: Paulinas, 1985. p. 32.

As técnicas e os discursos perpetrados pela Biblioteconomia moderna são, portanto, desdobramentos de uma política geral de verdades. Espero que ainda se recordem como se tornaram intensas, ao final do século XVIII, as tentativas de controle do conhecimento registrado. Já não estamos mais tratando de meras listas de obras bibliográficas, mas de um verdadeiro projeto de mapeamento e hierarquização de verdades. Assim, os produtos e serviços bibliotecários, bem como toda a mecânica de tratamento e disseminação, vão se revelando assujeitadas às aspirações dos domínios científicos em relação ao corpo. A biblioteca tomará para si a missão de colaborar com as ciências modernas na produção de um corpo são, funcionando, portanto, como estrutura orgânica de apoio.

Acabamos tomando como ideal um tipo de sujeito a ser formado por meio da incidência de nossos sistemas simbólicos disciplinares. A parafernália instrumental que criamos – códigos de catalogação, sistemas classificatórios e taxonômicos, linguagens de indexação, políticas de desenvolvimento de coleção, restrições de acesso ao acervo e estratégias de atendimento no balcão de referência –, está em função de um projeto de sujeito equilibrado, bem ordenado psíquica e fisicamente. E alguém pode me perguntar: e qual o problema de a Biblioteca tomar para si a missão de formar bons cidadãos? Penso que investir em um projeto político de sujeito implica ignorar ou relativizar a multiplicidade dos modos de configuração da pessoa humana, deslegitimando, por sua vez, as diversas possibilidades de forjatura do *éthos*, ou seja, da sociedade.

Ao se firmar como entidade destinada a criar tipos dóceis e úteis, ou seja, sujeitos na acepção de assujeitados, ou, se preferirmos, ainda, "bons cidadãos", bibliotecários se puseram a mapear indivíduos e grupos, estabelecendo fronteiras claras entre os passíveis de serem acolhidos e os que, por marcas óbvias tatuadas no corpo, permanecerão do lado de fora. A interrogação que se colocou é simples: quem é detentor de condições mínimas para ser passível de conformar-se ao projeto de sujeito útil e socialmente integrado? Negros, gays e mulheres, particularmente, agonizarão com nossas políticas. Li, recentemente, na *Folha de S.Paulo*, o testemunho de um senhor negro norte-americano contando seu pavor por ter que enfrentar, na década de 1950, o olhar gélido e desconfiado do bibliotecário de referência ao tomar emprestado com a carteirinha do patrão um livro de teor comunista. E o que falar da experiência de Virginia Woolf ao se deparar com verbetes e remissivas sexistas nas gavetas do catálogo da Universidade de Oxford, em que bibliotecários associaram a figura da mulher à servidão?[26] Jamais me esquecerei da jovem lésbica na fila do empréstimo, humilhada por sussurros e risos de canto de boca pela capa depravada do livro, segundo os critérios morais da bibliotecária responsável em treinar os estudantes de Biblioteconomia.

Para esses tipos enfermiços, desviantes contumazes, portadores de pruridos na pele e, quem sabe, na alma, nada resta a fazer senão mantê-los a uma distância segura das instituições sérias, pelo bem da coletividade. E como tivemos sucesso em nossa empreitada? Invisibilizando-os, seja por meio da adoção de medidas radicais, como a restrição do acesso ao prédio da biblioteca, seja desenvolvendo produtos e

---

[26] WOOLF, V. *Um teto todo seu*. São Paulo: Tordesilhas, 2014.

serviços que, por meio das técnicas de silenciamento, jamais atenderão às suas demandas. Catálogos assépticos, linguagens controladíssimas, silêncio claustral.

Alguém pode me questionar: "Está certo! Um dia as coisas se deram desse modo, mas, hoje, nossas bibliotecas se adequaram a um novo tempo, tendo abandonado todas essas técnicas opressoras". Desculpe, mas não estou plenamente de acordo. O mito da neutralidade, ainda tão presente em nossos balcões de referência, assusta-me e causa prejuízos para a maior parte da população brasileira. O fato de não hastearmos a bandeira nazista e não queimarmos livros subversivos na Praça dos Três Poderes não nos transforma, automaticamente, em humanistas, predicado citado em nosso Código de Ética.[27]

Se é verdade que nenhum bibliotecário em sã consciência seria tolo a ponto de impedir o acesso de uma criança negra ou de uma mulher transexual às suas dependências, continuamos a adotar técnicas de silenciamento, embora recorrendo a outras formas de intervenção, algumas de modo inconsciente. Digo "inconsciente" para não parecer grosseiro, pois, sinceramente, acredito que a ideia de transformar a biblioteca em espaço dialógico levaria alguns colegas mais sensíveis a crises espamódicas. Não quero, sinceramente, que ninguém passe mal a ponto de ter que passar o dia 12 de março sob observação médica. O fato é que as bibliotecas brasileiras ainda se revelam excludentes. Alguém duvida disso?

---

[27] CONSELHO FEDERAL DE BIBLIOTECONOMIA. *Resolução nº 42, de 11 de janeiro de 2002*. Dispõe sobre Código de Ética do Conselho Federal de Biblioteconomia. Diário Oficial da União, Brasília, DF, 14 jan. 2002. Seção I, p. 64.

As edições do *Retratos da Leitura no Brasil*, coordenadas pelo Instituto Pró-Livro,[28] comprovam o pouco interesse do brasileiro pela biblioteca. Um colega aqui presente e de espírito mais inflamado pode justificar esse fato pelo descaso do governo em adotar medidas efetivas, particularmente na esfera orçamentária. Apesar de concordar que os bilhões destinados à construção de prisões e parados nos cofres da União poderiam ser bem gastos em políticas de leitura, os entrevistados na pesquisa citada não justificaram seu desinteresse em frequentar a biblioteca em virtude de sua má condição, fruto do descaso institucional.

E, agora, fico imaginando um bibliotecário levantando seu dedo para defender uma tese antiga que, teimosamente, renasce das cinzas, como uma fênix: "Se sabem da biblioteca e rejeitam nossos serviços, nada podemos fazer". Discordo! Podemos estabelecer um novo modo de lidar com os de fora, com os marginais, os que não conseguiram chegar ao centro da cidade e da sociedade, que não entendem nossos códigos, nosso modo de dispor o acervo, nossa linguagem de referência, nosso modo de empacotar produtos. Estamos, finalmente, entrando no campo discursivo da ética. Uma ética que possa ser construída a partir de uma relação de verdade.

Proponho a vocês, nessa noite, abordarmos a *parrhesía*. Não se assustem com o termo, nem me deixem aqui sozinho falando para as paredes. Farei o possível para não transformar essa noite fresca em

---

[28] INSTITUTO PRÓ-LIVRO. Retratos da leitura no Brasil. Disponível em: <http://prolivro.org.br/home/index.php/atuacao/25-projetos/pesquisas/3900-pesquisa-retratos-da-leitura-no-brasil-48>. Acesso em: 12 jan. 2014.

uma chatice sem tamanho. Apesar da complexidade do objeto, a coragem de enfrentá-lo pode trazer bons resultados, servindo como uma chave hermenêutica de nossas bibliotecas atuais e, especialmente, de um novo modo de relacionar-se com o outro.

Apresentarei a origem do termo e seus significados, sem pretensão de ser exaustivo. Seguidamente tentarei aplicar o termo ao campo da Biblioteconomia. O lexema grego *parrhesía* foi usado, primeiro, pelo poeta trágico Eurípedes (480-406 a.C.), designando o "falar francamente", ou seja, reportando-se ao ato de proferir a verdade a quem quer que seja. Nessa perspectiva, o conhecimento se origina pelo movimento de dizer ao outro a verdade.

E a partir daqui lançarei duas questões: primeira, por que o parresiasta se ocupa em disseminar a verdade? Ora, porque ele tem uma qualidade moral desprovida de qualquer interesse pessoal. Ele não ganha dinheiro, não almeja coroa de louros ou qualquer outra espécie de honrarias. Segunda, o que o interlocutor ganha ao ouvir o parresiasta? Ele experimenta a conversão, ou seja, uma mudança de mentalidade ou, ainda, de direção. Só se muda de mentalidade quem se convenceu de que determinados elementos até hoje tidos como importantes perderam sentido. Vejam: a partir desse ato de descarregar-se dos fardos de sistemas estruturantes alicerçados em modelos, converto-me em um sujeito autônomo. E agora faço outra pergunta: como me submeter a esse processo purgativo? Compreendendo o meu presente. E como posso compreender o meu presente? Lendo-o a partir de um projeto futuro? Não, mas identificando o que há de diferente hoje do que me foi apresentado ontem.

Se a coisa de outrora já não preserva as mesmas características no momento presente, concluirei que as estruturas de realidade apresentadas como universais e obrigatórias são contingenciais e arbitrárias, podendo, a partir de então, livrar-me de todas elas.

A *parrhesía* introduz o homem no que Foucault designou por Luzes. Que Luzes são essas? Trata-se de "[...] certo estado de nossa vontade que nos faz aceitar a autoridade de algum outro para nos conduzir nos domínios em que convém fazer uso da razão".[29] E por que alguém se submeteria ao governo de outro? Por mais estranho que possa aparecer, submetemo-nos ao domínio de outro para nos tornarmos autônomos, livres. E quem é esse a quem nos submetemos? É o parresiasta que, ao contrário do sábio, preocupado em dizer o que são as coisas desvinculadas das contingências, "[...] coloca-se em questão, coloca-se frente aos indivíduos e às situações para dizer o que eles são na realidade, dizer aos indivíduos a verdade deles mesmos que se esconde aos seus próprios olhos".[30] O parresiasta não tem a pretensão de persuadir ou de ensinar, mas de expor a verdade ao outro por meio da opinião, do julgamento. Trata-se de um processo de desconstrução. É por isso que Foucault reconhece que "o discurso revolucionário, quando assume a forma de uma crítica à sociedade existente, desempenha o papel de discurso parresíaco".[31]

---

[29] FOUCAULT, M. O que são as luzes? In: *Ditos e escritos*. Rio de Janeiro: Forense Universitária, 2005. p. 337.
[30] FOUCAULT, M. O que são as luzes? In: *Ditos e escritos*. Rio de Janeiro: Forense Universitária, 2005. p. 337.
[31] FOUCAULT, M. *A coragem da verdade*: o governo de si e dos outros: curso dado no Collège de France (1983-1984). São Paulo: Martins Fontes, 2011. p. 29.

Isso se dá, fundamentalmente, por meio da desnaturalização. O sujeito parresiasta problematiza a incidência das políticas de verdade em seu cotidiano. A *parrhesía*, como prática libertadora, recusa-se a apresentar um código de ética universal, reconhecendo uma multiplicidade de itinerários para formar um sujeito ético. Vejamos sua enorme diferença do que nos foi proposto pela Modernidade, com suas aspirações disciplinares, normativas e profiláticas. Portanto, a *parrhesía* pode se converter em um poderoso instrumento de construção de novas políticas de verdade, inclusive no âmbito das bibliotecas.

E alguém pode me perguntar: "E que diabos vem ser a verdade?". Afinal de contas, como construir e gerir bibliotecas em torno do conceito de veracidade se não sabemos, preliminarmente, do que se trata? Pois bem, meus caros, nesse momento, optarei em dizer o que é inverdade, recorrendo, sempre, ao pensamento de Foucault. Primeiro, a pretensa neutralidade dos métodos científicos em descrever seus objetos foi um engodo. Nesse aspecto, merece ressaltar a lealdade da Biblioteconomia em reproduzir a tese da imparcialidade em seus métodos e instrumentos. Segundo, a verdade não pode estar submetida a uma perspectiva meramente utilitária do conhecimento. E, também, quanto a isso, a biblioteca se revelou subserviente ao projeto modernista, outorgando legitimidade a determinado conhecimento por sua real eficácia na docilização de corpos. Essa relação entre Biblioteconomia e verdade sempre se revelou muito estreita e complexa. Ainda que não tenhamos tempo para analisar, detidamente, a biblioteca à luz da "história do pensamento" proposta por Foucault, podemos estabelecer, ainda que de maneira panorâmica, relações entre saber, poder e ética em nosso campo profissional.

A ética, para Foucault, nada mais é que um modo de relacionamento do indivíduo consigo mesmo. Ora, o indivíduo só pode se relacionar consigo mesmo sendo indivíduo. Mas o que a Modernidade fez conosco? Tirou-nos a individualidade, convertendo-nos em ovelhas submetidas ao cajado do pastor, seja esse compreendido como a Igreja, o Estado, a escola e, porque não, a biblioteca. É em razão disso que Foucault conclui: "O homem ocidental [...] aprendeu durante milênios a se considerar uma ovelha entre as ovelhas".[32] A ética passa, fundamentalmente, pelo enfrentamento corajoso dessa realidade. E qual o caminho para romper com o poder pastoral, fugindo dos redis estabelecidos, e nos tornando senhor de nossa própria história? A *parrhesía* não é pensada em função de uma vida futura, nem nasce da descoberta de uma identidade natural, mas a partir de um problema concreto que se nos apresenta, permitindo-nos criar novos modos de vida. Trata-se de um movimento reflexivo que não pode ser confundido com verdades normatizadas, como uma lei ou um código de comportamento. A ética não tem por finalidade convencer o indivíduo a agir de determinado modo em razão da presença e da primazia da metafísica ou da lei natural.

Como ressaltou Foucault, "não se trata de descobrir uma verdade no sujeito [...]. Trata-se, ao contrário, de armar o sujeito de uma verdade que ele não

---

[32] FOUCAULT, M. *Segurança, território, população*: curso dado no Collège de France (1977-1978). São Paulo: Martins Fontes, 2008.

conhecia e que não residia nele".[33] E que verdade é essa ignorada pelo indivíduo e que deve ser proclamada por sobre os telhados? De que ele é um assujeitado, portador de uma identidade previamente estabelecida por alguém ou algo. É essa condição que o torna ovelha. A palavra "sujeito" em Foucault se reporta ao resultado de um processo de subordinação perpetrado por entidades na Modernidade: "Sujeito a alguém pelo controle e dependência, e preso à sua própria identidade por uma consciência ou autoconhecimento".[34] Nesse contexto, a verdade, de certo modo, está em recusar a ser hoje o que fomos ontem, em um processo criativo incessante.

Nessa perspectiva de criatividade fissuradora, o bibliotecário pode tomar para si a tarefa de contribuir para que sujeitos se convertam em indivíduos. Esta é uma missão de todo intelectual específico, grupo no qual o bibliotecário se insere, já que está ligado a um domínio, a um lugar e a um conjunto de exigências políticas. Isso tanto é verdade que a profissão é regulada pelo Estado. Ademais, a prática do bibliotecário está intimamente atrelada ao que Foucault designou como uma especificidade do intelectual, a saber, "[...] da política de verdade nas sociedades contemporâneas".[35]

Como isso pode se dar? Proponho aqui um singelo itinerário que poderá nos ajudar em nossa

---

[33] FOUCAULT, M. *Resumo dos cursos do Collège de France (1970-1982)*. Rio de Janeiro: Jorge Zahar, 1997. p. 130.

[34] FOUCAULT, M. O sujeito e o poder. In: DREYFUS, H.; RABINOW, P. *Michel Foucault, uma trajetória filosófica*: para além do estruturalismo e da hermenêutica. Rio de Janeiro: Forense Universitária, 1995. p. 235.

[35] FOUCAULT, M. *Microfísica do poder*. Rio de Janeiro: Graal, 1979. p. 13.

reflexão. Penso que a primeira medida a ser adotada – usei o termo "medida" porque bibliotecários tendem a ser cartesianos – é nunca mais, ainda que sob tortura, pretender dar uma resposta à pergunta proposta por Kant: "O que somos?". Penso ser essa a decisão mais dolorosa, já que fomos ensinados, desde os tempos de faculdade, que a missão do bibliotecário é formar gente educada, atrelada, portanto, ao caráter disciplinar. Não por acaso, alunos desobedientes continuam sendo conduzidos por seus professores às bibliotecas, na dupla tentativa de punir e corrigir a indocilidade. Mesmo as bibliotecas públicas, concebidas, frequentemente, como instituições representativas da efetivação dos direitos sociais nos Estados liberais, resultam de um projeto eminentemente conservador. De fato, a burguesia europeia, carecendo de mão de obra qualificada para atuar nas fábricas, criaram, em meados de 1850, as primeiras bibliotecas públicas destinadas, primordialmente, a instruir as massas incultas e, também, afastá-las de literaturas nocivas. Nesse sentido, os bibliotecários se esmeraram em garantir educação e lazer saudável aos seus usuários em formação.

Como lócus da palavra, a biblioteca se nutre e reverbera verdades. Foi assim no século XVII, com a forjatura do Estado liberal, e também mais tarde, nos oitocentos, com o advento de um projeto positivista de ciência. O risco está no gene, no modo autoritário de fazer biblioteca, pautado na pretensão de tudo saber, seja cultivando um cânon bibliográfico restrito e pautado em critérios pretensamente objetivos, seja estabelecendo finalidades morais ou pedagógicas bastante questionáveis.

O primeiro desafio é resistir à tentação de nos submeter aos critérios de subserviência previstos no jogo político. Essa postura não costuma garantir condições favoráveis, nem vida longa ao equipamento cultural. Trata-se de um processo intricado. Afinal de contas, a natureza doutrinadora da biblioteca costuma se revelar faceira, camuflada sob grossas camadas de discursos capazes de outorgar uma falsa naturalidade a um modelo de sociedade e de indivíduo. Costumamos ignorar que nosso silenciamento diante dos modestos movimentos libertários das peças do tabuleiro social legitima projetos totalitários destinados a conservar a ordem e, consequentemente, a violência junto aos desordeiros. Nesse mesmo campo semântico, é importante reconhecer que o conhecimento científico não passa de uma modalidade de comunicação da verdade. Vejamos o que diz Foucault a respeito:

> É preciso compreender a ciência como somente um dos regimes possíveis de verdade e que existem outros modos de ligar o indivíduo à manifestação do verdadeiro por outras artes, com outras formas de ligação, com outras obrigações e outros efeitos além desses definidos na ciência, pela autoindexação do verdadeiro.[36]

A ciência, como motor do progresso, influencia-nos a tal ponto de servir como elemento nevrálgico na identificação do que deve ser preservado e das relações a serem estabelecidas entre a "verdade", a saber,

---

[36] FOUCAULT, M. Do governo dos vivos. *Verve*: Revista do Núcleo de Sociabilidade Libertária do Programa de Estudos de Pós-Graduados em Ciências Sociais da Pontifícia Universidade Católica de São Paulo, São Paulo, nº 12, p. 84, out. 2007.

a ciência e outras tantas narrativas. A grande questão é garantir que a biblioteca seja reflexo da ordem instaurada e do progresso almejado. Mesmo o pretérito – encabeçado pela literatura romanesca ou pelas narrativas historiográficas – garante o seu espaço em nossas estantes quando se lança na tarefa de legitimar a empreitada realizada pela mesma ciência em prol de um futuro benfazejo. Nesse sentido, como esquecer de nossos escritores naturalistas que, em prol da República conservadora, se valeram da autoridade outorgada pela sociologia de Comte e pelo determinismo de Taine? Parece-me que a partir de então nos tornamos reféns do quesito "utilidade", esteio de todos os cânons bibliográficos destinados a garantir crianças sadias, homens de bem e rainhas do lar.

Parece-me que a invalidação das trincheiras secularmente estabelecidas entre as vozes e seus formatos potencializa o papel da biblioteca como espaço dialógico. Isso significa desrespeitar os marcos instaurados em relação a equipamentos culturais (museus, arquivos e bibliotecas) e a tipos documentais (itens monográficos, fundos documentais e peças de museu). Trata-se, nesse sentido, de retomar o papel dos centros culturais surgidos no país a partir de 1982, com o Centro Cultural São Paulo, inspirado no Centro Georges Pompidou, valendo-se, inclusive, de novas práticas que outorguem aos marginais o exercício de produtores de conteúdos, inclusive no universo digital. Em outros termos, essas medidas refletem nossa desobrigação quanto à cultura do silêncio,[37] assentada nos mitos da educação

---

[37] FREIRE, P. *Pedagogia do oprimido*. São Paulo: Paz e Terra, 2016.

neutra, da objetividade científica e da superioridade do Estado e das elites com seus projetos políticos direcionados aos tipos objetais. O que se propõe é converter a biblioteca em espaço ruidoso, não mais centrado no acervo ascético, mas nas trocas simbólicas entre seus atores. Nesse sentido, os produtos e serviços devem fomentar a relação, estimulando os usuários a opinarem, a colocarem em xeque suas certezas. Em meus primeiros anos como bibliotecário, fui surpreendido com a dificuldade de alguns colegas em aceitar a participação dos usuários na confecção dos catálogos públicos *online*, impedindo-os de tecer comentários a respeito das coleções.

A prática da liberdade não se subordina, necessariamente, ao binarismo político reinante no país. Longe de mim propor que bibliotecários passem a defender um projeto político-partidário. O que se pretende é deslocar o seu olhar para o acervo como fonte de toda verdade, reconhecendo o diálogo como o canal por excelência na construção da biblioteca como espaço de troca de saberes.

É incontestável o fracasso das bibliotecas públicas e, mesmo escolares, que investiram suas energias em atender, restritamente, finalidades relativas à educação formal. Os dados do *Retratos da Leitura no Brasil* revelam que os mesmos brasileiros que consomem o seu tempo livre assistindo à TV, ouvindo música e descansando encaram a biblioteca como espaço de estudo e pesquisa. Está morta a biblioteca concebida como acervo; resta-nos, simplesmente, enterrar o cadáver. E não adianta permanecer junto ao corpo, tecendo preces saudosistas e maldizendo o mundo pela perda. A defunta não fez amigos em vida. Estamos sozinhos nesse velório. Soa escandaloso saber que milhares de brasileiros jamais frequentariam uma biblioteca, independentemente das medidas tomadas por seus gestores.[38]

Nesse quadro de insensibilidade coletiva, pode ser uma boa pedida lançar o olhar intramuros, procurando identificar arbitrariedade e circunstancialidade nas marcas de verdades situadas em nossas estantes e em nossos balcões de referência. É desse modo que o bibliotecário parresiasta se investe de um contrapoder, rebelando-se contra as técnicas discursivas que categorizam o indivíduo e o tornam refém de uma identidade. Ele não se compromete em formar cidadãos, mas em construir, em parceria com o outro (o usuário), um espaço destinado ao confronto, ao inacabado. Nesse contexto, o bibliotecário se revela um agente capaz de fomentar no âmbito da biblioteca uma semente de revolução, de resistência a políticas que ignorem o direito de ser diferente, de ser indivíduo, de ser um "não sujeito". É evidente que o bibliotecário que entende a ética como prática da liberdade pode sair sequelado ao abrir os frontões da biblioteca a corpos até então invisibilizados, legitimando modos de vida considerados imorais, patológicos ou pecaminosos. Afinal de contas, estamos inseridos dentro de uma estrutura específica de poder, fonte de nossos salários e de nossos acervos. Para finalizar minha fala, e desejando esclarecer essa questão, recorro à sinceridade de Foucault:

---

[38] INSTITUTO PRÓ-LIVRO. Retratos da leitura no Brasil. Disponível em: <http://prolivro.org.br/home/index.php/atuacao/25-projetos/pesquisas/3900-pesquisa-retratos-da-leitura-no-brasil-48>. Acesso em: 12 jan. 2014.

Eu creio que não seja possível existirem sociedades sem relações de poder, se as entendermos como estratégias pelas quais os indivíduos tentam conduzir, determinar a conduta dos outros. O problema não é tentar dissolvê-las na utopia de uma comunicação perfeitamente transparente, mas de criar [...] o *éthos*, a prática de si, que permitirão, em seus jogos de poder, funcionar com o mínimo possível de dominação.[39]

Espero que minha fala lhes tenha afetado de algum modo no sentido de vislumbrar na discussão ética, particularmente em relação ao conceito de *parrhesía*, uma possibilidade concreta de enfrentamento esperançoso frente aos desafios de nossas bibliotecas. Obrigado![40]

---

[39] FOUCAULT, M. *Dits et écrits*. Paris: Gallimard, 1994. p. 727 [tradução nossa].
[40] Adaptação de uma palestra proferida em 10 de março de 2014, oferecida pelo Conselho Regional de Biblioteconomia – 6ª Região, na Escola de Ciência da Informação da Universidade Federal de Minas Gerais.

A NEUTRALIDADE

Assim que recebi o convite para ministrar esta palestra, fui tomado por um misto de alegria e medo. Explico-me: a ética pertence ao conjunto de assuntos que soam familiar à boa parte dos habitantes deste planeta. De fato, estou certo de que todos aqui presentes já tenham recorrido a este verbete para qualificar um amigo ou, quem sabe, a si próprio, reportando-se a um ato ou a um conjunto de comportamentos socialmente apreciáveis. A ética, no curso dos séculos, além de ter sofrido mudanças radicais, com inclusões e cortes em seu escopo, passou a ser frequentemente encarada como um conjunto de boas práticas. É em razão disso que escutamos e reproduzimos frases como: "Aquela bibliotecária é superética, por isso perdeu o posto de diretora da biblioteca"; "Todo político brasileiro é antiético". Por mais que seja difícil estabelecer marcos identitários do que venha a ser "superética" e "antiético", tais afirmações, ainda que carecendo de ponderação, costumam ser perfeitamente compreendidas por nossos interlocutores. Ao evocar o alto nível ético da chefa demitida, por exemplo, reporta-se, provavelmente, ao seu firme caráter de não permitir que um agrônomo exercesse o posto de chefe do setor de referência da biblioteca, ainda que isso resultasse no enfrentamento do descaso de parte de alguns colegas. E, quanto ao político, não é difícil imaginar uma gama de comportamentos que, ainda não sendo tipificados no Código Penal, são inescrupulosos, levando-o a ser classificado como um sujeito antiético.

Estamos frente a um assunto espinhoso, mas, ao mesmo tempo, tão avizinhado, tão nosso. Sua complexidade, contudo, não nos impede de discutirmos a respeito da ética no espaço de nossas bibliotecas. Primeiro, é importante observar que a ética está presente em todas as nossas práticas. Desde a seleção de documentos até a contratação de um novo bibliotecário de referência, somos confrontados, em maior ou menor grau, com dilemas éticos. Portanto, longe de ser, simplesmente, uma área da Filosofia, restrita a pesquisadores, a ética nos acompanha, inclusive dentro da biblioteca. Se aceitarmos isso, já damos um passo importante. Segundo, é fundamental admitir que todos os bibliotecários brasileiros são éticos. Como? Sim, defendo que somos éticos, o que não é resultado, evidentemente, de nosso compromisso com as virtudes cristãs ou de algo que o valha. Os bibliotecários são éticos por conseguirem ponderar uma realidade e tomar decisões. Todo sujeito em condições de avaliar e julgar é ético. Portanto, excluindo situações muito particulares, não me parece que o problema a se enfrentar seja definir, a partir da adoção de princípios morais, quem seja ético ou antiético.

Ao afirmar, categoricamente, que todos os bibliotecários são éticos, não estou afirmando que compartilhamos dos mesmos valores. Explico-me:

ainda que tenhamos um Código de Ética[1] para nortear a nossa prática profissional, muitos aqui podem rechaçá-lo, seja por alguma razão ideológica, seja, simplesmente, por desconhecê-lo. Já no exercício profissional, podemos adotar posturas distintas, ainda que exercendo as mesmas atividades. De fato, ao optar por princípios éticos singulares, a conduta se destoará. Ressalto, mais uma vez, que não pretendo defender uma ética naturalmente boa, caída do céu e revelada por taumaturgos a um grupo seleto de bibliotecários iluminados.

A ética é uma prática reflexiva. Ponto. Logo, todos somos éticos, exceto aqueles classificados pelos médicos como "portadores de demência". A ética entra em campo quando somos incitados a tomar uma decisão, desde a escolha da gravata para um jantar com a família do namorado até o modo de se dirigir ao chefe para pedir aumento salarial. Portanto, a ética não pode ser simplesmente concebida como o conjunto de comportamento adequado aos costumes e às leis. Não podemos denunciar como antiético o bibliotecário que questiona a validade de determinado artigo do Código de Ética, ainda que todos os seus colegas de seção sequer tenham cogitado problematizar a respeito.

É evidente que a ética, no curso dos séculos, foi concebida de maneiras diversas. Afinal de contas, diante de um momento de crise, que nos impõe escolher, a resposta apresentada dependerá do fim último que se pretenda dar ao movimento ético. Platão, por

---

[1] CONSELHO FEDERAL DE BIBLIOTECONOMIA. Resolução CFB nº 42, de 11 de janeiro de 2002. Disponível em: <http://www.cfb.org.br/wp-content/uploads/2017/01/Resolucao_042-02.pdf>. Acesso em: 11 ago. 2015.

exemplo, acreditava que a vida do homem deveria ser configurada em razão da busca do Sumo Bem, o que justificaria conduzir uma vida ascética, pautada nas virtudes. Ao praticar a *dike* (justiça), a *fronesis* (prudência), a *andreia* (fortaleza) e a *sofrosine* (temperança), o homem imita o cosmos, que tem Deus como medida. E um de vocês pode vir a me perguntar: o que isso tem a ver com a ética nas bibliotecas? Até o Medievo, os acervos bibliográficos eram formados e geridos a partir da perspectiva grega de virtude. O fim último das bibliotecas era conduzir o homem a *contemplatio*. Portanto, vigorava um movimento de rechaço a tudo aquilo que não contribuísse com o objetivo em questão. Recordam-se de Calímaco? Perdeu o cargo de diretor da biblioteca de Alexandria por ter decidido incorporar obras profanas ao acervo, expressão que abarcava toda a literatura não helênica. A experiência do pobre Calímaco não deixa sombra de dúvidas: nem toda escolha ética resulta em benefícios para quem a pratica.

Portanto, se há diversas modalidades de ética, qual a mais adequada? Penso ser essa uma questão de grande relevância. Talvez ela esteja associada a outras: Como vão indo as nossas bibliotecas no campo moral? Precisamos discutir ética na Biblioteconomia? Carecemos de uma nova ética? Na última terça-feira, li em um dos principais jornais de Brasília uma matéria que apresentava diversos programas de fomento à leitura no Distrito Federal; evocando um quadro assustador – o brasileiro lê, em média, quatro livros por ano –, o jornalista dourou a pílula, outorgando uma natureza salvífica a essas práticas, normalmente levadas a cabo por não especialistas. A figura da biblioteca sequer foi mencionada no texto. Entretanto, causou-me contentamento o comentário de um dos leitores da matéria, que afirmou o seguinte: "Considerando o péssimo estado das principais bibliotecas [de Brasília], tem mais é que louvar atitudes como essas". Ele tem razão. Diante do descaso das autoridades, aplaudamos os programas gambiarras, vendidos pela imprensa como solução para os problemas de acesso à leitura no país. E aí nos deparamos com mais uma pergunta, talvez mais controversa: por que as bibliotecas brasileiras não funcionam bem a ponto de impactar a vida do cidadão? Será que o estado calamitoso da maior parte de nossas bibliotecas tem algum vínculo com uma crise de cidadania?

Já deve ter ficado claro para vocês que há da minha parte uma tentativa em aproximar a cidadania da educação, esta compreendida em seu sentido mais amplo. Não se trata de uma atitude arbitrária, nem tampouco original. Ainda que em processo de construção, a cidadania compreende um dos fundamentos de nossa Constituição Federal, estabelecendo, ainda, que o Estado e a família compartilham a competência de oferecer educação que garanta a todos preparar-se para o exercício da cidadania.[2] Portanto, a efetividade da cidadania se dá por meio de um processo, de um itinerário formativo envolvendo a aparelhagem estatal e o núcleo familiar. E aqui não podemos fugir ao desafio de definir o que vem a ser "cidadania" e "educação". A partir daí, poderemos discutir a respeito da pretensa existência da relação entre biblioteca e cidadania.

---

[2] BRASIL. Constituição (1988). Artigo 25. Disponível em: <http://www.planalto.gov.br/ccivil_03/constituicao/constituicaocompilado.htm>. Acesso em: 11 jan. 2014.

Pergunto a vocês: o que é cidadania? O que significa, na contemporaneidade, ser cidadão? A etimologia da palavra pode nos ajudar, minimamente, a enfrentar essa empreitada: "Cidadania", do latim *civitas*, pode ser traduzida como "cidade". Entre os gregos antigos, o lexema evocava a condição do indivíduo que pertencia a uma comunidade politicamente articulada. Pertencer a pólis significava, basicamente, compartilhar direitos e obrigações. Em seu famoso ensaio intitulado "Cidadania, classe social e *status*", o sociólogo britânico Thomas Marshall define cidadania como "um *status* concedido àqueles que são membros integrais de uma comunidade".[3] Para Marshall, a cidadania só é plena se o indivíduo gozar dos direitos civis (liberdade individual, liberdade de expressão e ao direito de propriedade, bem como de recorrer à justiça em caso de atentado contra esses mesmo direitos), dos direitos políticos (participação efetiva no processo político, como eleitor ou eleito) e, finalmente, dos direitos sociais (ligados ao mínimo de bem-estar econômico e social). Marshall é duramente criticado[4] por ter atribuído aos direitos sociais a mesma condição das duas primeiras modalidades de direitos, tratando indiscriminadamente os direitos naturais e os históricos. Não entrarei no mérito. O importante para nós, nesse momento, é reconhecer que os direitos sociais, chamados "direitos de segunda geração",[5] estão intimamente associados à educação e a

---

[3] MARSHALL, T. H. *Cidadania, classe social e status*. Rio de Janeiro: Zahar, 1967. p. 76 [grifo do autor].

[4] TURNER, B. S. Postmodern culture/modern citizens. In: STEENBERGEN, B. van (Ed.). *The condition of citizenship*. London: SAGE, 1994. p. 153-68.

[5] MARSHALL, T. H. *Cidadania, classe social e status*. Rio de Janeiro: Zahar, 1967. p. 63-4.

uma gama de serviços de cunho social, o que, evidentemente, inclui a biblioteca.

Também nos interessa ressaltar que a ONU[6] incluiu os direitos sociais no grupo dos "direitos humanos", inclusive o acesso à informação. A Constituição Federal se dirige nessa mesma linha, assegurando "a todos o acesso à informação [...]".[7] Ainda que a figura da biblioteca sequer seja mencionada na Carta Magna, sabemos que ela tem uma relação estreita com a democracia. Entretanto, deve-se esclarecer um ponto: as políticas do livro e da leitura são relativamente recentes. Elas, de fato, desenvolver-se-ão no processo de amadurecimento do Estado liberal. Antes dos oitocentos, a biblioteca assumia o papel de guardiã da tradição, comprometida em preservar acervos que garantissem o funcionamento da máquina burocrática. Isso explica a distinção tênue e, em certos casos, inexistentes, entre a biblioteca e o arquivo. Além disso, ela atuava, seja como edifício, seja como acervo, enquanto entidade refletora do poder político.

Desse modo, não se pode tratar como manifestação de "política pública" e "perspectiva educacional da leitura" a majestosa biblioteca de Assurbanípal, na Nínive do século VI a.C. ou a coleção numismástica do Papa Inocêncio III. Esse conservadorismo vai se arrefecendo a partir do século XIX, quando as estruturas de poder sofrerão questionamentos, perdendo

---

[6] NAÇÕES UNIDAS. Declaração Universal dos Direitos Humanos. Disponível em: <https://nacoesunidas.org/direitoshumanos/declaracao/>. Acesso em: 9 ago. 2017.
[7] BRASIL. Constituição (1988). Artigo 5º, XIV. Disponível em: http://www.planalto.gov.br/ccivil_03/constituicao/constituicaocompilado.htm>. Acesso em: 11 ago. 2017.

uma parcela de plausibilidade e permitindo um rearranjo social. A imprensa e a dessacralização da palavra perpetrada pela Reforma Protestante (no século XVI), a educação escolar dos pobres e a definição liberal de biblioteca pública e universal proposta por Gabriel Naudé no século XVII, bem como a educação escolar obrigatória pós-revolução francesa no século posterior, culminarão no enquadramento da leitura como competência estatal.

A Revolução Industrial, desejosa de obter farta mão de obra qualificada, e os liberais franceses, ao fomentarem entre as classes operárias o desejo pela educação, acabaram elevando a biblioteca à condição de entidade formativa. Nesse contexto favorável, surgem nos Estados Unidos, em 1859, as primeiras "bibliotecas liberais", financiadas com o dinheiro de impostos. A pretensão do Estado é dupla: promover certas competências associadas à escrita, garantindo operários hábeis para as indústrias; e facilitar o acesso a obras literárias de alto valor moral, afastando esses mesmos trabalhadores de leituras nocivas, o que se reportava, particularmente, a livros de teor marxista ou anarquista.

A representação social do bibliotecário – que curiosamente ainda vigora entre nós – esteve associada a essa perspectiva de agente de formação, pago pelo Estado para exercer, particularmente, a missão de separar, por meio de estratégias relativamente requintadas, o salutar e o perigoso, garantindo, desse modo, que todo cidadão tivesse acesso a uma leitura adequada, segundo critérios previamente estabelecidos pelo ordenamento jurídico ou pela moral vigente. Quais técnicas são essas de que nos valemos para erigir bibliotecas destinadas a formar gente do bem? Refiro-me a todo o arcabouço biblioteconômico criado a partir da segunda metade dos oitocentos, como os sistemas classificatórios, as normas de inquirição aplicadas no balcão de referência, os manuais de sugestões de livros moralmente saudáveis e o *index* de obras perniciosas.

Todas essas medidas pedagógicas levadas a cabo por bibliotecários, professores, agentes públicos e outros *experts* em cidadania são respostas diretas a determinada política pública. De fato, toda política pública, como "conjunto de ações de governo", tem por fim "produzir efeitos específicos".[8] O que não podemos negar é que tais medidas no contexto dos países anglo-saxões tiveram efeitos considerados altamente positivos, como a redução do analfabetismo, o atendimento a certos grupos sociais historicamente vulneráveis (como os negros nas colônias do Sul dos Estados Unidos) e a promoção de certos direitos civis e políticos.

Fazendo uma leitura do Brasil na contemporaneidade, observamos que tais mecânicas não produziram frutos tão abundantes. Ainda que tenhamos progredido em certos campos, ocupamos a 79ª posição no *ranking* mundial de Índice de Desenvolvimento Humano (IDH).[9] Uma das três variáveis do IDH está intimamente associada ao *métier* do bibliotecário, qual seja, o acesso ao conhecimento.

---

[8] LYNN, L. E. *Designing Public Policy*: a Casebook on the Role of Policy Analysis. Santa Monica: Goodyear. 1980. p. 8.
[9] MATOSO, F. Em 79º lugar, Brasil estaciona no ranking de desenvolvimento humano da ONU. *G1*, Rio de Janeiro, 21 mar. 2017. Disponível em: http://g1.globo.com/mundo/noticia/em-79-lugar--brasil-estaciona-no-ranking-de-desenvolvimento-humano-da-onu.ghtml. Acesso em: 9 jul. 2017.

Isso justifica, substancialmente, o porquê de apresentarmos indicadores sociais piores que dos nossos vizinhos, como Argentina, Uruguai, Venezuela e Peru, bem como outros países latino-americanos, como Costa Rica, México e Cuba.[10]

Apesar de editarmos a metade dos livros do continente, os analfabetos, incluindo os "funcionais", totalizam 33 milhões. Em 5 de fevereiro de 1881, inaugurávamos, em Salvador, nossa primeira biblioteca pública. O curioso é que, somente 31 anos depois, passaríamos a oferecer algum serviço naquele equipamento cultural construído por ordem de um dono de engenho. Quanto a nossa primeira política do livro, ela só se deflagrou em 1937, com a criação do Instituto Nacional do Livro. As bibliotecas brasileiras foram constituídas pelo divórcio entre acervos e serviços. Trata-se do culto ao edifício, às estantes bem-dispostas. Desde a sua origem, a percepção de biblioteca em nosso país se revelou atrelada à ideia de lócus, de espaço, de territorialidade destinados a conservar a tradição. Ainda que, via de regra, todos possam atravessar seus frontões, trata-se de território movediço para alguns, e temeroso para outros.

Há certa incapacidade de os bibliotecários brasileiros firmarem um diálogo honesto com a nação. Os sérios problemas enfrentados pela Biblioteconomia se refletem no rechaço explícito do cidadão em relação ao nosso espaço de trabalho, milimetricamente planejado não sei para que e para quem. Ainda que Marshall reconheça os direitos sociais como

---

[10] NAÇÕES UNIDAS. 2014. Relatório do desenvolvimento humano (2014). Disponível em: <http://hdr.undp.org/sites/default/files/hdr14_summary_pt.pdf>. Acesso em: 12 fev. 2015.

fundamentais para o pleno exercício da cidadania, que a ONU defenda o direito à informação como um dos direitos humanos e que a Constituição Federal de nosso país ressalte o papel da educação, as bibliotecas perderam valia. Esquadrinhemos as planilhas da *Pesquisa Retratos da Leitura no Brasil*[11] e soframos. Talvez a dor coletiva nos salve do inferno da letargia.

É verdade que as bibliotecas brasileiras toleram. Toleram que pobres entrem em suas dependências, que doidos usem seu banheiro, que desempregados leiam seus jornais, que gays encontrem, com sorte, algum livro que os afete. Mas trata-se de uma tolerância equivocada, fria, descompromissada, arrogante. Homofobia, desemprego, analfabetismo, violência contra a mulher são temáticas alheias ao nosso mundo tão neutro. Os livros estão lá, mudos. Que os usuários recorram aos deuses e às deidades.

Nas semanas que antecederam a Copa do Mundo no Brasil, manifestações pipocaram por todo o país. As críticas não gravitaram em torno do torneio em si, mas dos gastos dispendiosos com a construção dos estádios, agravadas pelo rechaço à velha e poderosa corrupção que assola o país desde os tempos do Tratado de Tordesilhas. Acompanhei, com muita atenção, os confrontos nas ruas e nas redes sociais, bem como a tentativa do porta-voz do Planalto em vender ao mundo a imagem de um Brasil multicultural e ordeiro. Durante os confrontos, uma imagem me deixou particularmente impressionado: a fachada de uma biblioteca sendo apedrejada por jovens mascarados.

---

[11] INSTITUTO PRÓ-LIVRO. *Retratos da Leitura no Brasil*. 4. ed. Disponível em: http://prolivro.org.br/home/images/2016/Pesquisa_Retratos_da_Leitura_no_Brasil_-_2015.pdf. Acesso em: 13 fev. 2015.

De repente, uma biblioteca – com seu acervo meticulosamente classificado, como tantas outras, acondicionado em um prédio no centro de Porto Alegre, cinzento e sem graça, como tantas outras, provavelmente gerenciada por bibliotecários pouco afeitos à política, como a maioria de nós – se converte em inimigo declarado de certos grupos sociais. Fiquei tão comovido com a cena que acabei entornando a caneca de cevada no sofá. Não era para menos; pareceu-me que, de repente, como em um passe de mágica, um pequeno grupo de cidadãos, ridiculamente classificados pela mídia como "baderneiros" e "marginais", despertou para o grande engodo em que a biblioteca moderna se edificou. Minha tese caiu por terra ao noticiarem que bancos e puteiros também sofreram avarias. Uma pena.

De todo modo, continuo acreditando que a resistência silenciosa do povo às bibliotecas é fruto do mal investimento nos ideais de neutralidade e objetividade.[12] Partindo desses dois princípios tão válidos como uma nota de três reais, a biblioteca se vislumbra como instituição predestinada à eternidade, bastião da verdade. Parece-me correto admitir que a Biblioteconomia brasileira padece de uma crise profunda, a qual se desdobra em dois aspectos. O primeiro, a retração de significados da biblioteca para a maioria da população brasileira. Algum colega mais inflamado pode afirmar que as nossas bibliotecas jamais tiveram representação simbólica. Respeito, mas discordo de tal leitura. A biblioteca brasileira foi, em um passado recente, espaço

---

[12] DICK, A. L. *Library and Information Science as a Social Science*: neutral and normative conceptions. Library Quarterly, Chicago, v. 65, p. 216-35, April 1995.

do encontro, do confronto, do novo, do inacabado. A psicanalista Anna Mautner, em um pequeno ensaio, ressaltou, veementemente, o papel outrora exercido por nossas bibliotecas na formação efetiva de cidadãos:

> Já houve tempos em que a biblioteca exerceu a função de espaço para a constituição de cidadania. Lá os jovens se encontravam, trocavam ideias e se informavam, na condição mais igualitária possível. [...] Era nos saguões e no entorno das bibliotecas que se falava de música, cinema e teatro – difundindo posições e opiniões. Conversar em volta da estátua do saguão da Biblioteca Municipal de São Paulo era fazer parte de uma geração, de uma turma: era uma identidade. Os entornos de biblioteca que conheci poderiam hoje se chamar de *shopping center* de ideias e de bons hábitos culturais.[13]

Anna Mautner levanta uma série de questões interessantes em torno da perda de relevância das bibliotecas brasileiras nas últimas décadas. Lamento informar aos presentes que nenhuma das perguntas é acompanhada por uma resposta clara e incisiva. De todo modo, com a intenção de provocá-los e para servir como elemento norteador de nosso debate, apresento duas delas: 1ª) Qual será o problema das bibliotecas enviadas pelos governos, mas que parecem não desabrochar?; 2ª) Será que funcionam de forma insatisfatória porque são pouco frequentadas, ou são pouco frequentadas porque funcionam de forma insatisfatória?. Por trás dessas interrogações

---

[13] MAUTNER, A. V. Biblioteca e cidadania. *Folha de S.Paulo*, São Paulo, 18 jun. 2009. Disponível em: <http://www1.folha.uol.com.br/fsp/equilibrio/eq1806200901.htm>. Acesso em: 12 fev. 2017.

que, talvez, possam parecer ingênuas, típicas de usuários que ignoram o emaranhado de técnicas e estratégias envolvendo a nossa profissão, há uma tríplice problematização que me parece muito pertinente na contemporaneidade.

Primeiro, interroga-se a respeito da criação maciça de bibliotecas pelo país que, simplesmente, não vingam. *Por que isso acontece?* Parece-me que a questão esteja intimamente associada ao culto permissivo da descontinuidade das políticas públicas no Brasil, fortemente associadas ao espírito partidarista que impera em nossas estruturas de governo, bem como a equívocos relacionados aos atributos da biblioteca, aos modos de exercício da prática da leitura e, finalmente, à incapacidade de gerir as diferenças regionais de nosso país continental.

Penso, ainda, que os burocratas engomados e encerrados em seus gabinetes erigem bibliotecas atreladas a dois conceitos execráveis. Quais são eles? Ora, ou a biblioteca é encarada como uma coleção de itens bibliográficos dispostos de forma organizada, ou é reduzida ao prédio. É assim que reza o *Dicionário Michaellis*: "Biblioteca: 1. Coleção de livros, dispostos ordenadamente. 3. Edifício público ou particular onde se instalam grandes coleções de livros destinados à leitura de frequentadores ou sócios".[14] Esse reducionismo espacial ou objetal nega a complexidade da biblioteca, tornando-nos vulneráveis a leituras rasas. Afinal de contas, se biblioteca se restringe ao edifício ou a um conjunto de livros, como acusar os

---

[14] BIBLIOTECA. In: *Michaelis*: dicionário brasileiro da língua portuguesa. Disponível em: <http://michaelis.uol.com.br/busca?r=0&f=0&t=0&palavra=biblioteca>. Acesso em: 12 fev. 2015.

tecnocratas de perseguição se o espaço físico e os objetos que lhe atribuem identidade são preservados? A perda de funções comissionadas, a extinção de vagas e a nossa redução no organograma da entidade não nos permitiriam incriminar, tampouco acusar a ninguém de *persona non grata*.

Semana passada, uma amiga lamentava a situação de abandono das bibliotecas, em Brasília: as que não foram fechadas estão se reduzindo a salinhas minúsculas com três corredores de estantes. Aos poucos, elas foram desaparecendo, dando lugar a salas de reuniões e a escritórios. Lá na Câmara dos Deputados, lideranças partidárias e outros setores têm abocanhado os espaços do Centro de Documentação e Informação. O Estado valora cifras, tabelas e planilhas, o que torna a biblioteca um equipamento pouco atraente. Afinal de contas, a dificuldade de mensurar o impacto social de seus serviços faz com que investimentos vultosos em pessoal e equipamentos nem sempre sejam prioritários.

Ademais, a vulnerabilidade dos equipamentos culturais na partilha do bolo reflete a perda de significado simbólico. Bourdieu é categórico a esse respeito: "Uma das razões maiores do desespero de todas essas pessoas está no fato de que o Estado se retirou, ou está se retirando, de certo número de setores da vida social que eram sua incumbência e pelos quais era responsável".[15] O fechamento das Bibliotecas Parque, no Rio de Janeiro, por exemplo, visibiliza o alheamento estatal em relação à temática. Bibliotecários e usuários estiveram por lá, abraçaram-nas e se

---

[15] BOURDIEU, P. *Contrafogos*: táticas para enfrentar a invasão neoliberal. Rio de Janeiro: J. Zahar, 1998. p. 8.

depararam com a frieza do governo. Esse descaso, falseado por um discurso de preocupação – todo gestor que se preze reverbera o discurso secular de que adora livros e ama a profissão de bibliotecário –, desdobra-se em dois movimentos junto ao povo.

Primeiro, a leitura continua ocupando no imaginário popular um espaço importante, mas, no cotidiano, é conscientemente ignorada. Essa postura dúbia foi quantificada pela 4ª edição do *Retratos da Leitura no Brasil*: se, entre os leitores, 77% alegaram que gostariam de ter lido mais, 43% indicaram que não o fizeram por falta de tempo.[16]

A segunda pergunta parece mais impactante: nossas bibliotecas são ruins porque não são frequentadas ou não são frequentadas porque são ruins? Espero que nenhum presente defenda a tese de que os brasileiros adoram transitar por entre as nossas estantes. Essa percepção seria esdrúxula, ou, no mínimo, ingênua. Sabemos, por meio dos dados coletados na última edição do *Retratos da Leitura do Brasil*, que 65% dos brasileiros buscam a biblioteca para pesquisar e estudar. Apenas 37% a frequentam por prazer. Talvez essa dissociação entre biblioteca e deleite se justifique pelo fato de 58% não encontrarem acervo adequado ou títulos novos.[17]

O que, também, pode ser relevante é saber o que faz o brasileiro para deleitar-se quando está fora do espaço de trabalho. A pesquisa é incisiva nesse sentido: cada vez mais, ele opta pela televisão, pelas reuniões com amigos e familiares, pelos vídeos e pela internet.

---

[16] INSTITUTO PRÓ-LIVRO. *Retratos da Leitura no Brasil*. 4. ed. São Paulo: IPL, 2016.
[17] INSTITUTO PRÓ-LIVRO. *Retratos da Leitura no Brasil*. 4. ed. São Paulo: IPL, 2016.

O desinteresse pelas bibliotecas foi precedido por seu esvaziamento simbólico, associado a certa inabilidade em que lhe outorgamos uma imagem de espaço destinado ao deleite dialógico, ou, se preferirmos, ao ócio criativo, nas palavras de Domenico De Masi.[18] Vislumbro aqui certo quadro esquizofrênico: enquanto a diversão do brasileiro se vincula ao agrupamento e ao coletivo, a biblioteca aposta, tradicionalmente, no culto devotado ao silêncio. Nossas bibliotecas são bastiões da solidão. Não por acaso, os concurseiros adoram esses eremitérios da não inventividade, de onde nada esperam além da rede Wi-Fi e de um banheiro com papel higiênico.

Seria ingenuidade acreditar que esse quadro de insensibilidade institucional se resolva, simplesmente, com investimento orçamentário destinado a instalar equipamentos ou a treinar pessoal para operar essas tecnologias. As mudanças destinadas a ganhar mercado, expressão tão cara aos colegas empreendedores, se vinculam, fundamentalmente, a uma nova concepção de biblioteca que extrapole a discussão a respeito das novas alternativas de formatos de documentos. É possível, sim, tomarmos medidas que salvaguardem o papel da biblioteca como instrumento efetivo de construção da cidadania. Isso envolve, isso envolve uma série de movimentos destinados a estabelecer ações políticas, o que, evidentemente, implica analisar cenários.

Penso que a principal medida é reconhecer nossa crise identitária. A Biblioteconomia esteve muito atrelada à tradição, às fontes com os seus dizeres inequívocos, às listas de autoridades com suas verdades,

---

[18] DE MASI, D. *O ócio criativo*. São Paulo: Sextante, 2000.

ao poder consagrado pelo conhecimento positivado, ao capital financeiro e simbólico. Nossas técnicas de representação do conhecimento estão prontas e são absurdamente pretenciosas, esquadrinhadoras, totalizantes. Somos herdeiros da Modernidade, que sempre atuou na perspectiva do homogêneo, da regularidade, do inequívoco.

O bibliotecário moderno não sabe lidar fora do consenso. Ele foi ensinado a atuar de tal modo que todas as diferenças individuais e coletivas se reduzam a taxonomias. Não há espaço para a dúvida. Ainda que, de tempos em tempos, recorramos a um novo instrumental que, gradativamente, vai rompendo nossas resistências ao se revelar plausível e, portanto, legítimo, – o que não deixa de causar dor de cabeça em bibliotecários mais conservadores –, somos tentados a acreditar na lógica da continuidade gnosiológica. "Sempre foi assim." Somos eternos reféns da certeza prometida pela condição moderna. Estamos acostumados ao doce cativeiro. Qual o nosso maior engodo? A neutralidade, com certeza! Somos liturgistas da verdade singular. Nesse contexto, o rechaço da imparcialidade e de todos os seus derivados parece ser a via mais adequada na tentativa de valoração de nossos equipamentos culturais. O vazio da crise poderá ser preenchido com cheiros, cores, sexos e trejeitos, o que dará fim aos espaços físicos e psíquicos pasteurizados com placas de "não fume", "não coma", "não pense alto". Enfim, a crise pode motivar nossas bibliotecas a firmarem um acordo com a realidade que as cerca.[19]

[19] Adaptação de uma palestra proferida no Seminário Regional de Ética Profissional da Região Norte, realizado em Manaus (AM), no dia 22 de maio de 2014.

A COOPERAÇÃO

"Señores pasajeros, bienvenidos a la Habana." O tom monocórdico da comissária panamenha contrastava com o tilintar nervoso dos meus dedos. A excitação já era balzaquiana. É que cresci ouvindo o meu pai descrevendo Cuba como o único lugar do planeta em que filho de pobre tem direito a pão e escola. Sempre desqualifiquei a fala desabonadora da minha irmã mais velha, que havia passado uma temporada na ilha. Bolchevique, eu? De camarada nunca tive nada, companheiro. Embora seu Cristovão exagerasse na dose das metáforas edênicas, sempre me pareceu confortável acreditar na existência de algum canto em nosso mundo de merda onde crianças e velhos fossem tratados com dignidade.

O avião solavancou. Recordei-me do insulto bilioso propagado nos últimos tempos: "Vai pra Cuba!". E lá estava eu, no aeroporto de paredes rubras, apreensivamente feliz. Debaixo do braço, a entrevista de Jorge Amado: "Nunca houve socialismo, nem democracia".[1]

---

[1] MORAES NETO, G. *Dossiê Moscou*: um repórter brasileiro acompanha, em Moscou, o desfecho da mais fascinante reviravolta política do século XX: o dia em que começou a busca por uma nova utopia. São Paulo: Geração, 2004. p. 118.

Desembarquei com a fé de um gato escaldado. Era preciso confrontar as imagens e, quem sabe, criar uma própria. A incumbência era tripla: namorar – tinha me casado dias antes, na festa do glorioso São Sebastião –; receber o Prêmio Casa de las Américas; e visitar, na qualidade de representante do Ministério da Cultura, a Biblioteca Nacional. Descobri, ao final da viagem, que nas terras de Fidel amor, ficção e livros não se separam.

El Vedado. Duvido de que haja lugar mais charmoso para uma lua de mel. Na época de Fulgencio Batista, a região era tomada por cassinos, cabarés e restaurantes suntuosos frequentados por norte-americanos endinheirados. Nem o bloqueio do Tio Sam conseguiu desfigurar a beleza do bairro. De modo geral, os palacetes e a frota de veículos antigos transformaram Havana em um museu a céu aberto. Babei com os Cadillacs nacarados se exibindo pelo Malecón. Era noite quando chegamos. O mar nos acenou bravio, glorioso como o amor. Drummond se fez presente: "O amor é grande e cabe nesta janela sobre o mar. O mar é grande e cabe na cama e no colchão de amar".[2] Optamos por alugar um quarto na casa de cubanos, a modalidade de hospedagem mais típica do país. Fomos muito bem recebidos pelo casal de meia-idade. Espalhados pelo velho apartamento, livros. Muitos livros, espiralados e em brochura, quase todos impressos em papel ordinário. Literatura religiosa e profana dividiam, respeitosamente, o mesmo espaço: narrativas históricas da Ilha, saltérios e epistolários,

---

[2] ANDRADE, C. D. de. *Poesia completa*. Rio de Janeiro: Nova Aguilar, 2002. p. 1.278.

biografias dos primeiros revolucionários, revistinhas devocionais do Sagrado Coração. Na parede, ao lado de Che, a foto de um Papa sorridente. Marta, a anfitriã, senhora de fala fácil e de olhos devoradores, transitava, desavergonhadamente, por entre as narrativas. Interrompia, sem piedade, a história da Virgem do Cobre para tecer comentários laudatórios a respeito do último relatório econômico do presidente Raul. O marido – *sine nomine* –, com um *bouquin* aberto sobre o colo e mãos postas no peito, assistia, admirado, ao frenesi da esposa leitora. Recordei-me da "Annunciazione", de Fra Angelico. Sorri, contidamente.

As livrarias, misto do antigo e do novo, pululam nas praças e avenidas da capital. Pudera. Desde a Revolução, o governo subvenciona a comercialização do livro, que continua a ser realizada em peso cubano, moeda utilizada pelos nativos para adquirir produtos básicos, como água, frutas, arroz e feijão. Além disso, tomou-se a decisão de reduzir o número de títulos publicados, favorecendo a literatura nacional e, particularmente, a literatura infantojuvenil. Essas medidas corajosas justificam, em parte, o porquê de Cuba ter sido o único país da América Latina e do Caribe a atingir as seis metas para a educação estabelecidas pela Unesco, entre elas a escolarização de todas as suas crianças.[3]

O analfabetismo foi sucumbindo à medida que o nacionalismo fincava raízes. Nesse processo de formação nacional, a literatura exerceu um papel extraordinário. Afinal de contas, se toda nação nasce

---

[3] UNESCO. *Educação para as pessoas e o planeta*: criar futuros sustentáveis para todos. Paris: UNESCO, 2016.

como comunidade política imaginada,[4] como ignorar o impacto da ficcionalidade discursiva nesse processo? De fato, a soberania de Cuba não foi assegurada pelo simples desbaratamento do inimigo *yankee*, mas no avizinhamento cultural dos *hermanos* que formariam *Nuestra América*.[5] Em um quadro político dramático – todos os governos latino-americanos, excetuando o México, romperam relações diplomáticas com Havana –, a Casa de las Américas evocava, em seu próprio nome, o espírito martiniano, recobrado pela Revolução, contemplando, ainda, a singularidade. Casa de muitas Américas. Palavras de Fidel: "A fundação, em 1959, da Casa de las Américas, contribuiu para impedir o isolamento cultural nos momentos mais difíceis do bloqueio".[6] Não faltou valentia da parte de escritores e artistas da envergadura de Julio Cortázar, Ángel Rama, Efraín Huerta, Victor Jara e Alejo Carpentier. Miro as paredes da Casa. *Art déco*. Na fachada, ranhuras do embargo. Lá dentro, a Árvore da Vida chamejava por entre as tetas da sereia latina. Coração miúdo. Não era para menos. Jorge Amado, Lêdo Ivo e Nélida Piñon me precederam. Na língua de Machado, agradeci. Auditório lotado. Constatei diversidade. Latinidades. Nos cumprimentos, intelectuais e gente do povo. Saber revolucionário compartilhado. A Casa resistiu bravamente ao bacharelismo. Sua biblioteca, também. Situado em dois

---

[4] ANDERSON, B. R. (1991). *Imagined communities*: reflections on the origin and spread of nationalism. 2 ed. London: Verso, 2006.
[5] MARTÍ, J. *Nuestra América*. Buenos Aires: Losada, 1939.
[6] Apud FERNÁNDEZ RETAMAR, R. *Treinta años de la Casa de las Américas*. Estud. av., São Paulo, v. 3, nº 5, p. 69-75, abr. 1989 [tradução nossa].

palacetes, o acervo, com mais de 270 mil documentos, não é monopólio de iniciados. Adolescentes em idade escolar transitam por lá, compartilhando o espaço com pesquisadores. Os cubanos querem mais: estão planejando construir uma grande torre. Projeto lindo e audacioso: a torre, revestida por uma lâmina perfurada que, sob a incidência da luz, exibirá os nomes dos principais intelectuais e artistas da América Latina. No interior, a memória bibliográfica de *nuestras Américas*. O Brasil terá espaço franqueado na Babel cubana. Pediram ajuda. Questão de justiça. Embora o interesse pelo nosso país não tenha diminuído, a coleção permanece praticamente a mesma. Ranhuras do bloqueio. Paulo Freire é sumidade, mas seu xará de sobrenome Coelho também. Mas a Pedagogia estava lá;[7] *A Bruxa de Portobello*, não.[8] Frustração para os mais jovens. Saí de lá convencido da necessidade de se fazer algo. Embora tivesse ido a Cuba com dinheiro do meu bolso, estava lá na qualidade de representante do Ministério da Cultura. Com o apoio do então Ministro Roberto Freire, enviei para Havana uma pequena coleção de literatura e ciências sociais que será o germe de uma coleção brasilianista. Antes da ereção da torre, construímos uma ponte.

No dia seguinte ao recebimento do Prêmio, ratifiquei minha certeza: além de habilidosos com a palavra, os bibliotecários cubanos são excelentes técnicos. A Biblioteca Nacional José Martí é modelo no quesito "competência". A gestão da produção bibliográfica nacional é levada a sério, fruto do

---

[7] FREIRE, P. *Pedagogía del oprimido*. Montevideo: Tierra Nueva, 1968.
[8] COELHO, P. *A bruxa de Portobello*. São Paulo: Planeta, 2006.

respeito à lei do depósito legal. Prova disso é que sua bibliografia nacional continua sendo publicada. Mais que isso: o ordenamento jurídico determina que a Biblioteca não se ocupe, apenas, daquilo que é publicado na ilha, mas da coleta e da disseminação de todo e qualquer documento publicado no mundo a respeito de Cuba. Presunção? "Por las venas de Cuba no corre sangre, sino fuego: melodioso fuego que derrite texturas y obstáculos, que impide la mesura."[9]

Já entre nós, a Fundação Biblioteca Nacional (FBN) deixou de editar a Bibliografia em papel desde 1997, alegando que ela estava acessível em seu catálogo *on-line*. Alguns defensores da medida, confundindo a troca de formatos (analógico *versus* eletrônico) com produtos (bibliografia *versus* catálogo online), alegaram ser esta a prática usual em todas as bibliotecas nacionais do mundo. Somente se esqueceram de combinar com os russos. Outros, por ignorância, chegaram mesmo a proclamar a morte da bibliografia nacional, como se os dados catalográficos pudessem suprir o papel daquela.

Lá em Cuba, os bibliotecários sabem distinguir, com precisão, uma bibliografia de um catálogo. Palmas para eles! Ao término da visita oficial, tive que concordar com a fala recente de dois pesquisadores da Universidade de Brasília: "A BN coopera com a invisibilidade do livro ao não exercer suas missões, ao não difundir os registros da memória bibliográfica e documental nacional"; ao atuar, em parte, como

---

[9] CHAVIANO, D. *El hombre, la hembra y el hambre*. Barcelona: Planeta, 1970. p. 206.

"centro referencial de informações bibliográficas"; ao não atuar "como órgão responsável pelo controle bibliográfico nacional"; ao não "assegurar o cumprimento da legislação relativa ao depósito legal".[10]

Além de cumprir com o seu dever legal de gerir o patrimônio bibliográfico, a Biblioteca Nacional de Cuba coordena uma poderosa rede de bibliotecas.

Criado em 1963, o Sistema Nacional de Bibliotecas Públicas (SNBP) abarca 401 instituições. Tive a sorte de visitar algumas delas. A Rubén Martínez Villena funciona no coração da cidade velha, pertinho das muralhas de pedra. Deleite puro. É verdade que nem todas são tão amplas e bem equipadas. De todo modo, as feridas produzidas pelo bloqueio do Tio Sam não me impediram de ser fisgado, em cada bairro e esquina, por uma bibliotecazinha. Em 2016, elas atenderam quase 9 milhões de pessoas em um país com pouco mais de 11 milhões de habitantes. De imediato, coloquei sob suspeita o relatório do Instituto de Museus e Serviços de Biblioteca, dos Estados Unidos, que associou a baixa frequência às bibliotecas públicas ao investimento orçamentário modesto. Resistindo à tentação de cair no lema "sin plata, no hay nada", os bibliotecários cubanos aprenderam a ler os sinais dos tempos. Isso fez com que passassem a planejar seus produtos e serviços de maneira cooperada.

Cuba, céu ou inferno? Durante os vinte dias, resisti, bravamente, ao binarismo tupiniquim. Sequer visitei o Cemitério Santa Ifigenia, temendo que as cinzas do glorioso Fidel tomassem, revoltosamente,

---

[10] JUVÊNCIO, C. H.; RODRIGUES, G. M. *A Bibliografia Nacional Brasileira*: histórico, reflexões e inflexões. In CID: R. Ci. Inf. e Doc., Ribeirão Preto, v. 7, nº esp., p. 179, ago. 2016.

a minha retina. Apesar dos cuidados, não saí de todo ileso. É que, embora enfrentando dificuldades maiores que a nossa, as bibliotecas alcançaram um apelo social de dar inveja. Voltei para casa seguro de que a choradeira ensimesmada e a virulência arrogante são péssimas parceiras. O melhor é investir na resiliência e cooperação. Duvida? Vá pra Cuba.[11]

---

[11] Adaptação de um artigo publicado, originalmente, pelo site Biblioo Informacional.

A OPRESSÃO

Em uma tarde de sexta-feira de 1941, uma mulher de meia-idade vestiu seu casaco, encheu os bolsos com pedras e penetrou, silenciosamente, o Rio Ouse. Foi protagonizando essa liturgia dramática que a escritora Virginia Woolf deu cabo à sua existência. Por quê? E suicídio se justifica? Ah! Quem é que nunca se questionou a respeito da motivação que levou o cara do andar de cima a se lançar da sua cobertura de 4 milhões de reais? Acho injusto taxar de mera bisbilhotice esse tipo de indagação. O medo é a força que nos move. O suicida se converte em um fantasma insolentemente atraente, semelhante à Eurídice de Cazuza, com suas caixas coloridas e a orelha decepada. Espera-se que toda cria da perdição ameace os filhos de Adão com a sentença: "Somos farinha do mesmo saco". Quando perguntamos "por que fulano se matou?", queremos estabelecer uma distância suficientemente segura entre a história do suicida e a nossa. O medo é tamanho que, sem dar tempo de resposta, disparamos: "Fez isso pelas dívidas"; "descobriu um câncer em fase terminal"; "era esquizofrênico". E, assim, respiramos, aliviados, por um curto espaço de tempo, convencidos de que as farinhas não se misturaram. A tática funciona até que, sorrateiramente, outro camicase nos apavore com uma história de vida similar à nossa.

A morte é destino, e suicídio não passa de plágio. Mimese barata, segundo o evangelho de Girard.[1] O que sei é que o "por quê?" lacrimoso sempre termina em delação. Incriminaremos o marido que não se desdobrou em cuidados, ou a vizinha que despejou seu azedume na reunião de condomínio? É até mesmo possível que tenhamos culpa no cartório. Cairá sobre quem o fatídico desfecho? E assim, amedrontados pela possibilidade do dolo ou do delírio perpetrado pelo cotidiano dolente – a casa hipotecada ou o amor não correspondido –, fitamos o rosto da filha de Judas e gritamos: por que fez isso, Virginia?

"Hey, brothers. Say, brothers. It's a long long long long way."[2] Deliremos juntos. É o que nos resta. A Sra. Woolf está aqui, neste auditório da UNIRIO, confortavelmente acomodada, disposta a matar nossa sede. Teremos quatro porta-vozes. Por que quatro? Quatro são os ventos, quatro as estações, quatro os pontos cardeais, quatro os impérios mundiais mencionados pelo Daniel bíblico, e quatro serão os cavaleiros do Apocalipse interrogando Virginia: a peste, a guerra, a fome e a morte. Quatro é a universalidade simétrica. Quatro é a soma exata do eu e do outro. Portanto, os aqui presentes, incluindo os que já partiram para o além ou para a parada de ônibus, estão plenamente representados por essas figuras. Uma será a pergunta: "Quem dos quatro te matou?".

O senhor da peste, primeiro cavaleiro da trama, se aproxima. Do alto de seu cavalo branco, apenas esquadrinha, em silêncio, os movimentos dela, esperando encontrar no semblante ou no tilintar dos seus

---

[1] GIRARD, R. *Deus*: uma invenção. São Paulo: É Realizações, 2011.
[2] Trecho da canção "It's a long way", de Caetano Veloso.

dedos, evidências de insanidade. Virginia, acostumada ao trato com os discípulos de Charcot,[3] não se intimida. Imagino-a sugerindo ao médico que chafurde os dedos e olhos nas densas páginas do Sistema de Classificação Internacional de Doenças, identificando algum termo e código que contemplasse, adequadamente, seu quadro mental. Após consumir um tempo generoso confrontando patologias assemelhadas e sintomas idênticos, o potente cavalo branco bate o casco, adiantando ter chegado a um diagnóstico: o fim fatídico foi resultado do transtorno bipolar afetivo. Confusamente, o índice, evocando um termo relacionado, o lança para o precipício da dúvida: "Mas, pensando bem, não seria uma *borderline*?" O riso de Virginia fez com o que o *expert* em doenças voltasse para casa constrangido pelo diagnóstico ambíguo, mas seguro de que fez o melhor que pôde.

O senhor da guerra, nosso segundo cavaleiro, desembainha, tremeluzindo sua espada: "Fui o culpado pela tua infelicidade, Virginia, ao criticar, impiedosamente, sua biografia do seu amigo Roger Fry?".[4] A suicida não se faz de rogada: "Afoguei-me, amargurada, por não ter me garantido um momento de paz, sendo injusto e canalha com Roger Fry, meu amigo. Se isso te consola, saiba que não foste o único responsável pela minha desgraça". O eu feminino lesado por uma imprensa misógina? *Maybe*. Ferida, mas não fenecida. O flamejante cavalo vermelho (*híppos pyrrós*), encarnação do crítico literário, retira-se de cena, parcialmente inocentado.

---

[3] Jean-Martin Charcot, médico francês, recorria à hipnose para induzir no paciente as manifestações próprias da histeria, aliviando os sintomas.
[4] Os críticos receberam friamente sua obra *Roger Fry: a biography*. Com o ocorrido, Virginia caiu em um quadro profundo de depressão.

Já o terceiro cavaleiro representa uma multidão famélica por pão e circo. Ao contrário do que bibliotecário pensa, pobre tira pão da própria boca para alimentar a alma com revistinhas de fofocas. O mercado de periódicos populares nunca esteve tão aquecido. Desnutrido, os olhos embatocados do cavaleiro perguntariam: "Casou-se velha demais ou endoidou-se pelo estudo excessivo?". E a Sra. Woolf, surpresa com tamanha fome de pão estragado, esbanjaria falácias:

> Suspeito que o ditado esteja correto: "A voz do povo é a voz de Deus". Talvez tenha me casado tardiamente, já escrava da loucura. Ainda jovem, após o falecimento do meu pai, tentei dar cabo à minha dor. Desde então, a morte nunca mais me meteu medo. Na verdade, ela que fugiu triplamente da minha presença. Talvez tenha brincado com os reclames do meu corpo, ao me casar já na casa dos trinta. Estou convencida de que o filósofo Tácito[5] tinha razão ao dizer que, "depois dos catorze anos, as mulheres não almejam mais do que se tornarem parceiras de cama do homem". Quanto a ler e escrever em demasia, acabei sendo vítima de pecado capital, como bem sentenciou Lutero:[6] "Não há nenhum adorno pior para a mulher do que ela ser sábia". Portanto, a maldade dos sujeitos que me cercaram não me sequelou mortalmente. Sou a única responsável pelo sangue derramado. Satisfeito com a confissão?

---

[5] TÁCITO. *Œuvre complètes avec la traduction en français*. Paris: Firmin Didot frères, fils et Cie, 1869.
[6] LUTERO, Martinho. *The table talk of Martin Luther*. London: H. G. Bohn, 1857. p. 367 [tradução nossa].

As filigranas não mataram a fome do cavaleiro montado no cavalo negro. Impaciente, Virginia esboçaria um golpe no braço da cadeira e sugeriria ao cavaleiro famélico que procurasse, em quartos e tetos, outro corpo a ser devassado. Da primeira fila do auditório, propus ao cavaleiro que se lambuzasse do recente escândalo sexual envolvendo um galã global e suas duas amigas trans. Virginia sorri, e o cavaleiro da fome, sempre faminto, agradece pelos babados.

Até agora, todos inocentados. Mas quem precipitou nas águas a mãe de *Orlando*? Resta-nos o quarto e último cavaleiro. São João o intitula de morte e o avizinha ao inferno.[7] Pouca coisa a seu respeito foi dita. Sabemos que sua pelagem é aguada, lembrando um cadáver putrefato. E foi assim que o corpo da Sra. Woolf foi encontrado, oito dias após o suicídio. Não há mais dúvida quanto à autoria. O quarto cavaleiro a matou, mas quem é ele afinal? O que mais pode ser dito a respeito? O seu cavalo se chama Peste (em grego, *híppos khlōrós, thánatos*), de coloração indefinida, que transita entre o verde-amarelado e o amarelo-esverdeado. Pensava com os meus botões: o amarelo, representação do *yang*, força masculina, não deixa dúvidas de se tratar de um cenário dominado pelos homens. Lembrei-me de Virginia sendo expulsa da biblioteca de Oxford por um bibliotecário educadíssimo e cumpridor da lei.[8] É ele, sem dúvida, o quarto cavaleiro, representante de todas as bibliotecas tiranas, com seus frontões custodiados por gente conservadora, renitente a sujeitos fora do padrão.

---

[7] BÍBLIA SAGRADA. Apocalipse 6,8.
[8] WOOLF, V. *Um teto todo seu*. São Paulo: Tordesilhas, 2014.

Considerou-a, automaticamente, indigna de ter acesso aos tempos presente, passado e futuro – materializado em seu tridente de Shiva – por sua condição feminina. É provável que a tese de Aristóteles[9] de que a mulher seria um macho defeituoso ainda vigorasse nos domínios da rainha Vitória. Presumi as caras e bocas do bibliotecário bigodudo se soubesse que estava diante de uma lésbica. Restou a Virginia dizer a ele: "Praguejei contra você e todos os algozes, que nos violentam por meio da ignorância". Virginia morreu sem ingressar naquele espaço sagrado, gerido por gente funesta. Suspeito que, entre as vozes diabólicas sobre as quais fez menção na carta deixada para seu marido Leonard, constava a do quarto cavaleiro, o bibliotecário de bigode viril, exibindo mãos e consciência limpas.

Novamente, quebro o protocolo e grito da minha poltrona:

> Lamento pelo que sofreu na biblioteca. Aquele cavalheiro não me representa. Tenho me esforçado para não converter meu corpo, nem minha baia em instrumentos de opressão. Meu lema é que o progresso se implante no limiar da não tradição, da desordem dos corpos e dos seus desejos, nem que para isso tenhamos que matar algo dele e reinventá-lo.

Parece-me que Foucault tem razão, Virginia: A alma, prisão do corpo".[10] E não foi o que você fez? Com a morte, arrombou as fronteiras do vir a ser. Você dizia: "Tranque suas bibliotecas, se quiser, mas não há

---

[9] ARISTÓTELES. *Aristotle's history of animals*: in ten books. Charleston: Bibliolife, 2008.
[10] FOUCAULT, M. *Vigiar e punir*: nascimento da prisão. 14. ed. Petrópolis: Vozes, 1996. p. 30.

portão, nem fechadura, nem trinco que você consiga colocar na liberdade de minha mente". As águas do rio Ouse lhe permitiram apaziguar barulhos que lhe perturbavam: pássaros cantando em grego e bibliotecários raivosamente neutros. Ah! Permita-me: imagino você transitando pelas estantes de Oxford, exibindo seu sexo encharcado. Que vingança deliciosa: uma fêmea em pelos, debochando das notações delirantes. Vejo você gargalhando durante a leitura, tocando seus mamilos, suavemente. Engana-se quem aposta em qualquer modalidade de prazer. O riso é de deboche. Asco. Puro asco pelo lido e pelo não lido. Quantas estantes esburacadas! No balcão de referência, enfrenta uma turba de bibliotecários verde-amarelados, ou vice-versa. Pelagem indefinida, como era de se esperar. Graças à habilidade adquirida no Hades, você perceberia que, por trás dos vestidinhos recatados e óculos aros de tartaruga, escondem andróginos, trans, bigêneros, cis, duplo espírito, *queer*, gênero fluido, intersex, pangênero, heteros e evangélicos! Dolorosa constatação: corpos múltiplos e lunáticos, gerando corpos oprimidos e pasteurizados. Já não mais se enfureceria quando em vida, Virginia. Sequer amaldiçoaria os filhos de São Jerônimo. Apenas agradeceria ao bibliotecário de Oxford, o quarto cavaleiro, pelo auxílio na empreitada do suicídio, e torceria para que bichas e sapatões se convençam do que disse em vida: "Pensei nas portas fechadas da biblioteca; e pensei em como é desagradável ser trancada do lado de fora; e pensei em como talvez seja pior ser trancada do lado de dentro".[11]

---

[11] Adaptação de um artigo publicado, originalmente, pelo site Biblioo Informacional.

A VIOLÊNCIA

Foi no Ceará que pari a última crônica do ano. Praia de Flecheiras, para ser mais exato. Entre uma mergulhada e outra, beberiquei, sem pressa, o romance de Bernardo Carvalho. Leram *Reprodução*?[1] Um homem, referido como "o estudante de chinês", é retirado da fila de *check-in*, prestes a embarcar para a China. Durante o interrogatório, o rapaz, em um monólogo nervoso, desfia preconceitos contra pretos, gays e ecologistas. Sua justificativa para opinar sobre tudo é patética e disparatada: "Sou um cara hiperinformado. E tenho opinião própria". Em torno do departamento de polícia, vão aparecendo autoritarismo, segregação e ignorância travestida de informação. O estudante desempregado, decepcionadíssimo com o Brasil, aposta suas fichas no mandarim: "Na China, James Joyce é *best-seller*. É! *Ulysses* vendeu oitenta e cinco mil exemplares na China. Quando é que isso ia acontecer aqui?".[2] Encorajado a delatar os possíveis culpados pelos infortúnios do país, dissemina seu espírito reacionário travestido de saber enciclopédico (viva a Wikipedia!).

Terminei o livro crente de que muita gente porta no bolso sementes da mesma espécie. Suspeito de

---

[1] CARVALHO, B. *Reprodução*. São Paulo: Companhia das Letras, 2013.
[2] Idem, p. 43.

que ninguém escape. Nem bibliotecário ensimesmado. Brotou, de pronto, um turbilhão de figuras e postagens em minha cabeça. Pensei nos desafios em estabelecer fronteiras de (i)legitimidade entre os discursos analógicos e digitais. Pensei nos critérios de veracidade e embuste de produtores e mídias. Pensei na linguagem indigente e insolente das redes. Pensei no tom simplório e emproado dos internautas ao lidarem com entidades complexas. Pensei na virulência dos comentários e nos seus desdobramentos junto aos corpos e almas ultrajados. Pensei na dificuldade de distinguir, fora da CDD e da CDU, as pessoas das coisas. Pensei em Pilatos: "Quid est veritas?".[3]

Observei que a pressa é o elemento de maior desassossego no romance. Pressa do sabichão em falar. Pressa em interromper. Pressa em inibir a antítese. Evidência dupla, explicitada na extensão generosa dos parágrafos que nos obriga a lermos de um fôlego só, e, em um estudante espumoso, que invisibiliza, sem escrúpulos, seu interlocutor. Não há tempo para o outro. Sua paranoia, nascida do turbilhão de informações mal digeridas, é agravada pelo mutismo forçado. O interlocutor, agente de polícia, não age, ferido pela verborragia intransigente. Silêncio homicida.

Ouviram falar da palavra "flecheira"? Trata-se da abertura nos muros da fortaleza sobre o portão de entrada, servindo de posição estratégica aos flecheiros para lançar projéteis sobre os sitiantes. Para mal entendedor, meia palavra não basta: o mutismo do outro é a garantia de perseverança em seus enganos travestidos de verdade única e irrevogável. Desse

---

[3] "O que é a verdade?", pergunta feita por Pilatos a Jesus.

modo, é a carne fantasmagórica do semelhante que nutre os seus devaneios, fechando-o no castelinho de pedras sujas de sangue. Se o romance tivesse alguma lição, seria essa: o monólogo nos introduz, definitivamente, na barbárie.

Pensei na gente, em nossos antigos e inúmeros devaneios nas baias e redes. Pensei na solidariedade e na truculência. Admiti que a ferocidade tende a ganhar mais *likes* que a camaradagem. A palavra "insana", demente, arrebanha multidões. Rede é armadilha, estratagema, laço, engano, logro, cilada, ardil. Para os amantes do vento, ela é exercício contínuo de tolerância. Lembrei-me do Código de Ética.[4] Suspirei, agradecido. É que sua sombra nos desmotiva a comer as entranhas do próximo. O Código funciona como instrumento catalisador da empatia. Fiquei sabendo que ele sofrerá mudanças. Palmas para o Conselho Federal. O momento me parece adequado para isso: roupa branca, sete ondas. Ano novo.

Tenho as minhas recomendações. Sugeriria, já de início, que, na Seção I de nosso Código, apareçam três elementos: primeiro, a quem ele é dirigido. Obviedade da minha parte? Suspeito que não. Atualmente, ele pretende regular "pessoas físicas e jurídicas que exerçam as atividades profissionais em Biblioteconomia" (art. 1º). Bobagem. Uma entidade gestora de acervos bibliográficos não pode ser regulada pelo Código de Ética, mas os bibliotecários que ali atuam sim. Ademais, evitemos expressões

---

[4] CONSELHO FEDERAL DE BIBLIOTECONOMIA. Código de ética profissional do bibliotecário: Resolução nº 42, de 11 de janeiro de 2002. Disponível em: <http://www.cfb.org.br/wp-content/uploads/2017/01/Resolucao_042-02.pdf>. Acesso em: 5 dez. 2017.

genéricas e nebulosas. Por Ranganathan: nada de "profissionais da Biblioteconomia" (art. 2º, 3º, 12), ok? Somos bibliotecários, e ponto final.

Também proponho que apareça, já nas primeiras linhas, a indispensabilidade do bibliotecário ao país. Questão de fato e de direito, diga-se de passagem. Se assim não o fosse, o exercício profissional não seria objeto de fiscalização por parte do Estado. Uma ramagem abundante nasce deste cepo materializado na seguinte questão: quais são as atividades de competência exclusiva do bibliotecário? Embora a Lei nº 4.084/1962 (art. 6º) aponte para seis competências cardinais, algumas delas, simplesmente, não têm razão de ser. Uma delas é a docência em Biblioteconomia. Quem me contou? A boa e velha experiência. Muitos professores de Biblioteconomia não são bibliotecários, e não creio que isso represente, necessariamente, um prejuízo para os futuros bacharéis. Poderíamos estabelecer nosso lugar nesta *selva selvaggia* a partir de duas funções já listadas na mencionada lei: a administração de bibliotecas e equipamentos afins; e as atividades técnicas envolvendo o tratamento e a disseminação de acervos bibliográficos. A partir de uma síntese das duas, a sentença a seguir pode ser, adequadamente, completada: "O bibliotecário, indispensável para [...]".

Sugiro elencar, finalmente, na mesma sentença, os valores que norteiam a nossa atuação. Aqui, enfrentamos um desafio que faria Aristóteles[5] transpirar. Quem se atreveria a arrolar os valores da Biblioteconomia

---

[5] ARISTÓTELES. *Ética a Nicômaco*. 3. ed. Bauru: EDIPRO, 2009.

brasileira contemporânea? A justiça poderia ser, certamente, um deles. Mas a qual modalidade de justiça estaríamos nos reportando? A justiça preservadora da ordem ou a deflagradora do progresso por meio da desordem? Madame Swetchine tem razão: "Os homens invocam a cada passo a justiça, quando a justiça devia fazê-los tremer".[6] Talvez pudéssemos reduzir o perímetro do terreno movediço procurando alguma pista no Código atual. Lá está registrado, por exemplo, que nossa profissão é, ao mesmo tempo, liberal e humanista (art. 3º, *a*). Confesso: esse casamento sempre me pareceu arranjado e infeliz. Afinal de contas, nos quatro séculos de liberalismo, onde a Biblioteconomia brasileira se situa? Prestaremos reverências ao humanismo de Morus ou de Marx? No rito da formatura, os bibliotecários neófitos jurarão fidelidade ao espírito de Locke ou de Rabelais? Admito: tenho mais dúvidas do que fidúcias. De todo modo, creio que a resposta está no campo discursivo. Digamos uma só palavra em relação ao fim-último do equipamento cultural chamado "biblioteca" e seremos salvos.

E a saga não termina por aqui. Durante a confecção do Código, eu investiria em uma linguagem mais positiva, propensa a estimular novos comportamentos. Recordam-se dos Engenheiros? "Eu vejo as placas cortando o horizonte. Elas parecem facas de dois gumes."[7] O discurso interditório, embora satisfaça a

---

[6] MADAME SWETCHINE. The writings of Madame Swetchine. Disponível em: <https://archive.org/stream/TheWritingsOfMadameSwetchine/TheWritingsOfMadameSwetchine_djvu.txtf>. Acesso em: 5 dez. 2017.

[7] ENGENHEIROS DO HAVAI. Infinita Higway. In: 10.001 destinos [DVD]. São Paulo: Universal Music, 2001.

uma parcela da grei, costuma acender a centelha da rebelião. De todo modo, em caso de extrema necessidade, recorramos a um discurso proibitivo claro e direto, evitando o triste fenômeno do dispositivo normativo natimorto.

Há tanto mais a ser dito. Nós atendemos usuários ou clientes? É o capital que estabelece as fronteiras linguísticas entre estes sujeitos que se beneficiam de nossos serviços? (art. 7º, *caput*). E o campo arenoso do discurso: quem cultiva a urbanidade não é, obrigatoriamente, respeitoso (art. 7º, *b*)? Abaixo a verborragia!

Eita! O que temos escondido lá no artigo 8º? "O Bibliotecário deve interessar-se pelo bem público e, com tal finalidade, contribuir com seus conhecimentos, capacidade e experiência para melhor servir a coletividade." Colegas timoratos: arranque essa belezura daí e faça-a pular, pelo menos, cinco casas!

Voltei a me lembrar do estudante de mandarim. Xucro, coitado. Se fosse um cara bem informado, esqueceria o chinês e abandonaria, de vez, a flecheira do Face. Opa! Que tal uma seção inteira do Código dedicada à urbanidade? Passou da hora de combatermos os rastros de racismo. Abaixo o uso do verbo "denegrir" (art. 5º, *h*)! Questão de bom senso para uma profissão que tem a dignidade da pessoa humana como um dos seus fundamentos (art. 3º, *a*).

Nessa mesma onda de respeito, prestaríamos um serviço a nós mesmos se deixássemos de confundir alhos com bugalhos. "Sexo" e "gênero" não são farinha do mesmo saco (art. 11, *a*; 12, *r*). Até mesmo os herdeiros do misógino Dewey despatologizaram os transgêneros. Vale acrescentar que já passou da hora de o Código dar nome ao que Oscar Wilde intitulou de "amor que não ousa dizer seu nome".[8] Gesto simples e poderoso seria incluirmos em uma de suas alíneas a categoria "orientação sexual". Em tempos de fundamentalismo religioso, tutelar a liberdade religiosa é imprescindível, mas como ignorar a vulnerabilidade de colegas lésbicas e gays atuando em um país recordista em assassinatos da comunidade LGBTI? Só corremos um risco nessa história: voltarmos à fila do *check-in*, cobiçando as flecheiras das muralhas sangrentas da China.[9]

---

[8] GOODMAN, J. (Org.). *The Oscar Wilde file*. London: W.H. Allen, 1989. p. 114.

[9] Adaptação de um artigo publicado, originalmente, pelo site Biblioo Informacional.

A ÉTICA

Agradeço a oportunidade de estar aqui, em Goiânia, fechando este ciclo de discussões a respeito do impacto da ética na profissão. Para alguns, sou considerado um tipo polêmico. Talvez o tom duro e, em certos casos, ácido esteja associado ao meu incômodo diante do excesso de energia dispendida em atividades técnicas divorciadas do quadro social. A não problematização do "fazer bibliotecas" não apenas me incomoda, mas também as fragiliza como entidade coletiva, subordinada a um emaranhado de relações de poder. É suicida a estratégia de relegar para um segundo plano os embates políticos, por mais meritório que isso possa parecer.

Não deixa de ser curioso verificar que, embora pouco relevante para os não iniciados, nossas técnicas e processos continuam representando uma parcela substancial dos trabalhos apresentados em congressos e eventos da área, o que evidencia nosso apego ao conceito clássico de biblioteca apregoado pelo *Aurélio*. Reduzir a Biblioteconomia a conjunto de técnicas destinadas a gerir acervos de modo neutro não é apenas ingênuo, como também mentiroso. Não apenas rechaço essa perspectiva, como também acredito que a crise enfrentada por nossas bibliotecas se subordina à relação afetiva que estabelecemos com essa definição.

Recentemente, por ocasião do Dia do Bibliotecário, uma colega de Brasília me pediu que elaborasse um ensaio a ser publicado no jornal de sua instituição. Embora tenha me permitido escolher o tema que me parecesse conveniente, ressaltou que não queria nada especulativo, mas algo prático e pontual. Em outros termos, a colega era amante da Biblioteconomia pré-cozida, consumida em forma de guias e manuaizinhos. Mirando seus olhos, questionei: "Já ouviu falar em dentista prático? Trata-se do sujeito que extrai e obtura dentes, ainda que sem formação universitária. Desculpe, mas não sou bibliotecário prático". Acabei produzindo um "texto aplicado", sem ignorar a densidade teórica do objeto. Compartilho esse "causo" pelo fato de o discurso da colega expressar uma estratégia recorrente entre os bibliotecários brasileiros de negar validade à análise filosófica em suas atividades.

Acredito que a Filosofia compreende um campo fértil e salutar para gestores de equipamentos culturais. A palavra "salutar", do latim, significa salvação. Precisamos ser salvos? Penso que sim. Quem nos ameaça? O ostracismo. Por não existirmos, sequer causamos pavor ou antipatia. Ontem discutíamos a respeito das estratégias discursivas destinadas a valorar a profissão. E aí sempre surge a ideia mais antiga e insistente de todas elas – rebatizar os bibliotecários com o nome de "cientista da informação". Bobagem. A medida não nos beneficiaria. Afinal de contas, qual a necessidade de desconstruir aquilo que não foi construído? A problematização é fenômeno que sequela, simplesmente, o que já foi objeto de ereção por parte de uma comunidade. Estou sendo desesperançoso?

Nada disso. Tramita no Senado um projeto de lei de autoria do senador Cristovam Buarque[1] destinado a responder algo importante: O que vem a ser, de fato, uma biblioteca? A partir do estabelecimento do lócus, poderemos, quem sabe, ocupar uma parcela do cenário cultural nunca tomado de fato.

Nesta manhã, tenho duas pretensões: a primeira, definir o que vem a ser ética. Acho isso fundamental porque reina entre nós o equívoco de encarar a ética como um conjunto de atitudes louváveis ou moralmente adequadas. Não se trata disso. Confundir ética com bom comportamento seria um grande erro. A ética é aquilo que dá plausibilidade ao *modus vivendi*. A decisão de uma pessoa em roubar o Banco Central tem um viés ético; em uma manhã cinza e chuvosa, ele para e reflete: "Poxa, estou desempregado, cheio de dívidas e sem um centavo para comprar um litro de leite para o meu filhinho. Vou roubar o cofre do Banco Central". Saibam que esse comportamento pode ser encarado como ético. De fato, os gregos antigos entendiam a ética como ato reflexivo, aquilo que dá sentido à vida daquele que pondera, e não necessariamente subordinado a um conjunto normativo destinado a regular as relações humanas.

A segunda concepção de ética, a que pretendo desenvolver, foi proposta pelo sociólogo polonês Zygmunt Bauman,[2] que afirma o seguinte: o homem, desde os seus primeiros anos de vida, defronta-se com situações que o levam a escolher entre o bem e o mal.

---

[1] BRASIL. Congresso. Senado. Projeto de Lei nº 28, de 2015. Disponível em: <http://www25.senado.leg.br/web/atividade/materias/-/materia/119687>. Acesso em: 12 maio 2017.
[2] BAUMAN, Z. *Ética pós-moderna*. São Paulo: Paulus, 1997.

Bauman não estabelece qualquer vínculo entre a natureza benéfica ou maléfica de uma ação a partir da existência de uma lei. Portanto, podemos definir as categorias "bem" e "mal" da maneira mais ampla possível. Ele parte da constatação de que, no curso de sua existência, o homem se defronta com situações angustiantes, resultantes da sua própria ambivalência. Motivado por esse desconforto, ele reflete, avalia e decide. Bauman chega a reconhecer a religião como fenômeno social destinado a reduzir essa condição dúbia, naturalmente angustiante, já que objetiva redimir o homem de seus equívocos. De fato, o padre, frente a uma decisão censurável, sentencia: "Está perdoado". O penitente volta para casa, livre, leve e solto.

Bauman[3] afirma que no Ocidente, a partir da Revolução Francesa, a moral, até então açambarcada pela Igreja, foi realocada para o Estado. Desde então, a Filosofia investirá em estratégias discursivas destinadas a reduzir a arbitrariedade dos conceitos de bondade e maldade, outorgando maior precisão a esse corpo axiológico. Isso se dará por meio da positivação. O Estado afirma ao cidadão: "Olha, quem diz o que é bom ou mau, lícito ou ilícito é a lei". Aqui no Brasil, por exemplo, só é crime aquilo que está tipificado no Código Penal. Há uma transferência da esfera religiosa para a burocracia estatal. Investe-se na ideia de que a ética é algo lógico, apreensível por meio da razão e que, naturalmente, será positivado.

A ereção de saberes nos oitocentos se principia e se retroalimenta pela definição de categorias de comportamentos louváveis ou reprováveis. A Psicologia,

---

[3] BAUMAN, Z. *Modernidade líquida*. Rio de Janeiro: Jorge Zahar, 2001.

o Direito Penal e a Sociologia travam uma disputa hermenêutica em torno do corpo e de suas possibilidades. O século XIX é um período marcadamente importante para nós, já que a Biblioteconomia surge como subproduto desses saberes disciplinadores. Compreende o século em que se firma e se constrói uma percepção de homem passível de ser esquadrinhado, fruto da descoberta de sua finitude e da morte da transcendência. Nos oitocentos, a interrogação a respeito da natureza humana se intensificou, buscando instaurar uma ordem social a partir do mapeamento de predicados naturais ao indivíduo. Interrogou-se: "O que é o homem moderno?". E os saberes, aliados aos poderes, responderam: "É um assujeitado". Isso está associado ao fato de que o homem se converte em sujeito do conhecimento e objeto do saber.[4] O exercício do poder na Modernidade se deu por meio da ereção de saberes erigidos em torno do corpo, saberes especializados que tornaram plausível o exercício do poder.

A Biblioteconomia, com seus sistemas classificatórios, nasce nesse período, como desdobramento de um arquétipo de homem. Trata-se de um projeto político destinado a erigir um indivíduo acabado, em razão de uma sociedade pautada na razão. O projeto de homem, portanto, se vincula a uma concepção de ordem social, ambas intimamente associadas a um sistema de saberes – Medicina e Sociologia alinhavadas. Deseja-se um corpo, que reflita em seus músculos, sangue, ossos, pele, cheiro e movimentos,

---

[4] FOUCAULT, M. *As palavras e as coisas*: uma arqueologia das ciências humanas. São Paulo: Martins Fontes, 1999.

plena consonância com o estabelecido pelos saberes. O que define esse corpo harmônico? Virilidade, heterossexualidade e racionalidade. A partir do estabelecimento dos predicados de sanidade, os tipos anormais são firmados. Que anormais são esses? Os loucos, por exemplo. Pessoas psiquicamente afetadas que, embora sempre tenham sofrido processos de estereotipia no curso dos séculos, são, a partir de então, taxonomizadas pelo seu nível de não utilidade. Se nos depararmos com a figura do bobo da corte, um funcionário do rei pago para produzir riso, será arquitetada nos oitocentos uma parafernália destinada a controlar, finalmente, o corpo insano. Os hospícios nascem dessa pretensão de docilizar tipos insubordinados, corpos declaradamente inúteis ao mercado.

O pederasta também será patologizado a partir da constatação de sua incompletude e ineficiência. A expressão "heterossexualidade" é forjada como expressão inequívoca da normalidade do corpo desejoso em relação ao desejável. A partir de então, surge a figura do pervertido, o sujeito defectivo que tem seu corpo classificado pela ausência de atributos. O gay é definido pela defecção; ele é, fundamentalmente, "não ser". Esse processo classificatório não tem prazo de validade. Hoje, diversos atores – médicos, religiosos, operadores do Direito – disputam, energicamente, o corpo do pedófilo. Afinal de contas, quem é esse tipo não assujeitado? Trata-se de um doente, um criminoso ou um pecador crônico? Seu fim, a partir desse diagnóstico, deve ser o cárcere ou o hospital?

Ninguém sabe ao certo o que fazer com um pedófilo. Ele é, certamente, um tipo indesejado, mas ainda não suficientemente traduzido. Certamente o será, como o foi o corpo feminino. Em meados do século XIX, mulheres solteiras e sexualmente maduras – beirando a faixa dos 16 anos – eram medicadas como tipos potencialmente enfermiços, devendo tomar banhos mornos, evitar carne vermelha e certos temperos até a primeira cópula, a ocorrer, evidentemente, após o casamento.[5]

E assim crescemos, no meio desse emaranhado de discussões nutridas pelo modelo de homem são, útil e dócil. De certo modo, as técnicas biblioteconômicas refletem e reproduzem a preocupação da Modernidade em erigir um corpo perfeito e indefectível. As primeiras bibliotecas públicas tomaram para si a tarefa de impedir que a massa servil se rebelasse contra o regime. Como isso se realizava? Os bibliotecários, investidos de um papel social importante, selecionavam as fontes, não permitindo que esses operários, que trabalhavam 14 horas por dia em fábricas – muitos faleciam sobre as máquinas, vítimas da fome e do cansaço –, tivessem acesso à literatura marxista e anarquista. Além disso, os pudicos bibliotecários resistiam bravamente à sensualidade do *Corcunda de Notre Dame* e de *Madame Bovary*. Em linhas gerais, uma boa biblioteca fomentaria virtudes por meio do seu acervo. Sabemos que até recentemente, a Classificação Decimal de Dewey tratava a homossexualidade como desvio psiquiátrico. Estranho, não? A Biblioteconomia se nutriu dessa missão de fixar, de estabelecer, de firmar a geografia dos corpos, de desenhar habilidades e interdições. Um famoso manual

---

[5] SANTOS, C. *Devotos e devassos*: a representação dos padres e beatas na literatura anticlerical brasileira. São Paulo: Edusp, 2015.

biblioteconômico publicado em 1800[6] compara o bibliotecário ao mineralogista, que, por ter explorado todas as veias das minas, pode indicar com segurança as que "são abundantes ou estéreis, as úteis ou perigosas". Bastante esclarecedor, não acham?

Parece que o nosso comprometimento com esses sistemas de verdade firmados na Modernidade deixou de atrair muita gente, ou a biblioteca perdeu, simplesmente, o seu protagonismo nesse tipo de negócio. As pessoas não se mostram mais tão mais gratas à biblioteca por seu afinco em trabalhar com produtos e serviços pasteurizados e saneadores. Talvez se valendo de uma pretensa identidade humana, universal e incontestável, a biblioteca se converteu em entidade dispensável para a grande maioria. Demos um tiro em nosso pé? Provavelmente. Talvez possamos justificar o desencanto com o fracasso da ética, apregoado por Bauman.[7] Agora, o que nos resta? Primeiro, reconhecer o equívoco da investida coletiva, em uma aposta em um paradigma retrógado, associando a biblioteca a acervo e às operações destinadas a ordená-lo e a mantê-lo como tal. Problema antigo e seríssimo. A biblioteca como espaço ordenador se distanciou da geografia do deleite? O brasileiro não vincula a biblioteca ao prazer. A leitura, no âmbito da biblioteca brasileira, esteve atrelada ao estudo formal dos já iniciados, o que representa uma negação explícita de um projeto aberto, tensionado pelo jogo de interesses entre os indivíduos.

---

[6] ESSAI sur la bibliographie et sur les talents du bibliothécaire. Paris: Chez l'auteur, 1800. p. 3.
[7] BAUMAN, Z. *A vida em fragmentos*: sobre a ética pós-moderna. Rio de Janeiro: Jorge Zahar, 2011.

Embora tenhamos aprendido isso na graduação, apresentamos dificuldade em aplicar essa perspectiva em nosso cotidiano. A pergunta a se fazer, como tentativa de diagnóstico, poderia ser: "Você atende a quem?"; "Todos?" "Mas o isso significa?"; "Serve à comunidade?"; "Quem é a comunidade?"; "Prostitutas que fazem ponto ali na esquina são atendidas?"; "Você atende aos camponeses que passam em frente à biblioteca depois de voltarem dos canaviais?". No Brasil, o usuário se converteu em um espectro, um tipo fantasmagórico. É o usuário de Auguste Comte, com sua percepção universalista e arrogante.

Uma biblioteca pensada para todos, além de soar como discurso ingênuo, vulnerabiliza as ações internas e fragiliza seu desejo de perpetuidade na esfera pública. Definir uma biblioteca implica estabelecer o nível de comprometimento dos corpos em sua configuração. E aqui tocamos em um problema que envolve as escolas de Biblioteconomia: supervaloramos as coisas – processos e técnicas – em detrimento das pessoas. Nossa fragilidade brota da zona de conforto em optar por máquinas e mecânicas em vez do enfrentamento com a subjetividade humana. Somos excelentes junto aos catálogos e medíocres entre os homens. "Medíocre", do latim, médio. Trata-se do sujeito que realiza de modo eficaz seu trabalho, processa bem, indexa com maestria e demonstra grande habilidade na consulta às bases de dados. O profissional que responde pelos acervos, pela biblioteca como serviço, que se preocupa em elaborar um regulamento sem furos, que decide o horário de abertura e fechamento, que se ocupa da limpeza do balcão de empréstimos e dos equipamentos envolvidos na operação. Hoje, há uma preocupação enorme em desenvolver *softwares*, otimizá-los, tornando as operações mais céleres para o usuário. Embora importantes, tais ações não representam, em si mesmas, uma solução para a baixa frequência da população brasileira às nossas bibliotecas.

Apresento a vocês seis perguntas: 1ª) O brasileiro lê pouco?; 2ª) Quem é o leitor brasileiro?; 3ª) O brasileiro ignora o valor da leitura?; 4ª) O brasileiro ignora o valor da biblioteca?; 5ª) O brasileiro odeia o bibliotecário?; 6ª) Como atrair o brasileiro para a biblioteca? Bem, analisaremos os números coletados pelo *Retratos da Leitura no Brasil*.[8] Apesar de algumas ressalvas a respeito desse estudo – o instrumento de pesquisa é, em certos aspectos, inadequado para a realidade brasileira –, podemos, certamente, partir dos seus resultados.

Vamos aos dados: se, em 2011, um brasileiro lia quatro livros por ano, em 2015 o índice chegou a 4,96. Quem lê mais? As mulheres. Aumentou o número de leitores na faixa etária entre 18 e 24 anos – de 53% em 2011 para 67%, em 2015. E quem lê menos? Os mais velhos. Quem estuda lê mais? Sim, os que frequentaram a universidade acabam lendo mais. Contudo, os adolescentes entre 11 e 13 anos são os que mais leem por gosto. A renda influencia a prática da leitura? Sim, quem ganha mais lê mais. Isso é interessante porque reflete, parcialmente, o alto custo do livro no país.

---

[8] INSTITUTO PRÓ-LIVRO. *Retratos da Leitura no Brasil*. 4. ed. Disponível em: <http://prolivro.org.br/home/atuacao/28-projetos/pesquisa-retratos-da-leitura-no-brasil/8042-downloads-4eprlb >. Acesso em: 13 ago. 2017.

Outra questão importante: O que faz o brasileiro em seu tempo ocioso? Ele assiste à TV e a vídeos, escuta música, descansa e se reúne com os amigos. Percebemos que o deleite se vincula às novas mídias e à troca dialógica. O objeto "livro" está descartado do campo do prazer. Isso se justifica, provavelmente, pelo fato de a biblioteca ter se erigido como espaço reflexivo, como lócus caracterizado pela ausência do ruído, pelo desprezo ao intercâmbio discursivo. Ela se converteu em templo. Particularmente, detesto frases como "bibliotecário, o sacerdote do saber", pois restringe a biblioteca a um projeto formativo particular, negando sua natureza subjetiva.

Continuemos a analisar os dados: a leitura é considerada importante para o brasileiro? As respostas? Fundamentalmente, a leitura serviria para três coisas: para a vida, para a profissão e para a faculdade. Mas que diabos significa ser útil para a vida? A pesquisa não foi clara a esse respeito. De todo modo, percebemos que a leitura se investe de um caráter mercadológico, dirigida a resolver um problema profissional ou educacional.

Infelizmente, a pergunta "A leitura ajuda a vencer na vida?", presente na penúltima edição da pesquisa, desapareceu da quarta edição. Na ocasião,[9] 64% dos entrevistados disseram que sim. Isso é impressionante. Somente 3% discordaram, evidenciando a percepção compartilhada pela sociedade brasileira de que a leitura se vincula ao sucesso. Ironicamente, ao ser perguntado se conhece alguém que venceu na vida,

[9] INSTITUTO PRÓ-LIVRO. *Retratos da Leitura no Brasil*. 3. ed. Disponível em: <http://prolivro.org.br/home/images/relatorios_boletins/3_ed_pesquisa_retratos_leitura_IPL.pdf>. Acesso em: 13 ago. 2017.

55% dos entrevistados afirmaram que "não". A falta de referência é um grave problema. Os bibliotecários norte-americanos são ousados nessa seara imagética, vinculando o triunfo profissional à leitura e a frequência à biblioteca. Não é o nosso caso.

E quanto à visibilidade da biblioteca brasileira? Dos entrevistados, 55% sabem da existência da biblioteca pública em sua cidade. Embora tenha havido uma redução em relação à edição anterior (67%), suspeito que isso se deva ao fato de a pesquisa ter incluído uma pergunta nova: "Existe na sua cidade ou bairro uma biblioteca comunitária, mantida por moradores ou estabelecimentos?": 15% dos entrevistados responderam "sim". Duvido que os entrevistados saibam distinguir as duas tipologias de bibliotecas. De todo modo, a pesquisa não deixa sombra de dúvidas: a maior parte dos brasileiros não ignora a presença da biblioteca. Mas o que vem a ser uma biblioteca? Aí é outra história. De todo modo, embora não a frequente (66%), a população não a ignora. De quem é a culpa pela não frequência? Dos usuários insensíveis ao nosso trabalho ou do descaso de nossos governos? Eu diria que nós temos uma parcela de culpa, e os dados do *Retratos* o comprovarão.

Os usuários frequentes e ocasionais de nossas bibliotecas (34%) são constituídos, fundamentalmente, por estudantes que afirmaram ser bem atendidos (95%), que a consideram bem cuidadas (89%), que gostam muito dela (86%), apesar de 41% não encontrarem o que procuram. Suspeito desse discurso laudatório. Desconfio que esse percentual de aprovação tão alto reflita o espírito despretensioso dos frequentadores. A biblioteca é gratuita, fornece água filtrada, banheiro limpo e uma cadeira razoavelmente confortável. O que mais se poderia esperar? O que a gente observa é que os brasileiros que frequentam o espaço da biblioteca estão felizes com o que lhe é oferecido. Nosso problema se refere aos outros 66% que, embora sabendo de sua existência, não a frequentam.

Creio que uma possibilidade de análise da questão esteja em se debruçar sobre o caráter finalístico da biblioteca. Em outras palavras, qual a utilidade atribuída a este equipamento pela sociedade? O estudo e a pesquisa estão no topo da lista. O lazer, por sua vez, aparece em sexto lugar, evidenciando a percepção coletiva de divórcio entre este equipamento cultural e o gozo. Nossas bibliotecas não foram projetadas para provocar sensações de deleite. Compartilhamos com os bibliotecários franceses dos oitocentos o foco no acervo: "O primeiro mérito de uma biblioteca pública está na sua riqueza em livros. [...] A beleza de seu local e outras qualidades tão demandadas pelos bibliômanos são apenas acessórias".[10] Os espaços e o mobiliário, por meio de sua disposição e cores, refletem o universo dos burocratas, investidos na tarefa de manter os leitores cativos por meio de suas coleções. A técnica pariu a feiura, que, por sua vez, afugentou a presença humana.

Faço parte dos que pisam pouco em bibliotecas para fins de diversão. Faço o *mea culpa*: o rigorismo no modo de tratar acervos e pessoas me incomoda. Minha preferência tem preço: as livrarias. Sou figura conhecida na Cultura da Paulista: os atendentes

---

[10] CONSTANTIN, L.-A. *Bibliothéconomie, ou, Nouveau manuel complet pour l'arrangement, la conservation et l'administration des bibliothèques*. Nouvelle éd. Paris: Roret, 1841. p. 10 [tradução nossa].

fashion são educadíssimos e o bolo, um pecado. Na minha última andança por lá, afundado em uma poltrona modernosa, folheei *O caderno rosa de Lory Lamby*, acompanhando o tilintar dos dedos do senhor garboso, embalado pelo *soul* de Nina Simone. Enquanto em certa biblioteca de Maceió me exigiram retirar o boné para ingressar na sala de leitura, nas livrarias me sinto desafiado a profanar, sem delongas, a liturgia: nem silêncio, nem sistemas classificatórios intricados, nem empregados comprometidos com a antipatia.

Outra interrogação que nos causa curiosidade: a não participação do brasileiro em nosso espaço de atuação resulta do desprezo ou da ignorância? Primeiro, é importante ressaltar que 86% dos que vão à biblioteca são atendidos pelo bibliotecário, um aumento de 20% em relação à edição anterior. Cá entre nós: muito provavelmente a maioria dos entrevistados ignora que o bibliotecário é um profissional de nível superior e que nem todo mundo que trabalha no balcão de empréstimo é, necessariamente, um bibliotecário. Abramos um parêntese: fui diretor de uma importante biblioteca de um seminário católico em Brasília. Logo que assumi o posto, observei que os seminaristas responsáveis em recolocar o material bibliográfico nas estantes se autointitulavam "bibliotecários". Agendei uma reunião com o decano e fiz uma exigência: que eu e mais ninguém naquele perímetro sagrado fosse chamado de bibliotecário. Demanda justa e necessária. Triunfei. Não se tratou de um exagero ou uma bobagem. A valorização da categoria principia pela construção de uma identidade. Vocês sabiam que na edição anterior da pesquisa apenas 3%

dos entrevistados frequentariam a biblioteca por ter um bom bibliotecário? Por que exigiriam a presença de um profissional simplesmente desconhecido?

Ontem mesmo, discutíamos a respeito dos atributos do bibliotecário e do auxiliar de biblioteca. Não se trata de mera questão terminológica, caros. São profissionais distintos, o que exige títulos distintos. Essa medida visibilizaria as particularidades do bibliotecário, o que poderia resultar em uma maior valoração coletiva de sua presença na gestão das bibliotecas. O protagonismo do bibliotecário na gestão de qualquer biblioteca não implica adotar uma postura arrogante, de rechaço ao trabalho colaborativo junto aos outros atores. Contudo, suspeito de que a defesa de uma hermenêutica frouxa em relação ao ordenamento jurídico explica o descaso que a iniciativa privada e mesmo a administração pública adotam em relação ao bibliotecário. Se o próprio bibliotecário reconhece ser um profissional dispensável, o que esperar do empregador?

Se as bibliotecas não são atrativas, felizmente temos leitores que, em sua maioria, preferem revistas, jornais, livros didáticos e literatura açucarada *à la* Augusto Cury. Nada impede de conservarmos *Dom Casmurro* e *Ulisses* nas estantes, mas me parece razoável que o acervo expresse os anseios do público. Há bibliotecários neuróticos, que se investiram da missão de lutar contra a má literatura. Não forcemos a barra. Vivemos em uma "sociedade líquida",[11] caracterizada pela velocidade vertiginosa e plasticidade do desejo.

---

[11] BAUMAN, Z. *Modernidade líquida*. Rio de Janeiro: Jorge Zahar, 2001.

Valoremos a subversão. Que *Anna Karenina*[12] divida espaço com *Cinquenta Tons de Cinza*.[13]

Além disso, é bom observarmos que o leitor brasileiro, longe de frequentar a biblioteca, compra os seus livros movidos pelo desejo de se atualizar culturalmente, pelo prazer ou por razões acadêmicas. Atentemos para as suas motivações: prazer e cultura. Em suma, gozo! Além disso, a biblioteca, por não primar pelo conforto e pela privacidade, revela-se como um espaço inadequado para a leitura.

Outro aspecto relevante é esquadrinharmos a gênese da prática da leitura, ou seja, as motivações que levam alguém a ser leitor. Para a maioria, os elementos propulsores foram a figura do professor e da mãe, enquanto 69% dos não leitores nunca viram o pai lendo. Creio, também, que isso esteja associado à própria estrutura patriarcal, que impõe ao homem consumir o seu dia fora de casa, exercendo seu papel de provedor. Desse modo, a mãe tende a passar mais tempo com os filhos.

Entra em questão o papel dos espaços domésticos de leitura. Desconheço famílias, ricas ou pobres, que tenham dedicado algum recinto da casa para fomentar tal prática, um lugar onde as crianças possam tocar o livro, retirá-lo da estante, deitar-se com ele, colori-lo. Esse contato com o objeto me parece positivo. Embora os formatos digitais tenham a sua relevância, o papel garante uma posse efetiva do objeto, o que, na infância, se torna mágico.

---

[12] TOLSTÓI, L. *Anna Karenina*. São Paulo: Abril, 1982. 2 v.
[13] JAMES, E. L. *Cinquenta tons de cinza*. Rio de Janeiro: Intrínseca, 2012.

Todos esses dados acabam nos levando a reconhecer o papel das políticas que, em si, revelam escolhas. Toda biblioteca é detentora de uma perspectiva moral que precede suas práticas, quer saiba, quer não. Bibliotecários cônscios produzem diagnósticos e estabelecem políticas. Isso implica fazer recortes sensíveis às demandas daqueles a quem servimos, erigindo estratégias destinadas a reavaliar, em um processo contínuo, as escolhas feitas, em um movimento que envolve criatividade e tensão.

Recentemente, comentei a respeito de um projeto de lei que torna obrigatória a manutenção de exemplares da Bíblia nos acervos das bibliotecas públicas.[14] Graças aos deuses foi arquivado. A política de desenvolvimento de acervo não pode ser homogeneizada, pois reflete os anseios de uma comunidade particular. É a partir do diálogo entre bibliotecário e comunidade que se estabelece a necessidade de adquirir determinado item bibliográfico. Portanto, não é tarefa do legislador estabelecer práticas dessa natureza, especialmente em um país caracterizado pela diversidade. Bibliotecas não podem se converter em espaços proselitistas. Se for razoável que uma biblioteca tenha bíblias para atender ao anseio de parcela da comunidade que professa a fé cristã ou que se sinta atraída pela temática, é igualmente legítimo incorporar ao acervo os desenhos de Tom of Finland.[15] A questão é simples: a biblioteca deve se constituir como entidade

---

[14] BRASIL. Congresso. Senado. Projeto de Lei da Câmara nº 16, de 2009. Disponível em: <https://www25.senado.leg.br/web/atividade/materias/-/materia/89889>. Acesso em: 12 maio 2017.

[15] Tom of Finland (1920-1991) foi um artista finlandês conhecido pelo seu trabalho de caráter homoerótico.

deflagradora da ordem inequívoca e eterna? Creio que não. Uma boa biblioteca se pauta na pluralidade dentro de suas escolhas.

A moral pode ser a saída para escaparmos do drama da homogeneização, o que, em outras palavras, implica reconhecer a legitimidade do outro. Trataremos disso rapidamente. A ética se associa à modernidade, a um corpo ideal, assujeitado e dócil, e à norma positivada. Interessante observar que a Modernidade teve desdobramentos terríveis com essa ideia de que existe um sujeito ideal, nada havendo fora da ordem normativa, esta sob os auspícios do Estado. Bauman[16] desvela a crise do positivismo e declara a falência do Estado que aspirou implantar uma sociedade equânime por meio do culto à razão. Esse modelo de homem equilibrado, harmonizado pelo seu assujeitamento aos saberes, fracassou. Desse modo, a figura da "biblioteca pública de todos para todos" caiu em descrédito.

Bauman[17] acredita em um novo momento chamado de pós-modernidade. Primeiro, ele firma alguns tipos de relações que se estabelecem no momento presente: inicialmente, a integração móvel, uma proximidade momentânea e indesejável, e uma separação instantânea; você está na rua, mas deseja permanecer invisível; quanto menos contato físico e visual, melhor. Segundo, a integração estacionária se trata de um ajuntamento de estranhos que, em breve, partirão e nunca mais se encontrarão; você tem que

---

[16] BAUMAN, Z. *Ética pós-moderna*. São Paulo: Paulus, 1997.
[17] BAUMAN, Z. *A vida em fragmentos*: sobre a ética pós-moderna. Rio de Janeiro: Jorge Zahar, 2011.

se confrontar com o outro, e isso lhe incomoda; o fato de o outro lhe lançar um olhar o agride.

Bauman intitula esses dois modelos de relação na pós-modernidade de "estar com". É como se ele nos dissesse: "Vejam, os encontros tendem a ser inconsequentes no sentido de não deixarem um legado durável de direitos e obrigações mútuas. Vocês se confrontam, mas não se comprometem". Sua proposta é instaurar o "ser para". Ele afirma que a experiência ética se constrói por meio do outro, do confronto com o "outro", e por meio da linguagem. Ora, a biblioteca é uma linguagem. O problema é que se trata de uma linguagem indecifrável para a grande maioria, o que a converte em uma instituição não dialógica. O prédio pode ser glorioso, em um bairro central, mas sua beleza resulta em distanciamento. Trata-se de uma linguagem? Evidentemente, mas de não pertença. O acesso ao rosto é o primeiro momento ético:

> [...] por que o rosto me chama as minhas obrigações e me julga. O ser que nele se apresenta vem de uma dimensão de altura, dimensão da transcendência onde pode apresentar-se como estrangeiro, sem se opor a mim, como obstáculo ou inimigo. Mais, porque a minha posição de eu consiste em poder responder a miséria essencial de outrem, em encontrar recursos. Outrem que me domina na sua transcendência é também o estrangeiro, a viúva e o órfão, em relação aos quais tenho obrigações.[18]

[18] LÉVINAS, E. *Totalidade e infinito*: ensaio sobre a exterioridade. Lisboa: Edições 70, 2008. p. 210-1.

Quando o diferente se aproxima do balcão de referência, os canais discursivos são múltiplos. Você pode dizer: "Seja bem-vindo à nossa biblioteca". Não precisa, necessariamente, falar, porque seu acervo, seu modo de ordenar e seu mobiliário expressam compromissos já firmados. Frequentemente, essas linguagens se confrontam, refletindo as incoerências de muitas delas. O que uma biblioteca sem rampa expressa? Que cadeirantes devem evitá-la: "O espaço não é para você. Não pensamos em você".

Repetidamente, o outro se coloca frente a mim e exige uma resposta. Posso recorrer, simplesmente, ao texto legal, incorporando o tipo gélido positivista: "Desculpe, mas o regimento da biblioteca não me permite atendê-lo". É mais cômodo cerrar-me ao outro? Sim, é muito mais fácil. A Biblioteconomia moderna constrói seu arsenal de trabalho a partir das taxonomias dos entes. Ou se valora a ética, ou se prioriza a moral. Aquele móvel instalado no saguão da biblioteca com as "novas aquisições" pode refletir, simplesmente, que o orçamento tem sido bem empregado ou expressar os recortes do acervo, evocando vozes emudecidas por outros instrumentos tão caros a nós, como os sistemas classificatórios.

Creio que podemos conjecturar caminhos frente aos dados apresentados. Uma situação com que nos deparamos é o fato de a biblioteca ser enxergada como lugar de estudo e pesquisa, dissociado do prazer. Isso exige relativizar o papel do silêncio, respeito e solenidade no planejamento de suas dependências. Existem estratégias valorativas da construção do coletivo, como o *home theater*. Em Brasília, desconheço espaços para assistir à TV. Permitamos o barulho e o descanso. Penso que um dos elementos mais importantes de uma biblioteca pública é garantir ruídos, onde relações possam ser travadas, recorrendo, inclusive, para a sua efetivação, a espaços *gourmets*. Em minha última visita a Curitiba, visitei o espaço destinado pela Biblioteca Pública do Paraná para o seu café. Considero simples e fabulosa a ideia. Também proponho investir em jardins, sacadas e outros espaços abertos. Mesmo bibliotecas pequenas podem planejar tais ambientes. Provoquemos o senso estético. Invistamos em móveis e cores sem cara de repartição pública. Misturemos bens culturais no ambiente da biblioteca, de vasos a quadros, fomentando a apreciação do belo.

Permitamos, sem reservas, o acesso ao universo *on-line*. O Centro para o Futuro das Bibliotecas, da American Library Association, acaba de publicar um documento com cerca de duas dezenas de sugestões para as bibliotecas do mundo inteiro.[19] Pelo menos três das proposições se vinculam a medidas na seara que apresentei. Uma delas é a permissão do usuário em navegar, livremente, na internet. Não é da nossa conta impedir o acesso dos usuários a sites pouco virtuosos. É evidente que podemos garantir, por meio de medidas simples, como uma disposição adequada dos computadores, a privacidade ao usuário, evitando constrangimento a outros. Defendo que a liberdade do sujeito seja maior que o direito do

---

[19] ASSOCIATION OF COLLEGE & RESEARCH LIBRARIES. 2016 top trends in academic libraries: a review of the trends and issues affecting academic libraries in higher education. C&RL News, Chicago, v. 77, nº 6, p. 274-81, June 2016.

controle da biblioteca. O Estado se submete, nesse sentido, à liberdade do sujeito.

Também considero importante mapear e estabelecer parcerias com intelectuais, artistas e empresários da região onde a biblioteca está situada. Isso é muito importante e relativamente simples, sendo potencialmente benéfico para a biblioteca, seja quanto a incorporar peças artísticas e documentos diversos ao acervo, seja visibilizando essas figuras em eventos, verdadeiras fontes vivas de informação.

Outra medida destinada a maximizar nossa imagem é estabelecer relações entre a leitura e o sucesso. Os norte-americanos, há trinta anos, pelo menos, investiram em um poderoso plano de *marketing*, estabelecendo uma relação entre o sucesso de personalidades artísticas, políticas e esportivas com a prática de leitura e, particularmente, a biblioteca. No Brasil, fez-se uma tentativa nesse sentido, mas começamos muito mal, escolhendo artistas sem capilaridade na malha social. De todo modo, é louvável toda medida que dissemine a ideia da biblioteca como espaço fomentador de mobilidade social.

Outro desafio é atender às demandas de informação, reduzindo o grau de frustração dos usuários que não encontram o que procuram. Nesse sentido, torna-se necessário elaborarmos políticas de seleção e de atendimento realmente claras. O que temos observado é uma redução drástica, em todo o mundo, na aquisição de fontes de referência. Há necessidade de reduzir o acervo de dicionários e enciclopédias, investir em literatura de prazer e exercer a arte da crítica nos balcões de referência. O último caso envolve investimento em treinamento intensivo. Parece-me, ainda, que a associação da figura da biblioteca ao bibliotecário representa uma medida a ser tomada. É necessário publicizar a profissão, tanto nas escolas quanto nas mídias. O Centro Universitário de Formiga (UNIFOR-MG) prepara alunos de Biblioteconomia para, em equipe, apresentarem o curso a alunos de nível médio. Embora ignorando o treinamento a que se submetem e o discurso que produzem, considero a ideia ótima. Os bibliotecários neozelandeses optaram por incorporar novos elementos significativos ao profissional; em cartazes financiados por entidades de classe daquele país, uma bibliotecária, vestida de negro, portando óculos aro de tartaruga e de coque, traz no pescoço luvas de boxe, fissurando a estereotipia reinante.

Além disso, como professores e mães constroem o hábito de leitura, formar um exército de contadores de leitura me parece ser um investimento pertinente. Outra possibilidade era formar não somente professores, mas também as próprias mães. Vi algo parecido em um projeto levado a cabo por uma biblioteca em Belo Horizonte. Essa medida pode ser adotada com sucesso, tanto em bibliotecas escolares quanto públicas. Leitura em crise é sinônimo de biblioteca em crise, que é sinal de Biblioteconomia em crise. Falávamos, mais cedo, em piso salarial e assuntos afins. Um país que não lê tem bibliotecas ruins e bibliotecários desprestigiados e mal remunerados. No Québec, o título de bibliotecário é atribuído a um graduado em qualquer área do saber e que cursou um mestrado em Ciência da Informação. Entretanto, para atuar em uma biblioteca escolar, se valora, sobremaneira, o bibliotecário detentor de um título em Educação. Os bibliotecários canadenses que trabalham em escolas atuam diretamente no planejamento do currículo e no ensino de parte do programa, dentro da própria biblioteca, sendo chamados de "professores-bibliotecários".

Parece-me, também, salutar, abandonar a ideia de que a utilidade da biblioteca se vincula ao estudo e à pesquisa. Biblioteca é um espaço otimizador de relação, seja por meio da pesquisa coletiva, seja por meio de uma conversa no jardim de inverno. Quem permanece insistindo na ideia de que a biblioteca gravita em torno do livro? Há tempos, o livro perdeu o seu protagonismo. Embora muitos continuem investindo sua vida e, pior, o dinheiro público nessa percepção tacanha, é consolador que alguns começam a procurar a biblioteca mais perto de casa para apreciar uma obra de arte, degustar um cappuccino, namorar e dormir no saguão de entrada.[20]

---

[20] Adaptação de uma palestra proferida em 24 de abril de 2015, no Seminário Regional de Bibliotecas Escolares e Públicas, realizado no Auditório João Bênio, da Casa da Indústria, no SESI de Goiânia (GO).

A LUTA

Primeiro, gostaria de agradecer o convite feito pela presidente do Conselho Federal de Biblioteconomia para conduzir esta discussão em torno da ação política do bibliotecário que atua como conselheiro. Esclareço que não se trata de uma palestra, mas de uma reflexão que, embora breve, pretende valorar uma prática importante para a Biblioteconomia. Defenderei, nessa manhã, que a atividade lobista representa um ganho considerável na efetivação das bibliotecas como espaços por excelência de formação da cidadania. Em outras palavras, acredito que, ao adotar um modo todo particular de lidar com as instâncias políticas formais, o bibliotecário conselheiro alçará a profissão a um *status* de maior visibilidade, garantindo, desse modo, a ampliação de benefícios a toda a categoria.

Mas o que vem a ser lobista? É o sujeito que, ao participar de uma organização, toma para si a atividade de influenciar, explícita ou implicitamente, as decisões do poder público, em favor de interesses privados.[1] Ainda que as páginas policiais dos jornais brasileiros ilustrem, com certa frequência, lobistas recorrendo ao suborno e à chantagem para alcançar o fim desejado, trata-se de uma atividade profissional

---

[1] CASTRO, C. A. P. de; FALCÃO, L. P. *Ciência política*: uma introdução. São Paulo: Atlas, 2004.

relevante, a ponto de tramitar na Câmara dos Deputados uma proposição destinada a regulamentá-la. O lobista é definido no texto do Projeto de Lei nº 1.202/2007[2] como

> [...] o indivíduo, profissional liberal ou não, a empresa, a associação ou entidade não governamental de qualquer natureza que atue por meio de pressão dirigida a agente público, seu cônjuge ou companheiro ou sobre qualquer de seus parentes, colaterais ou afins até o segundo grau, com o objetivo de lograr a tomada de decisão administrativa ou legislativa favorável ao grupo de interesse que representa, ou contrária ao interesse de terceiros, quando conveniente ao grupo de interesse que representa.

Portanto, a expressão poderia abarcar, tranquilamente, os Conselhos Federal e Regionais, bem como os bibliotecários designados para exercer tal ofício no âmbito dos órgãos de classe.

Devidamente redimida a figura do lobista, também creio ser importante firmar uma distinção entre a ação política do bibliotecário e a atividade levada a cabo pelo bibliotecário conselheiro. Ainda que tenha se esquecido de participar das últimas eleições para o CRB, ou mesmo se negando a denunciar o exercício irregular da profissão em seu ambiente de trabalho, todo bibliotecário exerce política. Descaso e covardia

---

[2] BRASIL. Câmara dos Deputados. Projeto de Lei nº 1.202, de 30 de maio de 2007. Disciplina a atividade de "lobby" e a atuação dos grupos de pressão ou de interesse e assemelhados no âmbito dos órgãos e entidades da Administração Pública Federal, e dá outras providências. Disponível em: <http://www.camara.gov.br/proposicoesWeb/fichadetramitacao?idProposicao=353631>. Acesso em: 12 fev. 2015.

são práticas políticas tanto quanto a militância em prol dos direitos humanos. O não agir somente se dá porque o Estado garante ao cidadão certa margem de liberdade em não se envolver em determinadas celeumas, seja na esfera pública, seja na privada.

De fato, a política está associada à leitura que fazemos de nossa vida e do modo como nos relacionamos com o outro. Nesse sentido, somos afetados, diariamente, por processos políticos, não é verdade? Ainda que a redução de 30% do orçamento destinado à aquisição de material bibliográfico não lhe dê enxaquecas, provavelmente ficará incomodado em saber que sua instituição planeja reduzir gastos, iniciando pelos postos de trabalho. Talvez o medo de perder o emprego o leve a produzir um relatório minucioso, evidenciando os benefícios da biblioteca na atividade-fim da empresa. Mas não é de todo impossível nos depararmos com um bibliotecário resignado, que opte em permanecer involucrado em sua seção, munido de sua caneca de café, esperançoso de que ali permanecerá até o verão de 2023, quando, finalmente, se aposentará. Ao optar pela discrição no espaço laboral, estabelecendo uma relação de docilidade com os outros atores, priorizando interesses em outras searas, este bibliotecário também exerce uma boa prática política. De fato, não podemos ignorar que, em todos os casos, trata-se de decisões tomadas a partir de um conjunto limitado de possiblidades inseridas em um cenário eminentemente político, ou seja, coletivo.

Mas estamos tentando discutir a respeito da atividade política em um sentido mais estrito, não é verdade? Sabemos que a política, do ponto de vista etimológico, evoca todas as decisões tomadas em razão da pólis, a cidade-Estado grega. Um acontecimento pessoal se reveste de um significado eminentemente político quando observo que ele não é isolado, exclusivamente meu, mas um fenômeno caracterizado pela não singularidade, algo que afeta outros sujeitos além de mim. O bibliotecário de Codó, em sua bibliotecazinha de noventa metros, pode ser levado a concluir que o conjunto de problemas que o deixa estressado, levando-o ao desestímulo profissional e, quem sabe, à perda da libido, é bastante similar ao da maioria dos seus colegas bibliotecários da Avenida Paulista. Trata-se de um processo complexo: ao me relacionar com o outro, concluo que o meu problema, o meu incômodo, a minha dor é compartilhada. A pessoalidade do fato é substituída pelo coletivo. É aqui que aparece a figura do bibliotecário conselheiro.

Imaginar um bibliotecário batendo, sozinho, à porta do gabinete do parlamentar em busca de melhorias para a sua biblioteca pode parecer bastante angustiante para a maioria, em particular porque atribuímos a esses entes uma habilidade ímpar em prometer e não cumprir. Bonavides[3] afirma, inclusive, que os mitos liberais do cidadão soberano e da vontade geral foram substituídos pelos partidos políticos e pelos grupos de pressão. Como ainda ninguém teve a ideia de criar o PBB (Partido dos Bibliotecários Brasileiros), resta-nos atuar como grupo de pressão, correto?

E a pergunta que vos faço é: podemos afirmar, categoricamente, que os conselhos compreendem um

---

[3] BONAVIDES, P. *Ciência política*. 13. ed. Rio de Janeiro: Forense, 2006.

grupo de pressão, sabendo que este se define "[...] pelo exercício de influência sobre o poder político para obtenção eventual de determinada medida de governo que lhe favoreça os interesses"?[4] Penso que a pressão que exercemos em instâncias políticas é acanhada. Acredito que ainda continuamos sendo um grupo de interesse, até mesmo com bom nível de organização e de mobilidade entre os pares, mas sem influência nas esferas do poder institucionalizado. Entretanto, como bem ressaltou Bonavides,[5] todo grupo de interesse é um grupo de pressão em potencial, o que, em si, pode nos encher de esperança.

Duas medidas são capazes de nos ajudar nessa empreitada. A primeira delas é estabelecer, claramente, o fim ao qual o grupo de pressão se destina. Como entidade profissional liberal, o grupo de pressão tem por fim garantir vantagens materiais. Ainda que no contato com os atores políticos possamos defender um modelo de biblioteca em detrimento de outro, ou um plano formativo polêmico para os bibliotecários, a fala de um conselheiro não pode ser gerida em torno de um plano moral e ideológico que fragilize a classe bibliotecária, ainda que com uma pretensão altruísta. Não me parece razoável, por exemplo, que o Conselho Federal defenda um programa do governo federal destinado a criar bibliotecas em bairros periféricos nas capitais brasileiras se a figura do bibliotecário sequer é mencionada no seu texto-base.

---

[4] BONAVIDES, P. *Ciência política*. 13. ed. Rio de Janeiro: Forense, 2006. p. 427.
[5] BONAVIDES, P. *Ciência política*. 13. ed. Rio de Janeiro: Forense, 2006.

A mala do livro, as bibliotecas nas paradas de ônibus e estações de metrô além do açougue-biblioteca existentes em Brasília podem servir de estímulo à leitura e, em certos casos, a um primeiro contato com o universo da literatura, mas todas essas propostas não devem fomentar, sob hipótese alguma, a negação da figura do bacharel em Biblioteconomia como profissional por excelência na oferta de produtos e serviços de informação. Portanto, merece nosso elogio e admiração toda práxis que contemple o bibliotecário como peça-chave na promoção da prática de leitura e na gestão de acervos bibliográficos. Nesse mesmo sentido, todo discurso que contemple a biblioteca como instância autônoma do bibliotecário deverá ser veemente rechaçado, pelo bem da imagem do profissional e, especialmente, do cidadão que necessita de bons serviços.

A segunda medida é levar em consideração o modo pelo qual o grupo de pressão se organiza, o que envolve, basicamente, dois quesitos: o primeiro, a qualidade dos seus membros; o segundo, os instrumentos de ação. Recentemente, estive em Fortaleza e em São Luís a convite dos Conselhos Regionais das respectivas regiões e fiquei impressionado com a dificuldade enfrentada para formar uma única chapa visando às próximas eleições. Estou convencido de que o problema é generalizado, não se restringindo ao Nordeste, o que denota uma apatia por parte dos colegas brasileiros em atuar institucionalmente. Esse quadro pouco favorável exige por parte dos Conselhos a adoção de medidas que atraiam membros qualificados ou socialmente afetados por causas coletivas. Nesse sentido, palestras e debates são estratégias poderosas destinadas a sensibilizar a classe, retirando esses profissionais, definitivamente, do Hades, ressaltando, particularmente, que suas reclamações mais correntes – os baixos salários e o pouco reconhecimento social – resultam da apatia galopante que impera em nosso meio.

Ainda em relação ao corpo de *experts*, parece-me importante que os conselheiros de cada região manifestem certo nível de conformidade discursiva, resultado do próprio compartilhamento de interesses, fazendo, desse modo, com que as ações de pressão resultem em vitória. É lamentável observar que em algumas situações, o êxito nas demandas não é alcançado em virtude de disputas internas entre os conselheiros. Obviamente, não estou me reportando a certo nível de contradição entre os conselheiros quanto a medidas a serem adotadas na condução dos diversos trabalhos, mas a um clima de rivalidade, não raramente materializado em mexericos e que pode ameaçar os interesses de toda a classe.

Tratemos, agora, ainda que brevemente, dos instrumentos de ação. O conselheiro tem um papel importante que, penso eu, extrapola a mera representação formal da classe. Ele deve ser um lobista, atuando junto a cinco grupos, a saber: a opinião pública; os partidos; os órgãos legislativos; o governo; e a imprensa. Ganhar o apoio do público é um processo extremamente complicado, mas de enorme relevância para dar plausibilidade aos anseios coletivos. Não tenho dúvida de que, nesta seara, temos uma tarefa árdua a ser cumprida. A figura do bibliotecário é praticamente invisível entre os brasileiros e, penso eu, que esse quadro desfavorável esteja associado ao pouco impacto que nossos produtos e serviços têm na vida do cidadão comum, da dona de casa, do operário, do pai de família, do idoso.

Ontem, no médico, ao preencher no prontuário o campo "profissão", a recepcionista arregalou os olhos, manifestando surpresa ao saber que era bibliotecário "Profissão diferente", justificou. É curioso constatar que a relevância do médico no hospital e do engenheiro civil no prédio em construção não sofre qualquer espécie de questionamento. Temos que ser mais audaciosos em desenvolver e levar a cabo um projeto nacional destinado a reconfigurar a biblioteca como espaço gerido, exclusivamente, por *experts*. Isso se vincula, necessariamente, à oferta de produtos e serviços mínimos que garantam benefícios às pessoas.

Quando se fala de projeto em um país continental e tão multifacetado como o nosso, enfrentamos o desafio de convencer os colegas de que, apesar das peculiaridades socioculturais, as realidades de nossas bibliotecas são relativamente próximas. Refletir, coletivamente, a respeito dos nossos calos é uma tarefa dolorosa, libertadora e que produz empatia. Se é verdade que muitas bibliotecas, independentemente do tipo e da esfera aos quais estão atreladas, sofrem com orçamentos ridículos, praticamente todas carecem de políticas sérias, seja em relação às suas atividades técnicas, tidas como tradicionais (aquisição, seleção, atendimento do usuário), seja quanto à "venda" de sua imagem junto ao mercado de bens simbólicos. É importante gritar sobre os telhados que perdemos um espaço significativo nas últimas décadas, já que, nos últimos anos, os brasileiros têm se mostrado renitentes em frequentar nossas bibliotecas pouco atrativas.

É tarefa dos conselhos incomodar a classe, apresentando um diagnóstico desnudado de nossas bibliotecas, sem incorrer em meias palavras ou sofismas. Já dispomos de canais para o cumprimento dessa empreitada. Ainda que devamos dedicar parcela de nossa atenção aos novos suportes e mídias, bem como às tecnologias que alteraram o nosso modo de tratar os acervos, sinto uma enorme lacuna nos congressos de nossa área em relação a trabalhos que problematizem a gênese e os desdobramentos da insignificância das bibliotecas na malha social. Admitindo a crise que paira sobre as nossas cabeças e acervos, e sabendo que a biblioteca é, como bem ressaltou Jacob, "um desígnio intelectual, um projeto, um conceito imaterial que dá sentido e profundidade às práticas de leitura, de escrita e de interpretação",[6] devemos nos questionar: Temos um projeto de biblioteca para o Brasil ou continuaremos sangrando, perdendo orçamento, usuário, prédio, acervo e capital intelectual? Investiremos nossas fichas em bibliotecas escolares, procurando efetivar a Lei nº 12.244/2010? Se tivermos um projeto claro, parametrizado, que tal divulgá-lo junto às autoridades e à opinião pública?

Quanto a pressionar os partidos, isso se dá de maneira individualizada. Entretanto, aqui não se trata do "bibliotecário herói", com a pastinha debaixo do braço, batendo, de porta em porta, nos gabinetes do anexo IV da Câmara dos Deputados. O lobista, membro do Conselho, apresenta sua demanda ao político entregando a ele um material de qualidade que comprove

---

[6] JACOB, C. Prefácio. In: BARATIN, M.; JACOB, C. (Dirs.) *O poder das bibliotecas*: a memória dos livros no Ocidente. Rio de Janeiro: Ed. da UFRJ, 2000. p. 10.

a relevância do pleito e o impacto que este terá para a sociedade, bem como para a figura do agente público. O impacto da pressão pode ser substancialmente maximizado se previamente acompanhado de um mapeamento prévio dos agentes públicos, inclusive os do Parlamento, que atuam nas áreas da educação e da cultura. Evidentemente, esse contato com os políticos, em âmbito federal, estadual ou municipal, apenas pode ser feito a partir de um trabalho minucioso de esquadrinhamento desses atores. E como se faz isso? Primeiro, identificando o perfil de cada um, tanto na esfera acadêmica quanto profissional. Segundo, identificando a sua base de apoio, bem como suas propostas apresentadas no período da candidatura. Além disso, pode ser frutuoso pontuar quem são as figuras mais influentes em cada partido, bem como se a legenda pertence à base aliada do governo. É importante observar, ainda, que mesmos agentes políticos que não se reelegeram podem cooperar com as nossas demandas, já que, não raramente, ocupam cargos em outras esferas públicas, exercendo, em certos casos, influência no Parlamento e nas assembleias legislativas. Esse trabalho pode resultar em uma base de dados poderosa, a ser recorrentemente consultada.

O lobista bibliotecário também deverá atuar junto aos órgãos legislativos, as chamadas comissões permanentes. Por apreciarem temáticas especializadas e por serem constituídas por um número muito reduzido de membros, acredito que essas comissões deveriam ser consideradas verdadeiras portas de acesso para a aprovação de nossas demandas. Como afirmou Bonavides, "a sorte das leis, onde o parlamento ainda legisla se decide menos no plenário do que nas comissões técnicas de cada câmara". [7] De fato, os membros de tais comissões têm enorme interesse em apresentar ou aprovar matérias ligadas às áreas de sua pauta, visibilizando, desse modo, sua atuação junto ao eleitor. Além disso, vale acrescentar que diversos desafios e propostas de nossa classe podem ser discutidos por políticos e especialistas em audiências públicas. Creio que esse é um ponto que merecia mais ousadia, sugerindo temas, tanto no âmbito da Câmara dos Deputados e do Senado Federal quanto nas assembleias legislativas dos estados.

A prática lobista junto ao governo, por sua vez, costuma exigir de nossa parte uma grossa camada de protetor solar e muita água na garrafinha. Normalmente, ela se desdobra em uma série de manifestações corpo a corpo destinadas a denunciar a morosidade das autoridades públicas quanto ao cumprimento da legislação ou à liberação de orçamentos destinados à construção e à manutenção de bibliotecas. As passeatas de rua, os buzinaços, o fechamento de vias, a distribuição de panfletos explicativos e os abaixo-assinados podem servir como estratégias de pressão, à medida que colocam à vista da população a ingerência do governo. Entretanto, para que essas medidas alcancem os fins esperados, é fundamental que se deem continuadamente. De fato, é improvável que a entrega isolada de um abaixo-assinado em defesa da universalização das bibliotecas escolares, por exemplo, resulte em alguma medida concreta por parte do Ministério da Educação.

---

[7] BONAVIDES, P. *Ciência política*. 13. ed. Rio de Janeiro: Forense, 2006. p. 423.

E, finalmente, não podemos subestimar a influência da mídia, o chamado quarto Poder. Podemos atuar junto à imprensa de dois modos: primeiro, influenciar a população por meio da publicidade, o que, em nosso caso, se torna espinhoso, já que o nosso orçamento é escasso. De todo modo, devemos recorrer a ela em datas oportunas, como no Dia do Bibliotecário, ou quando de projetos destinados a refrescar a memória do governo a respeito do cumprimento de leis em vigor ou compromissos firmados pelo Executivo. Outro meio mais em conta é recorrer aos jornais e às revistas de grande circulação no país, inclusive os de formato digital. E isso só se dá firmando amizades, o que exige uma boa dose de paciência e uma dose generosa de diplomacia. Mais uma vez, agradeço o convite![8]

---

[8] Adaptação de uma palestra proferida, em 2016, para os conselheiros federais e regionais na sede do Conselho Federal de Biblioteconomia, em Brasília (DF).

A FELICIDADE

É estimulante abordar um tema que se confunde com a própria história do Ocidente e que ainda preserva seu frescor. Mesmo que de domínio filosófico, a ética, em virtude de sua transversalidade, pode e deve ser objeto de reflexão no âmbito das profissões. Ela afeta a todos nós, já que no dia a dia nos envolvemos de maneira muito prática com uma multiplicidade de assuntos atinentes a costumes, normas e princípios de vida.

Já no início de minha carreira profissional, observei como a ética pairava sobre diversos assuntos na gestão da biblioteca. Hoje, passados treze anos, cheguei a duas conclusões. Primeira, a biblioteca se revela como lócus gerador da ética. Segundo, o desprezo pela ética, ainda que de modo velado, tende a ter um impacto muito mais destrutivo na biblioteca e, consequentemente, em nossa imagem profissional, que os orçamentos minguados que administramos ou, ainda, os subsolos úmidos ou as salas asfixiantes onde trabalhamos.

Considero importante definir o que entendo por ética, já que o lexema em questão é polissêmico. De fato, é pouco provável que identifiquemos muitos pontos comuns entre a perspectiva ética proposta por Aristóteles e por Marx. Nesse primeiro momento, compreenderei ética como todo ato especulativo sobre a ação humana (do latim, *speculatio*) dissociado de uma pretensão de estabelecer regras para o convívio social. É relevante observar que os gregos já dissociavam o *êthos*, lugar ou meios de construir um *modus vivendi* plausível, do *éthos*, que designava um comportamento gerado pelo hábito, ou seja, um costume e a moral.

Restringindo-nos ao nosso universo de atuação, defendo que toda prática biblioteconômica consciente implica, necessariamente, um ato ético. Para tentar justificar essa sentença, evocarei o pensamento de um estranho professor grego que andava descalço e não apreciava banho – chamava-se Sócrates. No diálogo *Górgias*, de Platão,[1] o personagem Sócrates elenca os quatro estágios ascensionais rumo à sabedoria. São eles: ignorar sua ignorância; conhecer sua ignorância; ignorar seu saber; e conhecer o seu saber. Apreender a verdade implicaria, portanto, dois movimentos: confessar, inicialmente, sua própria estupidez frente à complexidade da realidade que o cerca, e, apreender, seguidamente, a verdade. Portanto, a ignorância para Sócrates representa a via de acesso à sabedoria, a qual, por meio da interrogação exaustiva da fala do outro, método conhecido por maiêutica, evoca a verdade, sob as ruínas dos discursos falaciosos e pretensamente incontestáveis.

E agora pergunto: o que faz um bibliotecário senão estar envolvido nesse processo de luzes e sombras, ignorância e saber? De fato, lidamos, diariamente, com sujeitos que, além de não saberem, ignoram

---

[1] PLATÃO. *Il Gorgia*. Milano: D. Alighieri, 1932.

sua própria ignorância. Semelhantemente a Sócrates junto aos seus discípulos, precisamos convencê-los, por meio de algumas estratégias discursivas, que a apreensão do desejado não resultará, necessariamente, no contentamento. Belkin,[2] partindo da constatação de que o usuário sequer consegue precisar o seu problema, chega a afirmar que é da competência de um bom sistema de informação descrever o estado anômalo do conhecimento daquele que o procura.

Entretanto, não basta desnudarmos a ignorância do outro frente a seus olhos. Correríamos o risco de produzir, simplesmente, angústia diante do incerto. Precisamos dar um segundo e último passo para que o ignorante, consultando o seu "demônio interior" (do grego δαίμων, *daimon*), dê luz à verdade, realizando-se, ou seja, tornando-se feliz. Em relação a esse segundo movimento, pergunto a vocês: como garantir que o usuário, já convencido de nada saber, tome posse de parcela do conhecimento, alcançando, desse modo, o bem? Sabemos que o *daimon* deve ser consultado, mas como atingí-lo, como entrar em si mesmo, rompendo, desse modo, com modelos ideológicos cristalizados que nos impedem de prosseguir na busca do belo e do justo?

Penso que a biblioteca tende a ocupar um papel de protagonista nessa empreitada. É evidente que não concebo a biblioteca em sentido lato, como mera coleção de livros, mas como sistema axiológico formado por subestruturas epistemológicas dialógicas destinadas a garantir ao usuário as condições de parir

---

[2] BELKIN. N. *Anomalous state of knowledge as a basis for information retrieval*. Canadian Journal of Information Science, Toronto, nº 5, p. 133-43, 1980.

a verdade por meio de um sistema contínuo de perguntas e respostas. É verdade que toda biblioteca, por não fugir à lógica de poder, se vê, continuamente, desafiada em relação a tudo o que a cerca. O que se espera de um bibliotecário é reconhecer a existência do que Foucault intitulou de "problematização", ou seja, "[...] o conjunto de práticas discursivas ou não discursivas que faz alguma coisa entrar no jogo do verdadeiro e do falso e o constitui como objeto para o pensamento (seja sob a forma da reflexão moral, do conhecimento científico, da análise política etc.)".[3] De todo modo, estou convencido de que ela pode adotar estratégias de subtração de controle, criando, desse modo, verdadeiros buracos negros na convencionalidade discursiva, garantindo, desse modo, a construção incessante de saberes.

Vocês teriam uma definição mais adequada para uma biblioteca do que o lócus em que múltiplas vozes se confrontam, permanentemente, em uma tentativa de apontar itinerários possíveis para o bem? E o nosso capital simbólico (sistemas classificatórios seculares, mecanismos requintados de indexação e estratégias de pesquisa vanguardistas) teria outro fim senão o de aguçar esse embate de forças, garantindo que o sussurro de ideologias alternativas chegue aos ouvidos de muitos, mesmo frente ao poderoso rugido das raposas e dos leões que dominam a selva do mercado editorial?

Portanto, caros colegas, a Biblioteconomia, em sua essência, tende a ser ética, já que se ordena em função da apreensão do bem, ou seja, do saber. À medida que

---

[3] FOUCAULT, M. O cuidado com a verdade. In: MOTTA, M. B. da (Org.). *Ética, sexualidade, política*. Rio de Janeiro: Forense Universitária, 2004. p. 242.

otimizamos as possibilidades de o usuário se colocar diante de si mesmo pelo contato com múltiplas e dissonantes vozes, a biblioteca se descortina como realidade ética deflagradora de ética. É importante, ainda, admitir que bibliotecas entronizadas em suas certezas, assentadas em tradições, ainda que cientificistas, tendem a não atender a demandas dessa natureza, já que execram o diferente com estratégias múltiplas, inclusive o silêncio, que, historicamente, tem se revelado poderoso e cruel.

Esse totalitarismo arrogante e diluído afeta toda a instituição, encarnado em práticas autoritárias dirigidas aos que trazem no corpo marcas de desvio, estabelecidas em virtude de uma submissão da Biblioteconomia ao modelo de sujeito imposto pelas ciências modernas. De fato, ele se refletirá, implacavelmente, nos critérios de seleção dos itens bibliográficos, na construção da linguagem documentária, na conversão do texto em verbetes, na escolha do mobiliário, na designação do bibliotecário a atuar no balcão de referência. No curso dos séculos, bibliotecas se revelaram templos da opressão, recorrendo ao "sinto muito, não podemos" e "desde sempre foi assim".

Apesar do diagnóstico pouco favorável, estou convencido de que toda biblioteca tem uma vocação natural à rebelião. Por ser detentora de um *know-how* capaz de reconfigurar a ordem das coisas estabelecida pelo que Foucault intitulou de "forma pura de poder",[4] a biblioteca se revela como geografia de insurreição em cada uma das suas estantes, em cada

---

[4] FOUCAULT, M. *História da sexualidade*. 12. ed. Rio de Janeiro: Graal, 1997. v. 1, p. 81.

bibliografia produzida, em cada atendimento realizado. Trata-se de uma subversão pautada na reflexividade de seu projeto utópico em tudo conservar, o que, ironicamente, é reconhecido e legitimado pelas vozes opressoras, provavelmente por subestimarem a periculosidade de nosso modo de operar.

Segundo o *Dicionário Houaiss*, a reflexão é a "virtude que consiste em evitar a precipitação nos juízos, a imprudência, a impulsividade na conduta".[5] A classificação de uma reália, a indexação de um artigo científico, a não incorporação ao acervo de um livro doado, a elaboração de uma taxonomia, a criação de um serviço de informação ou, ainda, a aceitação pacífica de um diretor não bacharel em Biblioteconomia deveriam ser precedidas e acompanhadas por reflexividade.

Mas me parece que a pressa, aliada a um espírito excessivamente pragmático, tem nos levado a ignorar a reflexão. Trata-se de um fazer mecanizado, costumeiramente não aliado ao pensar. Essa postura se tornou tão evidente que, não raramente, fulminamos com discursos desdenhosos qualquer colega que tente problematizar o nosso modo de enxergar e de fazer as coisas. Com isso, não estou rechaçando a natureza de ciência social aplicada. De fato, a Biblioteconomia sempre se revelou subordinada à concepção aristotélica de *poíesis* (do grego, ποίησις), ou seja, a ação humana sobre a natureza por meio de uma técnica.[6] Acho importante incrementarmos nossas coleções digitais e aderirmos às redes sociais, mas dissociar o ato criativo da *theoría* me parece um

---

[5] HOUAISS, A. *Dicionário Houaiss da língua portuguesa*. Rio de Janeiro: Objetiva, 2001. p. 2.412.

[6] ARISTÓTELES. *Ética a Nicômaco*. 3. ed. Bauru: EDIPRO, 2009.

disparate, o que, lamentavelmente, tem sido comum. Toda decisão tomada no âmbito da biblioteca deveria ser essencialmente reflexiva, incidindo a teoria sobre o movimento do gestor. E o que vem a ser a *theoría* senão o ato de contemplar o *theo*, a luz, dissipando, desse modo, as trevas da ignorância?

O bibliotecário ético, ao projetar ou executar uma atividade, lança sobre si a seguinte pergunta: "Por que fazer?" ou, se preferirmos, "Quem ganha com isso?". Respondendo-a, manifesta-se o grau de seu comprometimento. E haveria uma atitude irreflexiva mais gravosa que negar relevância e primazia ao movimento relacional de atores no processo de forjatura da biblioteca? Veja que não estamos nos reportando a normas positivadas, mas a um ato anterior, capaz de gerar ganho a todos, tanto ao indivíduo quanto à instituição. Talvez isso pudesse ser chamado de "Biblioteconomia Social" em sua forma mais pura.

O bibliotecário, ao tomar medidas irreflexivas e, portanto, irracionais, deixa de exercer seu ofício de parteiro, tornando-se incapaz de denunciar a ignorância do usuário pretensioso, e de forjar para este um universo axiológico no qual se encontrem "sementes da verdade enterradas em toda esta massa de papel".[7] Cultivamos o interesse pelo embate das fontes, já que sabemos que a palavra, em sua essência, ao suprimir a distância entre descrição e julgamento, passa a ser vislumbrada como "escritura axiológica", valorativa, inquisitorial, produtora de significados, de segredos, de censuras.[8]

---

[7] WOOLF, V. *Um teto todo seu*. São Paulo: Círculo do Livro, [1991]. p. 3.
[8] BARTHES, R. *O grau zero da escritura*. São Paulo: Cultrix, 1971. p. 32.

Como prática discursiva, a biblioteca é sistêmica, envolvendo, portanto, diversos atores em um cenário dinâmico de trocas na busca da construção de identidades. Impera na formação de toda biblioteca uma pretensão de se tornar especializada, já que não lidamos com espectros, mas com pessoas inseridas em realidades singulares. É nesse sentido que nenhum bibliotecário deveria se comprometer com discursos totalizantes, pautados em verdades essencializadas. Se todo livro é potencialmente perigoso, o que dizer de um acervo inteiro ordenado em função de um sistema axiológico no qual se assenta um determinado grupo social? Nossa missão é exatamente esta: maximizar o confronto de verdades; cumprir tal encargo resultou na perda do emprego e da vida de muitos bibliotecários. Fernando Báez,[9] bibliotecário venezuelano, na introdução à belíssima obra intitulada *Biblioclastía*, compartilha:

> Meu pai tinha razão quando dizia que as bibliotecas são emboscadas contra a impunidade, contra o dogmatismo, contra a manipulação, contra a desinformação, e é por isso que incomodou e permanece atrapalhando tanto os poderosos, que as destroem, as arruínam, ou, o que é pior, as tornam inacessíveis.

Portanto, a atuação das barreiras físicas e ideológicas presentes em nossos saguões, salas de leitura, balcões e, especialmente, em nossas caixas cranianas evidencia certo descaso com uma modalidade de

---

[9] BÁEZ, F. Presentación. In: SOLARI, T.; GÓMEZ, J. (Coord.). *Biblioclastía*: los robos, la represión y sus resistências em bibliotecas, archivos y museos de Latinoamerica. Buenos Aires: Eudeba, 2008. p. 11 [tradução nossa].

ética que envolva o outro, ou, se preferirem, manifesta o pacto que firmamos com instâncias de poder e com seus processos de subjetivação.[10]

Recordo-me, nesse contexto, de uma polêmica travada há alguns anos entre os bibliotecários norte-americanos e o então presidente daquele país, George Bush. Adotando um discurso de defensor da moral e dos bons costumes, Bush condicionou a distribuição de determinada verba federal para as bibliotecas ao recolhimento imediato de todos os exemplares de *And Tango Makes Three*, livro infantil de Justin Richardson e Peter Parnell[11] que narra a história de amor de dois pinguins homossexuais do Central Park. Na ocasião, a American Library Association (ALA) recebeu 546 queixas formais de bibliotecas ou escolas denunciando, entre outros aspectos, o "conteúdo antiético" da obra.[12] Os bibliotecários de São Francisco, cidade com uma das maiores comunidades gays do mundo, não apenas desobedeceram à decisão de Bush, como também judicializaram uma ação. Felizmente, o direito de acesso à informação foi preservado e a verba chegou às bibliotecas.

Minha pretensão, nesta manhã, é discorrer a respeito da ética biblioteconômica a partir da análise das leis do famoso bibliotecário e matemático indiano.

---

[10] BHABHA, H. K. *O local da cultura*. Belo Horizonte: Ed. da UFMG, 2003. p. 106.
[11] RICHARDSON, J.; PARNELL, P. *And Tango makes three*. New York: Simon & Schuster Books for Young Readers, c2005.
[12] AMERICAN LIBRARY ASSOCIATION. "And Tango makes three" tops ALA's 2006 list of most challenged books. News, Chicago, Mar. 6 2007. Disponível em: <http://www.ala.org/Template.cfm?Section=news&template=/ContentManagement/ContentDisplay.cfm&ContentID=151926>. Acesso em: 6 jul. 2013.

Por que Ranganathan? Porque as suas cinco leis são consideradas razões fundamentais em nossa profissão.[13] Ainda se recordam delas? Desejando cooperar com os mais esquecidos – afinal de contas, as tais leis foram publicadas há quase 90 anos –, elenco-as agora: 1) Livros são para o uso; 2) A cada leitor seu livro; 3) A cada livro seu leitor; 4) Economize o tempo do leitor; 5) Uma biblioteca é um organismo em crescimento.

Recorri, para isso, ao pensamento de Paul Ricœur, filósofo francês morto em 2005, que define ética[14] como o "desejo da 'vida boa' com e para os outros em instituições justas". Para Ricœur, a ética se configura como: 1º) O "bem viver", ligado à "estima de si", pertencente ao campo da ipseidade; 2º) O "com e para os outros", referente ao domínio da alteridade; 3º) As "instituições justas", garantidoras e pertencentes ao campo da justiça. Portanto, se aspiramos a uma vida boa, se reconhecemos que tal estado se dá por meio da valoração do outro, seja um indivíduo, seja uma instituição tida por justa, já podemos nos considerar bibliotecários éticos.

Primeiro, observemos que Ricœur enfatiza o "bem viver" como o fim último da ética, o que está em consonância com o pensamento grego clássico. De fato, em sua obra *Ética a Nicômaco*, Aristóteles afirma que "o bem é aquilo a que todas as coisas visam".[15] Para Ricœur, não é o costume ou a lei que incidem,

---

[13] GARFIELD, E. *Father of Library Science in India*: a tribute to S.R. Ranganathan. Herald of Library Science, Varanasi, v. 24, nº 3, p. 151-64, July 1985, p. 153-4.
[14] RICŒUR, P. *O si-mesmo como um outro*. Campinas: Papirus, 1991. p. 202.
[15] ARISTÓTELES. *Éthique à Nicomaque*. Paris: C. Delagrave, 1897. 1094a.

inicialmente, sobre o comportamento do indivíduo, mas a busca do bem. E como buscamos o bem? Segundo Ricœur, há três modos:

1. As "práticas de vida" nada mais são do que normas regulamentadoras de grupos sociais, e a avaliação ética se dá por meio de "padrões de excelência" que nos permitem, por exemplo, classificar um bibliotecário como "excelente" ou "medíocre". Ricœur[16] cunha a expressão "bens imanentes à ação" para designar a satisfação experenciada por aquele profissional que se submeteu às tais práticas de vida. Nesse contexto, o bibliotecário passa a estimar a si mesmo quando observa ser autor de boas ações. Desse modo, a docilidade ao Código de Ética[17] não é encarada como uma reação temerosa frente frente às sanções arroladas no seu artigo 13, por exemplo. Pelo contrário, o código deontológico nos serve como espelho, ajudando-nos a nos estimar, fazendo, desse modo, com que sejamos detentores de uma vida boa à medida que nos sentimos capazes de cumprir o proposto.

2. Os "planos de vida", por sua vez, se vinculam à ideia de projetar a própria história, estabelecendo, desse modo, coerência entre todas as nossas atitudes, seja no campo profissional, seja fora dele. Ainda que consuma a maior parte do seu dia na biblioteca, realizando atividades de rotina e rangendo os dentes

---

[16] RICŒUR, P. *O si-mesmo como um outro*. Campinas: Papirus, 1991.
[17] CONSELHO FEDERAL DE BIBLIOTECONOMIA. Resolução nº 42, de 11 de janeiro de 2002. Dispõe sobre Código de Ética do Conselho Federal de Biblioteconomia. Diário Oficial da União, Brasília, DF, 14 jan. 2002. Seção I, p. 64.

por ter que suportar um veterinário ocupando o posto de diretor da biblioteca, sua vida não se restringe ao balcão de referência ou à sala de reuniões; talvez seja casado há dois anos e tenha uma filhinha, ou, quem sabe, tenha optado pela solteirice e consuma suas manhãs correndo no parque. O aspecto central em tudo isso é que, mesmo sendo bibliotecário acidentalmente, você se torna pessoa à medida que estabelece relações de complementariedade entre as suas ações, seja catalogar um livro, seja saudar sua vizinha idosa, seja ir a uma manifestação sindical na Esplanada dos Ministérios.

É nesta linha que o pensamento de Ricœur se traçou, defendendo que o plano de vida nada significa além do estabelecimento de um itinerário que implicará na submissão de todos os outros atos posteriores a essa decisão. Se não assumirmos um plano de vida, o risco de uma crise identitária aumenta consideravelmente. E como optar por um plano? Pesando "[...] as vantagens e inconvenientes".[18]

Preocupo-me com alguns colegas em estado permanente de apatia e mesmo de desgosto em relação à profissão: toda decisão tomada pelo diretor lhes parece equivocada, a opinião dos colegas sempre lhes soa ofensiva e, não raramente, se recusam a participar de qualquer discussão a respeito do futuro de sua biblioteca, alegando, em tom profético, que nada mudará. Acho salutar que tipos melancólicos não conjecturem medidas projetivas em relação à biblioteca em que atuam. Afinal de contas, como poderiam tratar do

---

[18] RICŒUR, P. *O si-mesmo como um outro*. Campinas: Papirus, 1991. p. 210.

futuro coletivo se as escolhas que fizeram para si no passado converteram o seu presente em um verdadeiro inferno dantesco? Quando esses colegas compartilham comigo suas dores, aconselho-os a mudarem de profissão o quanto antes para que, desse modo, alcancem coerência de vida e, assim, sejam felizes. Poderiam se inspirar no filósofo Leibniz, no libertino Casanova, na escritora Cecília Meireles, no estadista Mao Tsé-Tung e na cantora Inezita Barroso, todos eles bibliotecários que, por circunstâncias diversas, deixaram de exercer a profissão e alcançaram sucesso em outras áreas. Para os que amam a Biblioteconomia – estou convencido de que estes representam a maioria absoluta dos quase 20 mil bibliotecários na ativa –, basta revisitar os alfarrábios do plano de vida traçado, dando, inclusive, o devido valor aos infortúnios. Desse modo, desapareceriam de nosso meio amarguras, *fake news*, mesquinharias e fofocas, algumas, inclusive, com um enorme poder destrutivo, passando a cultivar relações de respeito e de valorização das diferenças.

3. A "unidade narrativa da vida" enfatiza a estreiteza entre "[...] intenções, causas, e acasos [...]".[19] Em outras palavras, Ricœur reconhece que, no curso de nossa história, somos envolvidos por situações trágicas, involuntárias e não deliberadas. Estas têm um papel importante na forjatura de nossa identidade.

A partir do que foi dito, podemos afirmar que um bibliotecário reflexivo não se preocupa, demasiadamente, em responder a "o que devo fazer?", mas "como

---

[19] RICŒUR, P. *O si-mesmo como um outro*. Campinas: Papirus, 1991. p. 208.

gostaria de levar a vida?". A ética, de fato, não tem outra pretensão do que conduzir o homem a estimar-se. Desse modo, um bibliotecário ético, na perspectiva de Ricœur, tende a ser feliz, já que estabeleceu um plano de vida para si, o qual, mesmo sendo parcialmente reconfigurado em virtude do sofrimento, garante a ele alcançar uma vida marcada pela plausibilidade. Ainda nesse mesmo contexto, a pretensa carga punitiva e opressora do Código de Ética se dilui, já que passa a ser encarado como instrumento benéfico que nos ajuda a nos estimar como pessoas capazes de praticar o bem. Nesse contexto de projeção e de reconfiguração da vida, podemos fazer alusão à quinta lei de Ranganathan ("Uma biblioteca é um organismo em crescimento"). Em virtude de sua organicidade, a biblioteca exige planejamento. E, semelhantemente ao plano de vida do bibliotecário, a projeção não impedirá que imprevistos ocorram. O acaso impõe ao bibliotecário tomar medidas: "Interpretar o texto da ação é interpretar-se a si próprio".[20] Portanto, ainda que todo incidente no âmbito da biblioteca preserve um gosto acentuado de tragicidicade, tem um papel complementar, já que auxilia seu gestor a responder para si próprio: "Quem sou eu?".

Sendo a ética a prática do viver bem, isso implicaria recusar valor ao outro, já que cada um tenderia a dedicar-se, exclusivamente, ao seu bem-estar? Esse risco é tão latente que Ricœur apresenta a solicitude, ou seja, a estima do outro como antídoto. Para Ricœur, apenas me torno eu mesmo quando o outro

---

[20] RICŒUR, P. *O si-mesmo como um outro*. Campinas: Papirus, 1991. p. 211.

me chama pelo nome, compreendendo, a partir de então, quem, de fato, eu sou. Dessa constatação, desejo a felicidade do outro, pois só serei por meio dele. Ricœur, recorrendo a *Ética a Nicômaco*, define essa relação dialética e recíproca de amizade de acordo com a função da bondade: "A amizade acrescenta à estima de si sem nada suprimir. O que ela acrescenta é a ideia de mutualidade na troca entre os homens que se estimam cada um a si próprio".[21]

Ontem, pela manhã, circulando pelo Centro-Sul, ganhei no *stand* do CFB um calendário com o *slogan* "Eu amo biblioteca com bibliotecário"; foi o presentinho de que mais gostei entre canetas, balinhas e toneladas de *folders* que fui metendo dentro do imenso saco verde. Em um primeiro momento, o *slogan* adotado pode soar como uma mera estratégia publicitária, de natureza corporativa, destinada a nos conscientizarmos a respeito da importância da reserva de mercado. Creio que a pretensão é mais audaciosa; penso, inclusive, que o calendário se destina ou, pelo menos, deveria se endereçar, primordialmente, aos que ocupam o outro lado do balcão, ou seja, o usuário. Somente seremos éticos quando alcançarmos o bem, e este apenas poderá ser apreendido quando o outro me evocar. Estamos convencidos disso? Se a resposta for "sim", teremos que iniciar, imediatamente, uma mudança de paradigma em relação à imagem que o outro cultiva a nosso respeito.

Sinto-me agredido quando sou chamado de "guardião do saber". Deveríamos exigir retratação pública

---

[21] RICŒUR, P. *O si-mesmo como um outro*. Campinas: Papirus, 1991. p. 220.

quando nos intitularem de "amigo dos livros". Nunca me deparei com um médico sendo saudado como "o amigo do estetoscópio" ou um advogado ser tratado por "companheiro do vade-mécum". Esse tipo de discurso pretensamente carinhoso nos infantiliza e diminui, consideravelmente, o impacto de nossa profissão na malha social, incidindo, inclusive, em nossos baixos salários e na imagem caricata que conservam a nosso respeito. A Modernidade, na qual estamos imersos, se caracteriza pelo triunfo do corpo como realidade finita, mas complexa, a ponto de dar vazão a uma multiplicidade de saberes.[22] Se não esquadrinharmos corpos, como os médicos, advogados e psicólogos – as profissões da Modernidade –, sofreremos um processo de coisificação e acabaremos sendo confundidos com os próprios objetos com que lidamos, semelhantemente à tela *O bibliotecário*, de Arcimboldo.

O fato é que, se insistirmos em defender nossa imagem a partir do vínculo com seres inanimados, não progrediremos. É por meio do estreitamento de relações com os usuários que vamos nos configurando como pessoa e nos visibilizando na malha social. Serei mais claro e ousado: lamentamos e choramos aos borbotões por sermos maltratados, ou pior, desconsiderados. Para muita gente, sequer existimos e sabemos que um profissional invisível é mais digno de piedade do que um polemista. Portanto, se quisermos alcançar maiores salários, reconhecimento social e investimento em bibliotecas, devemos entronizar o

---

[22] FOUCAULT, M. *As palavras e as coisas*: uma arqueologia das ciências humanas. São Paulo: Martins Fontes, 1966.

usuário em todas as atividades envolvidas no ciclo documental. Trata-se de uma obviedade que merece ser repetida até a exaustão!

Nesse sentido, as leis de Ranganathan são audaciosas, já que orientam a biblioteca para o serviço, como bem afirmou Garfield.[23] A primeira lei ("Livros são para o uso") prevê um ganho de mão dupla: se o uso é o que justifica a existência da biblioteca, a ética nos impõe, ao mesmo tempo, estabelecer horários e mobiliários, além de profissionais qualificados e bem pagos. Se é verdade que a situação financeira do bibliotecário brasileiro melhorou, consideravelmente, nos últimos anos, ele ainda ocupa o 21º posto no *ranking* salarial entre 48 profissões, segundo um estudo relativamente recente.[24]

A segunda ("A cada leitor seu livro") e a terceira leis ("A cada livro seu leitor") estabelecem, respectivamente, a legitimidade de todo indivíduo ser atendido em suas necessidades informacionais e a imposição ao bibliotecário da tarefa de fazer com que cada item bibliográfico alcance o leitor para o qual foi produzido. O seu cumprimento tem implicações profundas, pois lidar com a alteridade é um exercício desafiador. Anos atrás, durante um congresso de bibliotecários, em Oslo, visitei uma pequena biblioteca pública frequentada pela comunidade islâmica; além de auxiliarem as crianças imigrantes com o aprendizado da

---

[23] GARFIELD, E. *Father of Library Science in India*: a tribute to S.R. Ranganathan. Herald of Library Science, Varanasi, v. 24, nº 3, p. 151-64, July 1985.

[24] NERI, M. Ranking bivariado de carreiras universitárias e mercados de trabalho. In: IPEA. *Diretoria de Estudos e Políticas Setoriais de Inovação, Regulacão e Intraestrutura*. Radar: tecnologia, produção e comércio exterior. Brasília, IPEA, 2009-. v. 13, p. 10-1.

língua local, os bibliotecários selecionam, cuidadosamente, os livros que constituirão o acervo, evitando temáticas que atentem contra o *éthos* religioso dos usuários, como o cultivo de porcos ou o consumo de bebidas alcoólicas; encontrei ali, na gélida Oslo, uma biblioteca minúscula e viva, conduzida por bibliotecários prestigiados e bem pagos. Mais tarde, no Canadá, conheci uma biblioteca *queer*; nesse segundo caso, os bibliotecários construíram todo um instrumental, como sistema de classificação e vocabulário controlado, que garantisse sentimento de integração àquela comunidade específica. O que podemos concluir com as duas experiências relatadas? A notoriedade é um desdobramento da especificidade no atuar. Essa ideia benfazeja de acolher a todos em espaços homogeneizadores, embora antiga e tentadora, é equivocada. Biblioteca não é sala de leitura. Biblioteca é mais que cadeira ergonômica, Wi-Fi, bebedouro e banheiro com papel higiênico. Sejamos especifistas! Valorando as particularidades dos particulares, obteremos, o reconhecimento desejado.

Em relação à quarta lei ("Poupe o tempo do leitor"), compartilharei com vocês uma história. Logo que assumi o meu primeiro cargo como bibliotecário, fui apresentado, durante um café, para uma bibliotecária prestes a se aposentar. Diante do encantamento dela com a profissão, lancei, curioso, a seguinte interrogação: "Existe algo na profissão de que você não gosta?". Ela fitou os olhos em mim e, sem titubear, respondeu "Tudo na Biblioteconomia me deu prazer; tive que enfrentar um único problema: o usuário". Fiquei impressionado com a coragem dessa senhora em admitir de modo tão cristalino a existência de um discurso implícito já nos tempos de Ranganathan. Se não fosse assim, o bibliotecário indiano não teria estabelecido a quarta lei ("Poupe o tempo do leitor"). Redimir o tempo do leitor é uma questão ética. Se a biblioteca não pode ajudá-lo eficazmente, expresse isso, e ele procurará outros meios para sanar sua dúvida. Essa me parece ser a atitude mais justa. A ineficiência e o desrespeito aos princípios liberais levam o bibliotecário à condição de não ser, o que queremos evitar a todo custo por meio da adoção de certas medidas éticas.

Algum bibliotecário poderia me perguntar: somente a alteridade nos garantiria alcançar um senso de ética? Ricœur[25] diz que não. Aparece em seu pensamento o conceito de "instituições justas". E daí poderia surgir uma segunda interrogação: se eu, bibliotecário ético que sou, estabeleço uma relação de alteridade com o usuário, porque careceríamos de instituições que garantissem a justiça? Primeiro, não estabelecemos vínculos, simplesmente, com pessoas, mas com entidades diversas. Segundo, a alteridade, sozinha, não nos permite alcançar um grau de igualdade desejado por boa parte da sociedade. Ricœur[26] afirma que "é por costumes comuns, e não por regras constrangedoras que a ideia de instituição se caracteriza fundamentalmente". Por meio da identificação dessas marcas identitárias, vozes aqui e acolá se agregam, alcançando certo nível de convergência. Surge, desse modo, uma terceira figura, como os órgãos de classe, que realizam um papel de mediador entre os

---

[25] RICŒUR, P. *O si-mesmo como um outro*. Campinas: Papirus, 1991.
[26] RICŒUR, P. *O si-mesmo como um outro*. Campinas: Papirus, 1991. p. 227.

protagonistas, a saber, bibliotecário e usuário. Observa-se, desse modo, que a ética se obtém por meio da amizade entre os dois atores principais da relação, que passam a se constituir como "ser" a partir do estabelecimento de vínculos, mas, também, por meio da justiça, que, em nosso caso, se manifesta na figura dos órgãos de classe e de outras entidades. Tramitam, no âmbito da Câmara dos Deputados, 28 proposições que interferem diretamente sobre nossa vida: abertura das bibliotecas públicas aos sábados e domingos;[27] exigência de que bibliotecas financiadas com dinheiro público adquiram determinado percentual de obras publicadas no país;[28] e aumento da pena para os que destroem acervos bibliográficos.[29] Observamos, a partir do exemplo dado, que terceiros incidirão sobre a nossa relação com os usuários, quer queiramos, quer não. O que devemos evitar a todo custo é que esses atores que ocupam a soleira da casa, ou seja, que estão do lado de fora da relação de *philia*, em vez de estreitarem os laços, diminuam os vínculos de comprometimento. Isso exigirá de nós um, isso exige de nós um cuidado redobrado na movimentação desse tabuleiro que, apesar se ser composto por apenas três peças – bibliotecário, usuário e entidades –, é inquestionavelmente complexo.[30]

---

[27] BRASIL. CONGRESSO. CÂMARA DOS DEPUTADOS. Projeto de Lei nº 6.335, de 2005. Tornando obrigatório as bibliotecas públicas abrirem aos sábados e domingos. Disponível em: <http://www.camara.gov.br/proposicoesWeb/fichadetramitacao?idProposicao=308946>. Acesso em: 8 jul. 2013.
[28] Idem, 1997.
[29] Idem, 2006.
[30] Adaptação de uma palestra proferida, em 2013, no Seminário Ética nas Profissões, em Florianópolis (SC).

A AMARGURA

A inflação de papel também chegou lá em casa. Nos últimos anos, minha biblioteca cresceu de tal modo que as estantes se revelaram escassas. Acabei apelando para a criatividade. Separei a coleção em dois espaços: em uma sala branca, intitulada *paradesha*,[1] depositei as obras mais preciosas, de acordo com os critérios estabelecidos pela Biblioteca Nacional ou, ainda, segundo o meu gosto. O restante dos livros foi acondicionado em caixas de papelão empilhadas em uma pequena sala de piso verde batizada de *limbus*.[2]

Todo sábado, antes de o sol se pôr, visto minha calça de algodão cru e, descalço, passeio pelo meu jardim bifurcado. Ainda não me diagnosticaram psicótico, talvez pelo fato de jamais ter confessado sofrer espasmos ao folhear *A gravidade e a graça*,[3] ver Marguerite Porete durante a leitura de seu *Mirouer*[4] e gemer com o fim desgraçado do Sr. Ilitch.[5] Uma pena que as recaídas místicas têm sido cada vez menos frequentes.

---

[1] Do sânscrito, significa, literalmente, "país supremo". Trata-se do paraíso *post mortem*, apregoado por muitas religiões.
[2] Uma tradução literal para esta palavra latina seria "orla" ou, ainda, "margem". Segundo Santo Agostinho de Hipona, trata-se de um lugar ou estado habitado pelas crianças que morreram sem o batismo.
[3] WEIL, S. *A gravidade e a graça*. São Paulo: Martins Fontes, 1993.
[4] PORETE, M. *O espelho das almas simples e aniquiladas e que permanecem somente na vontade e no desejo do amor*. Petrópolis: Vozes, 2008.
[5] TOLSTÓI, L. *A morte de Ivan Ilitch*. 2. ed. São Paulo: Editora 34, 2010.

De praxe, ao vencer os 16 degraus até à biblioteca, simplesmente chafurdo as mãos nas caixas, introduzindo na sala branca os títulos eleitos e lançando outros no *limbus*. No fundo, é um brincar de Deus, condenando e salvando almas a partir do que disseram em vida. Não é de todo raro que, na hora do juízo, acolha algum cabrito pestilento no meu paraíso e desdenhe de virgens cloróticas.

Uma atividade desse tipo envolve certo risco. Dia desses, encontrei sete pérolas perdidas no fundo de uma das caixas. Eram livros de Biblioteconomia, doações da Maya, uma colega de trabalho que, ao me entregá-los, fez questão de justificar seu ato: frustrada, pretendia apagar de sua vida qualquer lembrança da profissão abraçada duas décadas antes. Naquela manhã cinzenta, alvejei de perguntas a pobre catalogadora. Afinal de contas, a frustração é definida como malogro, e não encontrava o menor indício de fracasso naquela senhora de meia-idade e muito bem remunerada. Terminei o interrogatório com as mãos cheias de livros e sem resposta alguma.

Recentemente nos reencontramos. Tomamos café descafeinado. A pauta foi a de sempre: após uma saraivada de perguntas sobre práticas de meditação oriental e de culinária vegetariana, entramos no campo minado da profissão. Continuava deprimida, desejando, simplesmente, completar o tempo para se aposentar. Compreendi sua dor e conservei o silêncio solidário. Não é que tenha perdido a ousadia, mas a última edição do *Retratos da leitura no Brasil*[6] me

---

[6] INSTITUTO PRÓ-LIVRO. *Retratos da Leitura no Brasil*. 4. ed. São Paulo: IPL, 2016.

levou a associar a crise de minha amiga a um quadro social que afeta, desgraçadamente, os 19 mil bibliotecários brasileiros na ativa, inclusive a mim. À época, minha pressão arterial subiu horrores. Recuperado, concluí: foi o desprestígio que amargurou Maya. Não a julgo. A invisibilidade social tende a ser mais dolorosa que a própria rejeição.

Nas últimas décadas, perdemos o pouco espaço que tínhamos, o que pode estar vinculado à nossa incapacidade ou teimosia de abandonar a ideia de que biblioteca é um lugar destinado à gente culta e bem-comportada. A relação que o brasileiro comum estabelece com a biblioteca é de absoluto estranhamento. Trata-se de um microcosmo exclusivo aos neófitos e especialistas dedicados ao estudo e à pesquisa. Enquanto os bibliotecários consomem uma energia descomunal em cultuar o silêncio, a limpeza e a ordem, protegendo seu templo, ritos e ministros com discursos ufanistas, o brasileiro passa adiante, apático, consumindo seu tempo livre frente à TV, escutando música, descansando e se reunindo com os amigos. Dramático, não?

Espero que essa ordem de coisas, cristalização de um modelo mental que tem se revelado canhestro, sofra fissuras. Penso que as mais de cinco décadas de regulamentação da profissão podem nos servir como marco simbólico na adoção de estratégias destinadas a valorar a profissão, o que exigirá, primordialmente, uma sensibilidade da nossa parte em ouvir vozes, em permitir que estas se tornem nítidas e pujantes a ponto de incomodarem os que se encontram, instalados, confortavelmente, em seus balcões de referência e salas de leituras.

Enquanto isso não ocorre, tomarei duas medidas em relação a Maya: a presentearei com uma calça de algodão comprada na feirinha *hippie* e sugerirei que passe a misturar, indiscriminadamente, na biblioteca em que trabalha livros vermelhos e azuis, velhos e novos, pudicos e lascivos. Não vejo outra solução para a sua amargura do que a liberdade da palavra. Palavra dos humanos.[7]

---

[7] Adaptação de um artigo publicado na coluna Sagitta, da Revista Eletrônica da ABDF (v. 1, jun. 2015).

A CELEBRAÇÃO

E quanto ao jubileu de ouro? Pelos lados da Esplanada, tudo saiu nos conformes.[1] Para os indiferentes e ausentes, deixo os meus pêsames. Ficaram sabendo do bolo? Ah, o bolo! Desprezei a empadinha de legumes e devorei, sem culpa, três fatias da iguaria. Mas o prato principal foi servido bem mais cedo, e em forma de discurso, nos salões e auditórios do Congresso Nacional. Vozes diluídas em sorrisos, demandas e silêncios. Emocionei-me, já cedinho, com a chegada dos colegas à Câmara. Subindo as escadarias de acesso ao Salão Verde, traziam em seus olhares e sotaques as venturas e desventuras dos tantos "Brasis" que aspiram por mais bibliotecas e cidadania. Logo que transpus a porta do Plenário, lancei um riso vitorioso para o Melquisedeque, um antigo colega de profissão que adora repetir, como um papagaio treinado, que bibliotecário somente se reúne uma vez por ano, no dia 12 de março, para rever os amigos e ganhar calorias.

E, naquela manhã de segunda, vazia de deputados, as cadeiras estavam tomadas para a Sessão Solene em

---

[1] Refere-se à Sessão Solene em comemoração aos cinquenta anos de regulamentação da profissão do bibliotecário, ocorrida em 10 de março de 2015, no Plenário da Câmara dos Deputados, a requerimento do deputado Esperidião Amin (PP/SC).

homenagem aos cinquenta anos de regulamentação da profissão. Acabei faturando, a título de aposta, um belíssimo exemplar de *A divina comédia*, traduzida por João Zeller. Pobre Melquisedeque! Apoiado em uma das pilastras laterais e investido do espírito moscoviciano, observei o burburinho criado lá no miolo do Plenário da Câmara. Constatei, amargamente, que a Biblioteconomia brasileira continua tendo sexo. Recordei-me que, segundo o Banco Interamericano de Desenvolvimento, o salário das mulheres brasileiras é 30% menor que o dos homens. Não me fiz de rogado: lancei um olhar devotado ao Crucificado da parede do Plenário, implorando que concedesse ao Brasil varonil uma Biblioteconomia andrógina. Também notei que os colegas da velha guarda, como uma legião romana, ocupavam as primeiras filas do plenário. Quanto aos mais jovens, instalaram-se, respeitosamente, no fundo.

Parcela substancial da manhã foi consumida em homenagens, o que me pareceu bastante justo. Afinal de contas, como bem ressaltou Rousseau, "embora a memória e o raciocínio sejam duas faculdades essencialmente diferentes, uma só se desenvolve completamente com a outra".[2] Os discursos proferidos foram um *show* à parte. Não me refiro, exatamente, ao uso e à combinação das palavras, nem ao tom laudatório adotado. Na verdade, creio que, no fundo, deputados e senadores acabaram reproduzindo os predicados comumente atribuídos a nós pela sociedade brasileira. Teimosamente, o Brasil – independentemente do

---

[2] ROUSSEAU, J.-J. *Émile, ou, De l'éducation*. Paris: Chez l'éditeur des oeuvres de Mme la Ctesse de Genlis, 1820. t. 1, p. 225 [tradução nossa].

gênero, cor, classe e partido político – continua nos encarando como guardiões do saber, custodiadores de documentos e mantenedores da memória coletiva.

Embora tenha lamentado os títulos empavonados atribuídos ao bibliotecário, havia algo de apetitoso naquelas falas parlamentares, quase todas enviadas por meio de vídeos ou de mensagens. O então presidente da Câmara, deputado Eduardo Cunha (PMDB/RJ), por exemplo, enfatizou o papel fundamental do bibliotecário na construção da cidadania. O deputado Lobbe Neto (PSDB/SP), por sua vez, ridicularizou a profecia maldita e velhaca de que seremos substituídos por robôs, e seu colega de partido, o senador mineiro Antonio Anastasia, reconheceu a maior abrangência e dinamismo, garantidos pela profissão nos últimos anos. Já o deputado Henrique Fontana (PT/RS) enfatizou a natureza pedagógica e transformadora da biblioteca, bem como a necessidade de que o bibliotecário seja um intelectual. Jean Wyllys (PSOL/RJ), recorrendo à sua própria história, destacou a potencialidade da biblioteca em livrar os homens de seus destinos imperfeitos.

Não deixa de ser curioso que legendas distintas, com propostas díspares para o Brasil, cultivem uma visão tão positiva da biblioteca. Alguns dirão que se trata de conversa mole, característica da política demagógica. Não seria tão duro. Prefiro continuar refletindo a respeito dessas narrativas, ainda que sob o manto protetor da parcimônia. De todo modo, garanto que, pelo número de proposições legislativas tramitando, há interesse dos deputados e senadores em discutirem a respeito das práticas sociais envolvendo as nossas bibliotecas. Mas, para ser sincero, o que mais me impressionou foram os ditos e não ditos compartilhados na tarde calorenta do dia 17 de agosto. O silêncio intercalado por palmas da Sessão Solene deu lugar a uma rica discussão envolvendo políticas públicas. Embora estivéssemos celebrando um jubileu – do hebraico, *yobhel*, evoca, no judaísmo, o ato de libertar os escravos de dívidas e faltas –, temos consciência do débito que o Estado tem com a sociedade brasileira em relação às bibliotecas. Levantamos muitas interrogações: 1) O Parlamento brasileiro tem se preocupado com a prática da leitura, em espaços públicos ou privados? 2) Quais as proposições em tramitação na Câmara e no Senado envolvendo as biblioteca e áreas afins? 3) Como sanar os desníveis de percepção entre a literatura biblioteconômica e a administração pública quanto à figura da biblioteca e às suas tipologias? 4) O Poder Executivo tem firmado políticas de leitura adequadas, contemplando a figura do bibliotecário como agente imprescindível? 5) Quais as estratégias que nós, bibliotecários, podemos adotar para que as proposições legislativas e políticas públicas atendam às nossas demandas? Voltei para casa convencido de que devemos celebrar a profissão com maior regularidade. Desse modo, entre um cumprimento e uma fatia de bolo, podemos trocar impressões a respeito do presente, dando cabo à letargia coletiva que, segundo o meu velho e desconfiado amigo Melquisedeque, ainda vigora entre os bibliotecários brasileiros.[3]

---

[3] Adaptação de um artigo publicado na coluna Arenas, da CRB-1 em Revista (Brasília, v. 3, 21 set. 2015, p. 10-11)

O MEDO

Embora ninguém saiba ao certo se a proposta de criação da Biblioteca do Congresso Nacional brasileiro vingará, o burburinho produzido em torno da fala do Presidente do Senado tem lá sua razão de ser. Afinal de contas, Renan Calheiros já deu mostras de que não é homem de jogar palavras ao vento. Em 2013, extinguiu o serviço médico do Senado, lotando os seus profissionais em hospitais públicos, e cedendo os equipamentos à Secretaria de Saúde do Distrito Federal. Com essa medida, cortou gastos e posou de bom gestor público. É possível que, dentro dessa mesma linha, extinga a Biblioteca do Senado e transfira o seu acervo e seu pessoal para a Biblioteca da Câmara dos Deputados. Talvez apresente, em comunhão com Eduardo Cunha, um projeto de lei criando a Biblioteca do Congresso Nacional.

Proferi esse discurso em 2015. Renan não é mais presidente. Eduardo Cunha, tampouco. O discurso continua válido, já que a tensão perdura.

Embora se trate de uma proposta defendida há anos por gente gabaritadíssima, como o saudoso Edson Nery da Fonseca, desde o dia em que Renan comunicou seu desejo de criar a Library of Congress brasileira, alguns colegas se inflamaram, resolutamente decididos a deslegitimar a ideia. Achei o máximo. Admito que, embora me oponha a touradas, me atraem as arenas povoadas por humanos munidos do poderoso instrumento chamado "palavra".

Compartilho com Karl Popper[1] da ideia de que o valor de todo diálogo depende, particularmente, da multiplicidade de opiniões concorrentes, o que não nos libera, evidentemente, de cultivarmos a razoabilidade no processo de argumentação. No caso em questão, antes de nos preocuparmos com os porquês do presidente Renan, campo nebuloso e praticamente insondável, parecer-me-ia mais adequado nos questionarmos a respeito das possíveis perdas e/ou ganhos da sociedade brasileira se tal projeto se concretizar. Não penso estar chovendo no molhado. Muitas das estratégias adotadas para invalidar a proposta me pareceram equivocadas e, em não poucos casos, injustas.

A primeira delas, e talvez a menos franca, transforma o presidente do Senado em uma espécie de inimigo confesso dos livros e dos bibliotecários. O argumento é rasteiro: Renan jamais pisou no *hall* da Biblioteca Acadêmico Luiz Vianna, o que o transformaria em um tipo suspeitíssimo, sempre pronto a perseguir pessoas dedicadas ao trabalho intelectual. Alguns colegas chegam a pintá-lo tenebrosamente, tachando-o de casca grossa, insensível ao universo da cultura. Outros, ainda mais apaixonados, acusam-no de ser um biblioclasta decidido a dar cabo ao árduo trabalho desenvolvido por gerações de bibliotecários.

---

[1] POPPER, K. *A sociedade democrática e seus inimigos*. Belo Horizonte: Itatiaia, 1959.

Não duvido de que esses últimos, se pudessem, lançariam o Senador no Rio Flegetonte, deixando acima da superfície apenas sua vasta cabeleira. Essa leitura beira ao patético. Embora não seja um imortal da Academia Brasileira de Letras, Renan é marimbondo de fogo. Pouca gente sabe, mas a decisão, caso saia do papel, atenderia aos termos de um relatório produzido pela Fundação Getúlio Vargas a pedido do então presidente do Senado, José Sarney, que propunha, além da fusão dos serviços médicos, a união das bibliotecas das duas Casas Legislativas. Se Sarney preferiu se fazer de rogado, evitando arranhar sua imagem de homem das letras, Renan incorporou o papel de gestor eficiente. Ponto para o marimbondo marimbondo de fogo de Alagoas!

Esforço-me para acreditar que Renan esteja convencido de que a Biblioteca não atende, convenientemente, a seu fim. Simples assim. Nesse caso, Renan não se oporia à figura da Biblioteca propriamente dita, mas a um *modus operandi* considerado vultoso e ineficiente para a sociedade brasileira. Será mesmo? A segunda tese recorrente nos círculos bibliotecários é de que a proposta de Renan não tem sustentação jurídica, haja vista inexistir no sistema legislativo brasileiro a figura do Congresso Nacional. A pretensa solidez do argumento se converte em uma poça d'água ao contato com os primeiros raios de luz. Desde a época da minha graduação, essa fala tem servido de sustentação contra qualquer tentativa de fusão e/ou criação de uma biblioteca única destinada ao Legislativo Federal. Um projeto de lei poderia sanar o problema.

As duas teses apresentadas – uma acusando Renan de ser um troglodita e outra rechaçando juridicamente a sua proposta – me parecem ingênuas. Para ser mais exato, a primeira, na verdade, me soa pueril e arrogante; já a segunda, arrogante e pueril. Jamais esperei que um gestor público tivesse ímpetos afetivos em relação às bibliotecas e assuntos afins. Ora bolas, nem todo mundo tem vocação para bispo bibliófilo, como Richard de Bury.[2] Apenas ambiciono e trabalho para que o povo, a quem servimos e que paga os nossos salários, seja informado a respeito de suas decisões.

Nesse sentido, minha sugestão é de que abandonemos teses ofensivas e jurídicas, e enfrentemos, corajosamente, a interrogação que nos diz respeito: o que a sociedade brasileira perderia e/ou ganharia com a fusão das bibliotecas da Câmara dos Deputados e do Senado Federal? Há diversos modos de se responder a questão: uma estratégia bem simples seria a criação de uma enquete no site das duas Casas Legislativas. Deixemos que o povo fale a respeito, inclusive os bibliotecários. Contudo, isso me parece insuficiente. Precisamos elucidar, por meio de dados claros, o que não parece óbvio, nem mesmo para os nossos colegas de profissão: 1) Por que as bibliotecas da Câmara e do Senado continuam adquirindo, basicamente, desde o século XIX, os mesmos materiais bibliográficos?; 2) O que as impede de firmar, conjuntamente, uma política de desenvolvimento de coleções que otimize o uso do acervo e dos espaço físicos, reduzindo, efetivamente, o gasto orçamentário?; 3) Não seria benéfico para o Legislativo Federal estabelecer um serviço unificado de pesquisa?;

---

[2] Richard de Bury (1287-1345), monge beneditino e bispo inglês, foi um dos primeiros colecionadores de livros em seu país.

4) Por que as duas bibliotecas, embora atendendo a demandas de informação tão próximas, dialogam ainda de maneira tão tímida em relação aos seus produtos e serviços? Quem sabe se a ferroada do amigo senador – Renan, derivado do celta, significa, exatamente, "amigo" ou "companheiro" – nos impulsione a convertermos a Rede Virtual de Bibliotecas do Congresso Nacional em uma rede de fato. Se injustiçados, falemos. Se não, mantenhamos o silêncio respeitoso, sem direito a choramingos.[3]

---

[3] Adaptação de um artigo publicado na coluna Sagitta, da Revista Eletrônica da ABDF (Brasília, ago. 2015).

A BELEZA

A Biblioteca Pública de Kista, localizada no subúrbio da capital sueca, foi eleita, em 2015, a melhor biblioteca do mundo.[1] O que a levou a alcançar tal título? Três elementos – beleza, funcionalidade e empatia –, que, no fundo, se reduzem a um único: compromisso estético. Kista, embora não disponha do melhor *software* de gestão de acervos bibliográficos do mercado, abocanhou o importante prêmio por ter tomado para si a missão de intensificar o deleite dos seus frequentadores. Em um cenário idílico constituído por acervos, cafeteria, mídias, mobiliário arrojado e profissionais qualificados para lidar com a diversidade humana, tudo lá desperta e provoca os sentidos. Aplausos para os bibliotecários suecos.

Já aqui pelos trópicos, nada me resta senão me contentar com bibliotecas insípidas, surdas, mudas, agêusicas e invisíveis. A regra é essa. Não me sinto motivado a sair de casa para me enfurnar, em uma tarde de sábado, em um salão de leitura calorento e monocromático. Tudo me parece tão insalubre – desde a cadeira *démodée* ao gris suicida das paredes – que cheguei a desaconselhar um amigo depressivo a

---

[1] Cinco bibliotecas competiram para o "Systematic - Public Library of the Year Award 2015". O prêmio foi criado pela Agência Dinamarquesa para a Cultura.

ler o jornal diário no setor de referência de determinada biblioteca da Esplanada dos Ministérios.

É penoso observar que uma instituição cultural dedicada a tutelar a memória registrada se revele tão pouco sensível em fomentar a sensibilidade plástica daqueles que a frequentam. E, para os desavisados, garanto não estar sendo injusto; em minhas frequentes idas e vindas pelo país, observo estarrecido que nossas bibliotecas, de norte a sul, prestam um devotado culto à feiura. Embora se trate de um discurso arriscado, deixo claro que nada me impede de lançar meus sentidos em direção aos cantos e centros, procurando capturar marcas de encanto ou de fealdade em nossas bibliotecas. Dito de outro modo, posso afirmar, como Kant,[2] que o belo é tudo aquilo que produz prazer. Agora nos resta responder, com a sinceridade devida, se pensaram em critérios de beleza quando erigiram nossas bibliotecas.

E aqui entramos em uma seara tão remota quanto Calímaco.[3] Para muitos colegas, tamanho é documento e beleza é minúcia. Valora-se demais a palavra escrita ou a ausência dela, o silêncio. Desse modo, o impacto dos sentidos é absolutamente ignorado. Esquecem-se os bibliotecários de que a relação entre razão (construção de um conhecimento prático) e intelecto (produção de teorias) é intermedida pela beleza, como abalizou Kant.

---

[2] KANT, I. *Crítica da faculdade do juízo*. 2. ed. Rio de Janeiro: Forense Universitária, 1995.

[3] Calímaco (310 a.C.–240 a.C.), foi um poeta, bibliotecário, gramático e mitógrafo grego. Após Zenódoto de Éfeso, Calímaco foi o segundo diretor da Biblioteca de Alexandria, criando um catálogo das obras existentes naquela biblioteca – os Pinaces – com autores por ordem alfabética e com breve biografia de cada um deles.

Soa-me burlesco alguns colegas estufarem o peito, orgulhosos da dimensão de seus acervos e, ao mesmo tempo, manifestarem indolência diante de um fato assustador: o brasileiro frequenta cada vez menos nossas bibliotecas. É que mesmo os mais pobres preferem consumir seu tempo livre em algo realmente prazeroso, que eleve os seus sentidos, como tomar um chope na companhia de amigos ou assistir a um filminho no conforto do sofá de casa. Enquanto isso, investimos nossas fichas em arquétipos de feiura.

É bom deixar claro que o nosso problema não se restringe, meramente, ao descuido com o mobiliário carcomido ou à escuridão nauseabunda dos espaços internos, mas de uma institucionalização tacanha do não desfrute, manifestada desde a ordenação retrógada dos acervos, passando pela antipatia patológica de certos bibliotecários até culminar no discurso monocórdico do silêncio czarista. Os gregos antigos acreditavam na indissociabilidade da beleza e da bondade, a ponto de cunhar o termo *kalokagathia*,[4] síntese dessas duas virtudes. Adoraria que as bibliotecas brasileiras funcionassem dentro da perspectiva aristotélica,[5] apoiando os usuários a viverem de acordo com as suas máximas potencialidades. Mas como gerar bondade – aqui compreendida como todo movimento destinado a auxiliar o homem a se assumir senhor de sua própria história – em espaços erigidos sob o descaso da beleza? O desdém, consciente ou não, fruto, quem

---

[4] Kalokagathia (καλοκαγαθία) – derivado da expressão kalos kai agathos (καλός και αγαθός), que significa literalmente belo e bom, ou belo e virtuoso – era como a antiga aristocracia ateniense referia a si própria (FOUCHARD, 1997).

[5] ARISTÓTELES. *Éthique à Nicomaque*. Paris: C. Delagrave, 1897.

sabe, de uma formação excessivamente tecnicista nas escolas de Biblioteconomia, reduziu nossos espaços de trabalho a balcões de empréstimos de livros ou, ainda, a salões destinados a concurseiros. As bibliotecas brasileiras me metem medo: elas chacinam os sentidos, castram o desejo e pulverizam a libido.

Enquanto escrevo estas palavras, surge em minha mente uma proposta simples dirigida aos bibliotecários, que não envolve grandes somas de dinheiro: procurem estabelecer uma relação audaciosa e harmônica entre acervos, mobiliários, espaços e mídias, valorando a permanência do usuário nas dependências da biblioteca, independentemente de ele estar consumindo seu tempo na leitura de *Anna Karenina*[6] ou saboreando, na lanchonete, uma xícara de chá de hortelã. Desse modo, nossas bibliotecas sobreviverão, e Kant, lá do Elísio, piscará, orgulhoso, para nós.[7]

---

[6] TOLSTÓI, L. *Ana Karênina*. Rio de Janeiro: Abril Cultural, 1971.
[7] Adaptação de um artigo publicado na coluna Sagitta, da Revista Eletrônica da ABDF (Brasília, nov. 2015).

A CORAGEM

Em agosto passado, a biblioteca da Embaixada dos Estados Unidos fechou suas portas. De nome pomposo – Centro de Referência e Informação (IRC) –, ela oferecia informações sobre os Estados Unidos, com ênfase no governo, na política e nas relações bilaterais entre o Brasil e aquele país. Foi por meio de um *e-mail* curto e nada grosso que a decisão foi comunicada. Nele, a senhora Abigail Dressel, até então Conselheira de Cultura, Educação e Imprensa da Embaixada, começa agradecendo a diretora e a equipe de bibliotecários pelo trabalho desenvolvido. Questão de justiça, diga-se de passagem. Afinal de contas, a biblioteca serviu, por décadas, as instituições brasileiras, funcionários da Embaixada e pesquisadores, o que exigia da parte de seus funcionários certa dose de dedicação na execução das tarefas de seleção e processamento técnico. E, sem mais delongas, ela chega ao olho do furacão: "[...] A internet revolucionou o nosso acesso à informação e transformou o papel que bibliotecas tradicionais como o IRC desempenham em nossas sociedades". E finaliza sentenciando à morte uma biblioteca com mais de quarenta anos de existência, sem deixar de agradecer, nas linhas terminais, os que atuaram em prol da sua sobrevida: "Infelizmente, decidimos fechar o IRC no dia 5 de agosto de 2016. Sou muito grata pelo trabalho que a equipe do IRC fez por todos esses anos". Desce a cortina, apagam-se as luzes. *The end!*

A leitura da mensagem me fez recordar e rejeitar, prontamente, aquela frase clássica de Millôr Fernandes: "Diplomata é um indivíduo cuja cor predileta é o arco-íris".[1] Afinal de contas, a delicadeza *rosiclair* presente nas sete linhas de *e-mail* não comprometeu em nada o forte tom terroso adotado pela senhora Dressel como gestora.

Dificilmente, teremos acesso aos embates internos criados em torno da decisão. De todo modo, tenho lá minhas suspeitas, levantadas a partir da nota oficial citada. E, para os pusilânimes, lamento informar que Foucault me dá o direito de palpitar. Está lá, nas páginas de *A ordem do discurso*: "[...] que ninguém se deixe enganar; mesmo na ordem do discurso verdadeiro, mesmo na ordem do discurso publicado [...], se exercem ainda formas de apropriação de segredo e de não permutabilidade".[2] O "segredo" evoca o que, embora decidido na coxia, livre, portanto, de testemunhas, se faz presente nas entrelinhas. Ah! O agradecimento! O preâmbulo, marcado pela ode dirigida aos empregados do IRC, revela a cautela em publicizar a notícia, encarada como hedionda, tanto pelos futuros desempregados do IRC quanto para a maioria dos bibliotecários brasileiros, irritados com a perda de postos de trabalho. Já a "não permutabilidade"

---

[1] FERNANDES, M. Diplomata. In: SOARES FILHO, E. V. de. *Como pensam os humanos*: fases célebres. São Paulo: Editora Universitária de Direito, 2016. [p. 33].
[2] FOUCAULT, M. *A ordem do discurso*: aula inaugural no Collège de France, pronunciada em 2 de dezembro de 1970. 12. ed. São Paulo: Loyola, 2005. p. 41.

estabelece a relação de poder institucionalizado entre os polos ativo e passivo, de quem manda e de quem obedece: cumpra-se.

Engana-se quem pensa que eu esteja fazendo uma crítica ao fechamento daquele equipamento cultural. Suspeito, inclusive, que a embaixada norte-americana tenha agido corretamente. Afinal de contas, o quadro apresentado pela senhora Dressel é pouco favorável ao IRC. Ela o classificou como uma biblioteca tradicional. Poderia haver pior predicado? O filósofo alemão Josep Pieper, em *Que é filosofar?*,[3] afirma ser próprio da tradição construir o pensamento a partir do que foi revelado "desde sempre". É consagrado, portanto, em entidades tradicionais um conjunto circunscrito de operações. No processo de sacramentalização dos objetos (o que custodiar?), dos modos de operar (como representar?) e de se relacionar (cooperamos com quem?), a biblioteca tradicional se enrijece, aspirando, desse modo, evitar tensões que poderiam, inclusive, representar uma ameaça à sua perpetuidade. Em outras palavras, essa modalidade de biblioteca não aprendeu a lidar com a tensão. Segura de sua vocação quase sobrenatural, nunca é abatida por qualquer crise, e quem ousa fazê-lo tende a ser execrado. No máximo, seus gestores se escabelam quando o espaço físico se revela insuficiente para guardar o acervo ou quando a classe 3 da CDD sofre alterações, exigindo trabalho redobrado por parte da equipe de catalogadores.

O bibliotecário tradicional se jacta da dimensão de seu acervo corrente, de seu catálogo de obras

---

[3] PIEPER, J. *Que é filosofar*. São Paulo: Edições Loyola, 2007.

raras e de seu megapoderoso *software*. Essa postura se tornou um problema para o futuro das bibliotecas porque nega a iminência do novo, revelando-se resistente à ideia de se reconfigurar a partir de uma dada realidade. Ao se firmar como representante da tradição, da leitura e das letras, incólume às mudanças de tempos, desejos e ventos, esse tipo de biblioteca se define como entidade espectral. O curioso é que sua condição fantasmagórica resulta de um processo egolátrico. Ela se proclama arrogantemente: "Eu sou". E a senhora Dressel retruca: "Enterre-se. Você é onerosa e pouco útil". A biblioteca tradicional, caso em que o IRC se enquadra, é definida pela defecção, pois se revela incapaz de viver dentro da lógica do provisório. Inflexível, incorpora ferocidade e fatalismo em suas narrativas ao ver escapar, entre seus dedos, aquilo que lhe parece inegociável: prédio, estantes e tecnologias. Essa parafernália cara e nem sempre bem gerida, embora seja o sonho de consumo de tantas outras, as primas pobres, é recebida com descaso por parte de usuários costumeiramente satisfeitos com as migalhas servidas em baixelas: autoempréstimo, reserva pela internet e uma listinha semanal de novos títulos enviados pelo *e-mail*. *Fabulous*? Isolar as novidades sob um fundo de permanência é o mesmo que costurar remendo em roupa velha, colegas. Nem Foucault nem Jesus nos apoiariam.

E o que me resta? Agradecer à senhora Dressel pelo choque de realidade. Nenhuma biblioteca merece ser salva pelo simples fato de existir. Começo a suspeitar que o espírito do Riobaldo, personagem de *Grande Sertões: Veredas*, baixou em um corpo ianque. Vejo-a, proclamando, que nem Guimarães

Rosa registrou: "Estou contando ao senhor, que carece de um explicado. [...] A gente vive, eu acho, é mesmo para se desiludir".[4] Parece-me que certos bibliotecários sentiram o poderio de sua fala. Alguns vociferaram no *Facebook* e outros, mais devotos, imploraram pela intervenção divina. Espero, sinceramente, que a mortandade dê uma pausa nos trópicos. De todo modo, em caso de falecimento, coloco-me à disposição para produzir um pequeno ensaio a respeito, no qual citarei, prazerosamente, a Quinta Lei de Ranganathan.

A incerteza quanto ao futuro, embora dolorosa, pode ser muito salutar para qualquer biblioteca. Ela acaba impondo ao bibliotecário – refiro-me aos não lunáticos evidentemente – uma capacidade dialógica frente ao estranho. E, diga-se de passagem, o estranho pode não ser, necessariamente, algo inédito. Exemplo: as bibliotecas, costumam trabalhar de maneira isolada e, raramente, conseguem tangenciar sua relevância. Pois, em tempo de crise, torna-se mais necessário justificar o impacto de seus produtos e serviços nos resultados da instituição. Caso contrário, é propaganda enganosa adotar os predicados de "fundamental" e "importante" sobre entidades que se ufanam de seus acervos geridos por sujeitos monocórdicos. Biblioteca é, fundamentalmente, um capital simbólico destinado a produzir benefícios na vida de uma comunidade. Nessa condição, a sociedade tem sim o direito de questionar se ela merece continuar recebendo dinheiro caso ela tenha se reduzido

---

[4] ROSA, J. G. *Grande Sertão*: Veredas. Rio de Janeiro: Nova Fronteira, 2001. p. 165.

a emprestar livros. "Infelizmente, decidimos fechar o IRC." Não se constranja, senhora Dressel. Você prestou um grande serviço à Biblioteconomia, tanto quanto Carnegie[5] que, no início do século XX, construiu mais de 3 mil bibliotecas por todos os Estados Unidos.

A diretora-executiva da Tinder Foundation, Helen Milner, afirmou: "Eu amo bibliotecas, mas admiro quando elas desempenham o seu potencial. Quando este não é o caso, eu acho que eles puxam a instituição para baixo. Eu acredito que elas prestam um desserviço ao público".[6] Estou de acordo. Um passado glorioso não é salvo-conduto para a obviedade dispensável e dispendiosa de certas bibliotecas. Quando a existência perde sentido, a morte pode ser uma saída, ou, para os mais habilidosos, um casamento. Vai que o temor pelo desaparecimento produza ímpetos de inteligência entre certos bibliotecários, fazendo-os sensíveis a práticas cooperativas. *Thank you*, senhora Dressel.

---

[5] Andrew Carnegie (1835-1919) foi um empresário e filantropo norte-americano nascido na Escócia, criador de quase 3 mil bibliotecas.
[6] SOME libraries deserve to close, says "digital inclusion" charity. *The Guardian*, London, 27 oct. 2016. Disponível em: <https://www.theguardian.com/books/2016/oct/27/some-libraries-deserve-to-close-says-digital-inclusion-charity>. Acesso em: 12 jan. 2018.

A IGNORÂNCIA

Há poucos dias, fui marcado em uma postagem compartilhada pela Federação Brasileira de Associações de Bibliotecários (FEBAB). Amigo de Facebook, colega de profissão, postagem de sempre: inauguração de uma biblioteca nababesca lá pelos lados do Oriente. Chamada de "Jardim dos Livros de Teerã", tem cerca de 110 mil m² de área e capacidade para custodiar cerca de 240 mil obras impressas. O Jardim abriga livrarias, lojas, cinemas e centros científicos. Pelos trópicos, os bibliotecários babaram: "Que maravilha!"; "Sabia que o paraíso ficava no Oriente". Alguns mais ousados louvaram o governo iraniano, apontando-o como "exemplo a ser seguido por todos os governos". Um tipo piadista chegou a declarar seu amor pelo regime: "Se lá é a casa do diabo, como diz o recalcado Tio Sam, então me chama para ser o bibliotecário do demo! Que baita civilização oriental".

Respirei fundo e lamentei. Queixume duplo da minha parte. Primeiro, a constatação de que o "Jardim dos Livros" foi construído em solo arenoso, onde vive boa parte dos 15 milhões de almas de Teerã. Pelas ruas, mulheres cobertas com o *hijab* exibem seus olhos curiosos. Essa prática de submissão intitulada de cuidado, iniciada em 1979, tem se fortalecido. O presidente Hassan Rouhani acaba de fortalecer a

Polícia da Moral. Seus 7 mil guardas verificarão se o véu islâmico está bem-posto e se as mulheres não ousam infringir a lei, tirando-o logo ao entrar no carro.

É lá que se encontra o *Dasht-e Kavir*, o Grande Deserto Salgado. A Biblioteca Jardim, sonho de tantos bibliotecários brasileiros, não fica longe dali. Dentro de seus muros reina, também, a *xariá*. Talvez isso explique a ausência de flores por aquelas bandas. Apenas um infindável gramado pasteurizado, milimetricamente cortado, livre de insetos ou de qualquer outra forma de vida. Usuários ofuscados pelo *sable* consultam os terminais de computador cuidadosamente filtrados. Os grânulos, transportados pelas lufadas de vento, assobiam pelo salão de leitura, e, nos longos corredores de livros, estantes limpíssimas e esburacadas. Os responsáveis pela faxina atuam em baias, escondidos no meio de códigos de classificação e exemplares do Corão. E consomem o dia, remoendo a fala do aiatolá Alī Khāmene'ī:

> Nem todos os livros são necessariamente bons e nem todos são seguros. Alguns livros são prejudiciais. Do mesmo modo que medicamentos venenosos, perigosos e viciantes não estão disponíveis para todos sem restrições, não temos o direito, como editor, bibliotecário ou empregado da indústria do livro, disponibilizar [esses livros] para aqueles sem conhecimento. Devemos fornecer-lhes livros saudáveis e bons.[1]

---

[1] DEHGHAN, S. K. Iran's supreme leader attacks 'harmful' books. *The Guardian*, London, 21 July 2011. Disponível em: <https://www.theguardian.com/world/2011/jul/21/iran-supreme-leader-attacks-books>. Acesso em: 14 jul. 2017.

Suspeitei que um daqueles bibliotecários, com perfil de inspetor, tipo clássico e servil, já tivesse convertido o discurso moralista em um folheto de linguagem fácil, com regras a serem cumpridas pelos colegas do setor de desenvolvimento das coleções: "Enforquem Ulysses[2] e apedrejem a Monalisa, revelada por Tracy Chevalier.[3] Eliminem das estantes Paulo Coelho[4] e Gabriel García Márquez.[5] Arranquem de seus tesouros "vinho", "dança" e todos os outros verbetes depravados. E assim, cônscios ou não, bibliotecários assolam o jardim, jogando carradas de areia e sal sob os canteiros.

A imensa janela da taciturna sala de processamento técnico me permitiu ver dois guindastes gigantescos, recém-instalados na praça principal da cidade. No dia anterior, pouco após a oração do meio-dia, foram pendurados, entre urros e suratas, dois adolescentes gays pegos em flagrante delito; seu crime? um beijo. Percebi, a todo tempo, que o dentro está fora e o fora está dentro. Nunca pude diferenciar, claramente, o modelo da réplica. É que encontrei cordas da forca em ambas.

O segundo queixume foi tão doloroso quanto o primeiro: a desinformação dos bibliotecários brasileiros. Epopeia da ignorância. A ode dirigida aos aiatolás, agravada pela beleza tentadora do edifício, teria sido prontamente abortada com uma rápida pesquisa na internet. Oxalá fosse esse um caso isolado.

---

[2] JOYCE, J. *Ulysses*. New York: L. Oliemeulen, 1969.
[3] CHEVALIER, T. *Moça com brinco de pérola*. Rio de Janeiro: Bertrand Brasil, 2002.
[4] COELHO, P. *O Zahir*. Rio de Janeiro: Sextante, 2012.
[5] GARCÍA MARQUEZ, G. *Memoria de mis putas tristes*. Madrid: Debolsillo, 2009.

Estabelecer juízos arbitrários sempre foi tentador desde que o mundo é mundo. A situação agravou-se nos últimos anos, vitimando, inclusive, o povo do livro. Umberto Eco, em uma cerimônia na Universidade de Torino, no ano de 2015, afirmou que a internet deu voz a todo tipo de opinião desqualificada. Posteriormente, esclareceu: "O sujeito pode ser um excelente funcionário ou pai de família, mas ser um completo imbecil em diversos assuntos. Com a internet e as redes sociais, o imbecil passa a opinar a respeito de temas que não entende".[6] Para nós, que abraçamos uma profissão classificada pelos pais das classificações decimais como "generalista", o risco pode ser maior. A pressa e a pretensão de tudo avaliar podem nos levar a crer sermos especialistas na arte de separar os lobos dos cabritos, substituindo, gravemente, a constante busca da verdade pela mera opinião, frequentemente defendida de maneira virulenta e materializada em *fake news*. Não raramente, o binarismo virtual é alucinante e constrangedor. No caso em questão, pergunto-me: qual é a finalidade da biblioteca, seja ela iraniana ou brasileira? Simples: atender aos anseios das pessoas. Fundamentalmente, atuamos no campo dos sentidos. Quem nos protege é a deusa Hedonê. É nesse sentido que toda biblioteca, por mais modesta que seja, pode recorrer à figura do jardim; jardim das delícias, jardim de Epicuro que, em seus mais de trezentos trabalhos, defendeu não haver felicidade sem liberdade, tempo livre e amizade.[7]

---

[6] ECO, U. A conspiração dos imbecis. *Veja*, São Paulo, 26 jun. 2015. Disponível em: <https://veja.abril.com.br/brasil/a-conspiracao-dos-imbecis/>. Acesso em: 14 jul. 2017.

[7] SPINELLI, M. *Epicuro e as bases do epicurismo*. São Paulo: Paulus, 2013.

Biblioteca é antônimo de deserto. E o que assistimos no Irã? A impossibilidade de que as flores, de tamanho e coloração distintas, cresçam, desordeiramente, por entre as estantes, nas coleções, nos catálogos, nos setores técnicos e, especialmente, nas cabeças daqueles que a frequentam. Mesmo reconhecendo os nossos graves problemas estruturais, torço e trabalho para que as bibliotecas brasileiras continuem sendo encaradas como projetos destinados a garantir a todo indivíduo o exercício da cidadania, independentemente dos quadros e cores que adornem as nossas repartições. O caminho é árduo. De todo modo, o primeiro passo é cultivar, nas redes e na vida, o respeito, educado por natureza.

O CARÁTER

Em janeiro de 1966, Edson Nery da Fonseca, curtindo férias na praia de Boa Viagem, redigiu um texto que deu pano para manga. O discurso intitulado "Ser ou não ser Bibliotecário",[1] proferido junto aos estudantes do curso de Biblioteconomia da Universidade Federal de Pernambuco, extrapolou as famosas arcadas daquela instituição e chegou ao Rio, desaguando nos ouvidos de Adonias Filho, então Diretor Geral da Biblioteca Nacional. Entre outras diabruras, Nery declarava que a Biblioteca Nacional não passava de "uma vergonha nacional". Seu apego à verdade lhe custou uma baita dor de cabeça: além de processo administrativo junto ao Ministério da Educação, foi solicitado ao Serviço Nacional de Informações que lhe aplicasse uma duríssima pena por sua "tentativa" de desmoralizar o governo militar. Embora os dois processos tenham acabado no arquivo, sem apreciação de mérito, o bate-boca, com direito a réplicas e tréplicas, trouxe um ganho enorme para a Biblioteconomia brasileira. É que o deputado Newton Carneiro, aliciado pela confusão, acabou requerendo a criação de uma Comissão

---

[1] FONSECA, E. N. da. Ser ou não ser bibliotecário. In: *Ser ou não ser bibliotecário e outros manifestos contra a rotina*. Brasília: Universidade de Brasília, 1988.

Parlamentar de Inquérito (CPI) para investigar as condições da Biblioteca Nacional.[2] Foi a primeira e única CPI envolvendo a figura da biblioteca.

Embora esse tipo de burburinho de coxia costume produzir uma sensação prazerosa, não consumiria, sequer, um minuto da vida de vocês com conversa fiada, especialmente em uma sexta pós-*Corpus Christi*. Se minha intenção não é essa, por que evocar as peripécias de Edson Nery? Admito, sem pestanejar: misto de instinto e intuição. Will Durant, em *A história da filosofia*, ao comentar a obra do pai do método intuitivo, Henri Bergson, afirmou que "o instinto ainda continua sendo o modo mais profundo de visionar a realidade e também de captar a essência do mundo".[3] Concordo. Em tempos de crise, faço da minha intuição uma espécie de religião. Coincidentemente, os meus últimos vinte dias foram marcados por três desconfortos. Primeiro, a morte do meu pai; o carpinteiro potiguar, 65 anos, morreu 14 horas após descobrir que tinha enfartado há 21 dias. Morte tão estúpida quanto a existência. O segundo desconforto foi a nomeação de uma advogada para o cargo de Presidente da Fundação Biblioteca Nacional.

Se fui levado a guardar o mais estrito e respeitoso silêncio frente à morte do meu pai – nenhum lamento ou lágrima foi derramado –, a nomeação de um não bibliotecário como ocupante do gabinete principal

---

[2] BRASIL. Congresso. Câmara dos Deputados. Projeto de Resolução nº 199, de 1966. Aprova as conclusões da Comissão Parlamentar de Inquérito para investigar as atuais condições em que se encontra a Biblioteca Nacional e de Estado atendendo as finalidades que inspiraram a sua criação. Disponível em: <http://imagem.camara.gov.br/Imagem/d/pdf/DCD08ABR1967.pdf#page=19>. Acesso em: 11 jan. 2018.

[3] DURANT, W. *A história da filosofia*. São Paulo: Nova Cultural, 1996.

da Biblioteca Nacional me fez queixar. Lamentei que, nos últimos 33 anos, o posto de gestor da Biblioteca Nacional mencionado tenha sido ocupado por historiadores, jornalistas, escritores, juristas e por nenhum bibliotecário; lamentei que nós, bibliotecários, não tenhamos exigido dos órgãos de classe uma atuação decidida no cenário político. Até sugeri que, inspirados pelas práticas dos advogados e promotores públicos, indicássemos ao Presidente da República, talvez em forma de lista tríplice, um bibliotecário qualificado para ocupar o posto de presidente da Biblioteca Nacional. Esclareço a tempo: não amo mais a Biblioteconomia que meu pai. É que dores distintas devem ser enfrentadas distintamente.

E, finalmente, há um terceiro incômodo que envolve, diretamente, os presentes. Vocês me propuseram dois temas espinhosos: a aplicação da Lei de Acesso à Informação e as boas práticas a serem assumidas por bibliotecários que atuam na área jurídica, em particular nos escritórios de advocacia. Ao separar os primeiros livros para a preparação da palestra, surgiu de maneira límpida e insuspeita a figura do bibliotecário de olhos celestes e de língua infernal. Corri para a estante e encontrei, entre Proust e Arenas, *Ser ou não ser bibliotecário*. Pois será a partir das quinze proibições apontadas pelo saudoso Edson Nery que discutirei algumas estratégias passíveis de serem adotadas nas atividades de gestão de nossas bibliotecas jurídicas.

O primeiro temor de Nery era de que o bibliotecário brasileiro se reduzisse a um burocrata. É muito provável que estivesse preocupado, fundamentalmente, com os colegas que atuam no serviço público.

Embora a praga da letargia pareça mais virulenta nesses espaços, em que a criatividade é recebida, tantas vezes, com enorme suspeita, ela não é um mal restrito à máquina pública. Para justificar a minha fala, penso ser necessário definir o burocrata. Para Max Weber,[4] a burocracia é toda uma estrutura pautada em regras, com divisão de responsabilidades, especialização do trabalho, hierarquia e impessoalidade. Portanto, sob a óptica weberiana, se você trabalha em um escritório de advocacia, frequenta uma igreja ou acabou se casando, você é um burocrata clássico. De todo modo, da parte de Edson Nery isso não representa uma crítica, mas mera constatação. De fato, nunca me pareceu que Edson Nery tivesse alguma queda por Bakunin[5] a ponto de defender a extinção da família ou do Estado. Creio que sua implicância maior era com o que os ingleses intitularam de *red tape*, *os espanhóis de balduque* e os franceses de *bureaucratie mécaniste*. Em português, nada mais do que uma burocracia excessiva, tendendo a alienar o bibliotecário em relação ao modo como seu trabalho rotineiro alimenta o ciclo da informação. Recentemente, fui convidado para a festa em comemoração à aposentadoria de uma colega bibliotecária; parabenizei-a, diplomaticamente, mas, bem lá no fundo, lastimei que aquela senhora tivesse consumido trinta anos de sua vida catalogando livros da classe 340 e discutindo pontos de acesso. Questão de gosto? Talvez. Contudo, via nela a figura

---

[4] WEBER, M. *Economia e sociedade*: fundamentos da sociologia compreensiva. Brasília: Editora da Universidade de Brasília, 1992.
[5] Mikhail Aleksandrovitch Bakunin (1814-1876), foi um teórico político russo. É considerado uma das figuras mais influentes do anarquismo e um dos principais fundadores da tradição social anarquista.

arquetípica do bibliotecário impedido, sob diversos modos, de se deleitar ou se desesperar quanto ao provável impacto do seu trabalho junto à instituição a qual serviu. Via ilusão, fragmentação, cisão. Via um sujeito subordinado ao objeto. Pensei em Marx.

Trabalhei durante anos em uma biblioteca jurídica em que o contato com a diretora se reduzia a um "olá, *chéri*" proferido na festinha dos aniversariantes do mês. A porta de seu gabinete permanentemente fechada explicitava o grau de interesse da elegante gestora-mor em estabelecer um vínculo com bibliotecários-recrutas. Em menos de uma década em que estive por lá, a biblioteca perdeu duas coordenações e duas seções. É aquela história: burocracia basbaque tende a recorrer a opressão, reduzindo colaboradores a *personae non gratae*. Normalmente, a vítima é quem ousa questionar o realizado a partir do que poderia ser feito. Contudo, esse clima tenso, recorrente entre humanos, pode ser sanado.

Penso que o único modo de fissurar esse discurso é rechaçando a negação à qual o bibliotecário se submeteu. Explico-me: sugiro que, primeiro, passem a respeitar as vozes daqueles que atuam com vocês, independentemente da atividade que executam. Essa abertura ao outro resultará em um processo de ressignificação das atividades desenvolvidas em seus setores. Sendo mais claro, a tendência é de que essa medida, muito mais do que realocar pessoas, priorizará certas atividades em detrimento de outras. Em suma, estimulem o confronto de discursos dos seus subordinados e superiores, não temendo fissuras nas narrativas e mudanças nas estruturas. Recordo-me, agora, de uma situação inusitada: certo ministro de um Tribunal qualquer da América Latina pediu ajuda da Biblioteca para normatizar a sua tese doutoral; os bibliotecários do setor técnico rejeitaram, em uníssono, o trabalho, alegando estarem ocupadíssimos com suas complicadíssimas planilhas MARC; a diretora, amedrontada com a ideia de perder sua gratificação polpuda e sua vaga na garagem, acabou convencendo o bibliotecário mais jovem e indesejado a aceitar a empreitada. A ideia era matar dois coelhos com uma cajadada. Resultado: o bibliotecário empático se tornou amigo do ministro e a biblioteca continuou sendo o que era, a saber, um dos melhores lugares de Brasília para catalogar em formato MARC. Fabuloso, não?

O segundo risco, segundo Nery, era de que as bibliotecas continuassem sendo "sonolentas e bolorentas repartições públicas". Infelizmente, essa realidade (não se trata de ameaça) ronda, igualmente, as instituições privadas. A letargia da classe, fabulosamente ridicularizada por Rimbaud em seu poema "Les Assis",[6] é a inimiga da vez. Nutrir a ideia de que uma biblioteca gravita em torno do empréstimo de material bibliográfico é de uma pobreza doentia e, comumente, suicida. A biblioteca deve ser encarada como uma instituição destinada a produzir vantagens sociais e econômicas para a instituição a qual pertence. Estou me dirigindo a bibliotecários jurídicos. Pois bem: meu professor de Direito Financeiro adora afirmar que nada traz mais felicidade para um advogado do que ser bem remunerado. Talvez seja o

---

[6] RIMBAUD, A. Les assis. In: _____. *Réliquaire: poésies*. Paris: L. Génonceaux, 1891. p. 116-8.

momento de vocês discutirem estratégias destinadas a quantificar o impacto que os produtos e serviços de informação têm nos escritórios em que atuam. Recordo-me, agora, de um bibliotecário que, embora se orgulhasse de gerir um dos maiores e mais pesquisados acervos raros e preciosos no país, não conseguia me citar uma única pesquisa desenvolvida a partir da consulta ao seu setor. Bibliofilia estéril financiada com dinheiro público.

Contudo, o levantar-se da cadeira, atitude que Rimbaud esperava dos bibliotecários de sua cidade, não se limita a comprovar, em cifras, a participação efetiva da biblioteca na participação do lucro monetário e simbólico da instituição. Isso implica, também, desenvolver duas habilidades particulares: uma de natureza informacional e outra corporal. Edson Nery, em outro texto, sugere ao bibliotecário "cinema ou teatro pelo menos uma vez por semana, exposições ou concertos no mínimo uma vez por mês, asseio pessoal, cabelos penteados, roupas e sapatos sempre limpos".[7] Nada mais que uma releitura da famosa citação latina *Mens sana in corpore sano*, derivada da *Sátira X*, do poeta romano Juvenal.[8]

Em relação à primeira competência, restrinjo-me a destacar uma questão: como é curioso observar que muitos colegas, embora sem ler o jornal diário, sentem-se em condições de opinar a respeito de tudo a partir das postagens dos amigos *feicibuqueanos*. Portanto, consumir cultura letrada e transitar, deliberadamente, em múltiplos terrenos analógicos

---

[7] FONSECA, E. N. da. *Receita de bibliotecário*. Cad. Bibliotecon., Recife, v. 1, p. 3-10, jul. 1973.

[8] JUVENAL. *Satires*. Paris: Les Belles Lettres, 1950.

e digitais, em uma desconfiança contínua dos interlocutores, parece imprescindível a um profissional que atua no universo da informação jurídica. Quanto ao segundo aspecto, penso ser fundamental de que se ocupem, seriamente, de sua apresentação pessoal. Daniela Calanca, em *História social da moda*, afirma que "o corpo revestido pode ser considerado, substancialmente, uma 'figura' que exprime os modos pelos quais o sujeito entra em relação com o mundo".[9] Conheço colegas que, mesmo ocupando postos de grande visibilidade, como a chefia do setor de referência, vão ao trabalho vestidos de maneira degradante, vilipendiando o espírito da instituição a qual servem. Lamento que alguns confundam o escritório de advocacia com a padaria do seu Manoel. Concordando ou não, o corpo comunica o nosso grau de comprometimento em relação à instituição. Nos meus primeiros anos no Superior Tribunal de Justiça, uma estagiária de Biblioteconomia foi "convidada" pela esposa do Ministro Presidente a voltar para casa por estar vestida inapropriadamente. A pobre moça presumia que seu tomara que caia passaria despercebido. Trocando em miúdos: não violentem a liturgia do Direito, mundo do qual fazem parte.

A terceira crítica de Nery era a seguinte:

> Não ser bibliotecário para silenciar diante de uma Biblioteca Nacional que é uma vergonha nacional, de bibliotecas estaduais caindo aos pedaços, de um comércio, indústrias, estabelecimentos de ensino e instituições culturais inteiramente

---

[9] CALANCA, D. *História social da moda*. 2. ed. São Paulo: SENAC São Paulo, 2011.

alheias às bibliotecas ou encarando-as como órgãos ancilares.[10]

Após 52 anos, parece que esse quadro apocalíptico permanece inalterado ou, talvez, tenha piorado. A alínea *f* do artigo 3º de nosso Código de Ética afirma o seguinte: "Cumpre ao profissional da Biblioteconomia considerar que o comportamento profissional repercutirá nos juízos que se fizerem sobre a classe".[11] Façamos um *mea culpa*: temos a nossa parcela de responsabilidade quanto a esse quadro insólito, seja pelo dito, seja pelo não dito.

Recentemente, ao defender que a presidência da Biblioteca Nacional fosse ocupada por um bibliotecário, fui acusado de ser classista por uma colega. Soa-me bizarro que o predicado "classista" seja evocado como um desqualificador. Não seria de se esperar que uma profissão legalmente regulamentada recorresse a mecanismos que garantam qualidade quanto ao serviço prestado e, ao mesmo tempo, sua sobrevivência no cenário público? E por que a timidez coletiva em relação à invasão de gente inabilitada em nossas bibliotecas? O Direito está do nosso lado, correto? Afinal de contas, se o Estado reconheceu a complexidade de determinado conjunto de atividades laborais, tutelando-a via ato normativo, é dever do órgão fiscalizador garantir que, pelo bem defendido, tais atividades

---

[10] FONSECA, E. N. da. Ser ou não ser bibliotecário. In:_____. *Ser ou não ser bibliotecário e outros manifestos contra a rotina*. Brasília: Universidade de Brasília, 1988. p. 28.
[11] CONSELHO FEDERAL DE BIBLIOTECONOMIA. Resolução nº 42, de 11 de janeiro de 2002. Dispõe sobre Código de Ética do Conselho Federal de Biblioteconomia. Diário Oficial da União, Brasília, DF, 14 jan. 2002. Seção I, p. 64.

sejam exercidas por pessoal qualificado. A crítica levantada por mim e compartilhada por tantos outros bibliotecários quanto à escolha da nova gestora da Biblioteca Nacional não tem cunho pessoal. Não foi posta em xeque a capacidade de gestão, mas o silêncio covarde de entes e entidades. Minha crítica também se dirige a vocês, pois, na condição de bibliotecários da área jurídica, poderiam ter produzido um texto conjunto, pressionando o Ministério da Cultura, ou, pelo menos, propondo uma medida a ser adotada pelos conselhos, associações e sindicatos a esse respeito. É nesse campo do *savoir faire*, encarnado em práticas de *lobby*, que, penso eu, os bibliotecários jurídicos poderiam ser de grande valia para a Biblioteconomia nacional. Desse modo, talvez pudéssemos cumprir a quarta interdição do Nery: "Não ser bibliotecário para deformar os novos bibliotecários com a velha didática das súmulas e aulas teóricas".[12]

Talvez a prática lobista ganhe corpo no Grupo de Informação e Documentação Jurídica de São Paulo, contemplada, de certo modo, pela sexta e sétima interdições: "Não ser bibliotecário para dedicar-se integralmente à Biblioteconomia" e "não ser bibliotecário para fazer da Biblioteconomia um 'bico' ou uma 'sinecura'".[13] Algum desavisado pode concluir que Nery acabou ficando maluco, ao se contradizer em suas proibições. Não há confronto algum, mas

---

[12] FONSECA, E. N. da. Ser ou não ser bibliotecário. In:_____. *Ser ou não ser bibliotecário e outros manifestos contra a rotina*. Brasília: Universidade de Brasília, 1988. p. 28.

[13] FONSECA, E. N. da. Ser ou não ser bibliotecário. In:_____. *Ser ou não ser bibliotecário e outros manifestos contra a rotina*. Brasília: Universidade de Brasília, 1988. p. 29.

complementariedade. Ao mesmo tempo que ele desdenha o bibliotecário ensimesmado em discussões técnicas, espera que a Biblioteconomia não se empobreça, satisfeita em garantir o pãozinho cotidiano para os seus membros. Como Nery ressaltou, sabemos que "o bibliotecário enciclopédico não é mais possível em uma época de especializações desordenadas como a nossa",[14] mas isso não implica reduzir a Biblioteconomia a meia dúzia de técnicas e manuais a serem decorados pelos mais jovens.

A sétima proibição preservou, de modo bastante particular, o frescor: "Não ser bibliotecário para participar das intrigas nacionais, estaduais e municipais de bibliotecários". Enfrentamentos de ideias não devem ser apenas admitidos, como também estimulados, mas o que estão sendo reprovados são o mexerico e o boato, normalmente destinados a macular a boa fama do outro. O que tenho observado é que a situação ainda frágil de nossas bibliotecas e, consequentemente, a condição espectral da classe na sociedade brasileira pode ser explicada, parcialmente, pelas tensões internas, alimentadas pela fofoca e pela inveja, gêmeas univitelinas. Isso produz um clima tenso, pouco propício para o trabalho cooperativo. Em seu nascimento, a BDJur (Biblioteca Digital Jurídica do Superior Tribunal de Justiça) teve enorme dificuldade em disponibilizar as coleções de atos normativos de alguns Tribunais Regionais Federais porque seus diretores se sentiram subjugados. Ignorando

---

[14] FONSECA, E. N. da. Bibliotecários especializados, sim! Bacharéis em biblioteconomia, não! In:_____. *Ser ou não ser bibliotecário e outros manifestos contra a rotina*. Brasília: Universidade de Brasília, 1988. p. 95.

o espírito colaborativo, alegaram, pateticamente, ser injusto trabalhar para que outro tribunal recebesse os louros da empreitada.

Também vale ressaltar que não há contradição entre os interesses da Biblioteconomia e da maioria da sociedade brasileira. A defesa desses interesses se dá pelo trabalho contínuo e corajoso levado a cabo pelos nossos órgãos de classe. O Sistema CFB/CRB, como dito anteriormente, tutela o direito do cidadão brasileiro a ser sempre atendido por um bibliotecário. As associações, por sua vez, atuam na educação continuada do bibliotecário, e os sindicatos, finalmente, representam os bibliotecários em suas demandas junto aos órgãos patronais. Longe de negar a importância dessas entidades, Nery teme que elas se "limitem a reuniões sociais e excursões".[15] Sabemos que a regulamentação da profissão, além de não nos garantir respirar aliviados diante de hermenêuticas perigosas em relação a quem pode exercê-la, obriga-nos a trilhar duas vias suplementares: atuar nas esferas do poder institucionalizado e trabalhar juntos aos próprios bibliotecários que, frequentemente, tecem críticas, tantas vezes injustas, aos órgãos de classe. Em relação ao primeiro aspecto, relembro que o Ministério Público, por ação do CRB1, pleiteou liminar para que o Estado de Mato Grosso apresentasse, em 60 dias, um cronograma destinado à instalação de bibliotecas em 100% das escolas estaduais, com infraestrutura física e tecnológica, além de plenamente acessível às pessoas com deficiência. Quanto

---

[15] FONSECA, E. N. da. Ser ou não ser bibliotecário. In:_____. *Ser ou não ser bibliotecário e outros manifestos contra a rotina.* Brasília: Universidade de Brasília, 1988. p. 29.

ao segundo, a Lei de Acesso à Informação (LAI)[16] determina que os órgãos e entidades devem publicar um conjunto mínimo de informações em seus *sites*. Penso que a melhor estratégia a ser adotada por vocês se dá no campo da publicidade. À medida que as atividades desenvolvidas pelo Grupo de Informação e Documentação Jurídica de São Paulo ganharem visibilidade nos escritórios em que atuam, tenderão, naturalmente, a atrair outros colegas. Outra estratégia importante é permitir e fomentar a participação de estudantes de Biblioteconomia no Grupo. Além de contribuírem com a formação deles, poderão estimular o seu interesse por temáticas envolvendo a Biblioteconomia jurídica, o que poderá resultar em trabalhos acadêmicos de qualidade.

As sete próximas interdições formam um único bloco: envolvem o culto à técnica. Nery acusa o bibliotecário brasileiro de ser um venerador do livro, o que se manifesta, segundo ele, no apego a citações bibliofílicas. A partir dessa constatação, ele problematiza os chamados "métodos tradicionais e rotineiros", desvinculados da prática reflexiva, como o uso de critérios pessoais no desenvolvimento das coleções ou a adoção de sistemas de classificação e de catalogação desnecessários e nada amigáveis. Gosto, particularmente, da sua penúltima proibição: "Não ser bibliotecário para conformar-se com a pobreza,

---

[16] BRASIL. Lei nº 12.527, de 18 de novembro de 2011. Regula o acesso a informações previsto no inciso XXXIII do art. 5º, no inciso II do § 3º do art. 37 e no § 2º do art. 216 da Constituição Federal; altera a Lei nº 8.112, de 11 de dezembro de 1990; revoga a Lei nº 11.111, de 5 de maio de 2005, e dispositivos da Lei nº 8.159, de 8 de janeiro de 1991; e dá outras providências. Disponível em: <http://www.planalto.gov.br/ccivil_03/_ato2011-2014/2011/lei/l12527.htm>. Acesso em: 10 jan. 2018.

a desorganização e o atraso dessas bibliotecas".[17] Os três predicados negativos arrolados por ele me remetem, sempre, a um espaço lúgubre e feio. Concordo com Dostoiévski: "A beleza salvará o mundo".[18] Minha dica é que não tenham medo de pleitear orçamento para aprimorar o espaço físico. Antes disso, acreditem no poder da beleza como estratégia mobilizadora na vida das pessoas e da biblioteca. A biblioteca não evoca simplesmente alocar em um mesmo espaço todos os livros que possam vir a ser úteis aos nossos usuários, mas também combinar, nessa mesma geografia, diversos elementos que, quando combinados, produzam deleite.

E, finalmente, a derradeira interdição me soa quase profética: "Não ser bibliotecário para esconder-se do leitor".[19] Quando fugimos do leitor? Quando somos reativos ou, se preferirem os nordestinos, quando sofremos de leseira frente às necessidades do usuário. Embora a LAI,[20] em seus 47 artigos, não faça qualquer menção à biblioteca e aos bibliotecários, não tive dúvida de que se ela "colar" – a efetivação ou não de uma legislação compreende um fenômeno social muito

---

[17] FONSECA, E. N. da. Ser ou não ser bibliotecário. In:_____. *Ser ou não ser bibliotecário e outros manifestos contra a rotina*. Brasília: Universidade de Brasília, 1988. p. 30.
[18] DOSTOIÉVSKI, F. *L'idiota*. Milano: [s.n.], 1983. p. 478.
[19] FONSECA, E. N. da. Ser ou não ser bibliotecário. In:_____. *Ser ou não ser bibliotecário e outros manifestos contra a rotina*. Brasília: Universidade de Brasília, 1988. p. 30.
[20] BRASIL. Lei nº 12.527, de 18 de novembro de 2011. Regula o acesso a informações previsto no inciso XXXIII do art. 5º, inciso II do § 3º do art. 37 e no § 2º do art. 216 da Constituição Federal; altera a Lei nº 8.112, de 11 de dezembro de 1990; revoga a Lei nº 11.111, de 5 de maio de 2005, e dispositivos da Lei nº 8.159, de 8 de janeiro de 1991; e dá outras providências. Disponível em: <http://www.planalto.gov.br/ccivil_03/_ato2011-2014/2011/lei/l12527.htm>. Acesso em: 10 jan. 2018.

real no país –, o terreno será promissor para a classe. Em seu artigo 8, § 3º, inciso I, por exemplo, a LAI[21] estabelece que os sites em questão devem oferecer uma "ferramenta de pesquisa de conteúdo que permita o acesso à informação de forma objetiva, transparente, clara e em linguagem de fácil compreensão". Creio que somos uma das categorias profissionais mais qualificadas para atuar nesse campo. A biblioteca compartilha com a LAI o objetivo de garantir a todo e qualquer cidadão o acesso à informação, por meio de critérios objetivos de gestão, o que envolve o cuidado com o tratamento, bem como o respeito ao sigilo de certas informações. Poderíamos criar taxonomias, estabelecer padrões de empacotamento informacional, elaborar manuais para gestores e usuários, preparar e gerenciar equipes em centros de atendimento.

Se em alguns órgãos isso se efetivou, em outros o bibliotecário foi descartado. O estranho é que, em algumas entidades públicas, determinadas competências até então exclusivas da biblioteca ou do centro de documentação foram duplicadas ou realocadas para outros setores com nomes pomposos. Não me recordo de ter havido, em Brasília, qualquer embate contra esse disparate. Talvez o silêncio se justifique pelo prestígio que gente média, mélica e tépida, formatada nos mais altos padrões de submissão institucional, alcança em certos espaços de poder. Reli, na

---

[21] BRASIL. Lei nº 12.527, de 18 de novembro de 2011. Regula o acesso a informações previsto no inciso XXXIII do art. 5º, no inciso II do § 3º do art. 37 e no § 2º do art. 216 da Constituição Federal; altera a Lei nº 8.112, de 11 de dezembro de 1990; revoga a Lei nº 11.111, de 5 de maio de 2005, e dispositivos da Lei nº 8.159, de 8 de janeiro de 1991; e dá outras providências. Disponível em: <http://www.planalto.gov.br/ccivil_03/_ato2011-2014/2011/lei/l12527.htm>. Acesso em: 10 jan. 2018.

última semana, *Vidas secas*;[22] livro fino e forte, com uma pedagogia despretensiosa e poderosa. Da parte do protagonista, guardei a relação entre subserviência e ignorância: "Fabiano sempre havia obedecido. Tinha muque e sustância, mas pensava pouco, desejava pouco e obedecia".[23] Mas como não se comover com a esposa sonhadora? O que sei é que, ainda dá tempo de, como a Sinhá Vitória, dar uma guinada na vida e comprar, com o suor do nosso rosto, uma cama de fita de couro para dormir.

---

[22] RAMOS, Graciliano. *Vidas secas*. 115. ed. Rio de Janeiro: Record, 2011.
[23] RAMOS, Graciliano. *Vidas secas*. 115. ed. Rio de Janeiro: Record, 2011. p. 29.

A VERDADE

Minha mãe sonhava conhecer o Rio. A orla frequentada por atores globais não a atraía, e, embora fosse católica praticante, o Cristo Redentor estava em segundo plano. Dona Dora aspirava a algo relativamente simples: celebrar o carnaval no sambódromo. Era um desejo antigo, de mocinha, e que, de tempos em tempos, vinha à tona, em uma efervescência comovedora. Nessas ocasiões, com as mãos na cintura, rodopiava graciosamente no meio da sala de casa, ao som de Clara Nunes. Morreu sem pisar em solo carioca, mergulhada na pobreza e no tédio.

Embora cultive sonhos pouco modestos, espero ter mais sorte que ela. Um dos meus desejos confessáveis é atuar em uma grande biblioteca, o que não se reporta, necessariamente, a uma instituição detentora de acervos gigantescos ou orçamentos milionários. Espero trabalhar, antes mesmo da aposentadoria, em uma biblioteca que enalteça o prazer ou esteja aberta para tal empreitada, valorando os sentidos como via para o conhecimento. Trata-se de um desafio e tanto. Afinal de contas, há tempos muitas bibliotecas brasileiras têm prestado culto à feiura, uma feiura virulenta alastrada desde o saguão de entrada até a coleção pasteurizada, passando pelo mobiliário. Cultivar a fealdade é uma aposta estranha, pelo menos para os gregos antigos.

No *Banquete*, Platão[1] defende que o belo é a única porta de acesso à verdade. Segundo ele, em virtude de não haver em nosso meio nenhuma imagem da Sabedoria, restaria ao que desejasse viver na verdade contemplar os sinais visíveis da Beleza. Ainda admitindo a dificuldade de definir, objetivamente, o que vem a ser belo, posso afirmar que durante toda a minha graduação jamais foi feita qualquer menção à biblioteca como espaço de beleza, do ponto de vista psicológico, axiológico ou ético. Todas as disciplinas gravitaram em torno da tese de que uma biblioteca é, basicamente, uma coleção inteligentemente reunida.

Esse discurso está associado, ainda que inconscientemente, a uma teoria epistemológica que rechaça os sentidos como fonte legítima de acesso ao conhecimento. Nesse contexto, o bibliotecário gerencia um conjunto de informação em um campo semeado por agentes da especulação, ignorando outros tipos de fontes de acesso ao saber. Essa postura justifica, em parte talvez, os dados da última edição da pesquisa *Retratos da leitura no Brasil*.[2]

Assistimos a uma migração de frequentadores de bibliotecas públicas, em sua maioria pertencentes à classe média, para as grandes livrarias. Lá na Cultura e em outros congêneres, além de textos bibliográficos e audiovisuais facilmente localizados nas estantes – Dewey e Otlet são figurinhas desconhecidas –, os clientes contam com o auxílio de universitários antenados com o mercado editorial. Tudo é atraente, dos móveis minuciosamente planejados à torta de limão

---

[1] PLATÃO. *O banquete*. São Paulo: Rideel, 2005.
[2] INSTITUTO PRÓ-LIVRO. *Retratos da Leitura no Brasil*. 4. ed. São Paulo: IPL, 2016.

siciliano. E no belíssimo ambiente acarpetado e cheio de luzes, enquanto adolescentes leem mangás acomodados em poltronas modernas e coloridas, um metaleiro escuta *Soundgarden*, não distante de um casal gay que folheia um *Kama Sutra* ilustrado. O lugar não lembra tantas bibliotecas públicas brasileiras que, restritas a emprestar material bibliográfico e a ceder suas poucas mesas para concurseiros, esqueceram-se de valorar o prazer capturado pelos sentidos como via de acesso para a construção do saber.

No fundo, essa indolência ou passividade se vincula a duas questões antigas e temíveis. A primeira delas: para que serve uma biblioteca? Inspirados no Código de Ética,[3] podemos afirmar que ela almeja suprir necessidades de informação, contribuindo, desse modo, com a construção do conhecimento científico e com a defesa da dignidade da pessoa humana, objetivos que se entrelaçam. A segunda: Isso se dá de que modo? Suspeito que a maioria responderá que colaboramos com a academia e os cidadãos ofertando acervos minuciosamente catalogados e indexados. Entretanto, esqueceram-se de avisar que o conhecimento não se constrói, meramente, na esfera da especulação.

Para Aristóteles,[4] existem sete formas de conhecer a realidade: 1ª) Sensação (aquilo que nos dá as qualidades exteriores dos objetos e interiores dos efeitos que eles produzem em nós); 2ª) Percepção

---

[3] CONSELHO FEDERAL DE BIBLIOTECONOMIA. Resolução nº 42, de 11 de janeiro de 2002. Dispõe sobre Código de Ética do Conselho Federal de Biblioteconomia. Diário Oficial da União, Brasília, DF, 14 jan. 2002. Seção I, p. 64.

[4] ARISTÓTELES. *Metafísica*. 2. ed. São Paulo: Edipro, 2015.

(associação de sensações); 3ª) Memória (retenção de percepções); 4ª) Imaginação (reprodução e criação a partir de percepções retidas pela memória); 5ª) Linguagem (nomeação daquilo que foi sentido, percebido, memorizado e imaginado); 6ª) Raciocínio (identificação e diferenciação a partir da linguagem do que foi sentido, percebido, memorizado e imaginado); 7ª) Intuição intelectual (conhecimento das causas ou princípios de um objeto.). O conhecimento, segundo o Estagirita, é formado por informações trazidas de todos os graus citados. Desse modo, uma instituição que pretende colaborar com a construção do conhecimento, caso da biblioteca, deveria adotar instrumentos e processos que contemplem, pelo menos, alguns desses graus apontados por Aristóteles.

Mas o que se observa é que valoramos, em demasia, as três últimas formas de conhecer e nos descuidamos de outras fontes de verdade. De fato, as bibliotecas se converteram em lugar destinado, exclusivamente, a iniciados. Analfabetos, por exemplo, raramente transpassaram os seus umbrais, ainda que sejam dotados de um alto nível de percepção e de imaginação. Entretanto, reza o nosso Código de Ética (art. 7, *a*) ser dever do bibliotecário "aplicar todo zelo e recursos ao seu alcance no atendimento ao público, não se recusando a prestar assistência professional".[5] Embora concordando com o saudoso Edson Nery quanto à necessidade de o bibliotecário se apresentar com "cabelos penteados, roupas e sapatos sempre

---

[5] CONSELHO FEDERAL DE BIBLIOTECONOMIA. Resolução nº 42, de 11 de janeiro de 2002. Dispõe sobre Código de Ética do Conselho Federal de Biblioteconomia. Diário Oficial da União, Brasília, DF, 14 jan. 2002. Seção I, p. 64.

limpos",[6] creio que o esmero, longe de se confundir com práticas de higiene, vincula-se ao reconhecimento de que toda e qualquer demanda de informação é legítima. Nesse ponto, nosso Código de Ética se casa com a teoria de conhecimento proposta por Aristóteles. Afinal de contas, se o acesso ao conhecimento se divide em sete degraus de informação, por que rechaçar qualquer um deles?

Esse processo de abertura é relativamente simples: devemos reconhecer, como já dito, que o conhecimento não se constrói, de modo exclusivo, a partir da especulação acadêmica. Isso deve nos levar a reconhecer que, ao lado do acervo tradicional, constituído por livros e periódicos, outros recursos de informação não apenas devem ser fomentados, como também priorizados, atendendo, plenamente, aos interesses do cidadão brasileiro. O *Retratos da leitura no Brasil*[7] constatou que o brasileiro tem consumido cada vez mais o seu tempo livre assistindo a televisão e filmes em DVD, bem como navegando na internet. Por sua vez, a leitura de textos teve uma redução significativa em relação à pesquisa anterior. Isso exige uma reconfiguração na lista de prioridades, valorando mídias, o que exige despojar-se do ranço criado em torno de certos suportes de informação ou títulos. Além disso, a instalação de televisores e computadores com acesso a internet no âmbito da biblioteca tende a otimizar o seu uso, inclusive em relação a outros produtos e serviços

---

[6] FONSECA, E. N. da. *Receita de bibliotecário*. Cad. Bibliotecon., Recife, v. 1, p. 8, jul. 1973.
[7] INSTITUTO PRÓ-LIVRO. *Retratos da Leitura no Brasil*. 4. ed. São Paulo: IPL, 2016.

oferecidos. Também não se deve ignorar que a biblioteca tem condições de se transformar em um lugar de encontro, de alteridade, o que atenderia a uma demanda dos trabalhadores em preencher seu tempo ocioso. Nesse sentido, com um pouco de boa vontade, podem ser erigidos espaços destinados ao diálogo, como jardins ou pequenos cafés.

Adotar medidas simples e práticas de valoração do prazer no espaço das bibliotecas resulta em trazer para o centro do debate sujeitos e grupos até então estranhos à cultura letrada. De repente, com estratégias pontuais de respeito aos sentidos, nossas bibliotecas, até então monopolizadas por nerds, bons moços e gente de fino trato, serão invadidas por gente comum, por aqueles que continuam lá fora, tomando sol e chuva, à espera de que um dia os bibliotecários se estimulem a construir espaços, linguagens e acervos que lhes produzam alguma espécie de deleite.[8]

---

[8] Adaptação de um artigo publicado na CRB-1 em Revista (v. 1, mar. 2015).

A GRATIDÃO

Foi a mim delegada a honrosa tarefa de entregar a Medalha Rubens Borba de Moraes a nossa querida Suzana Mueller. Acabei consumindo parte da noite chuvosa de ontem procurando responder a uma pergunta que considero fundamental para a ocasião: qual a finalidade de conceder uma medalha a alguém?

Em primeiro lugar, a medalha evoca festa. Semelhantemente a moedas e selos, esse objeto nada mais é que um instrumento de suporte à comemoração. Mas o que comemoramos nesta tarde? Ora, estamos festejando a honra. Afinal de contas, é de praxe que uma medalha seja concedida, exclusivamente, a pessoas honradas. De fato, medalha representa uma insígnia de ordem honorífica. Honraremos, neste dia 12 de março de 2015, uma colega que atuou, segundo o regulamento, de modo "superior a natural expectativa para expansão e aperfeiçoamento da profissão". Os bibliotecários da 1ª Região não tiveram dúvida de que se tratava de um ato justo e necessário.

Suzana Mueller é graduada em Biblioteconomia e Documentação, mestra em Library Science, doutora em Information Studies e pós-doutora, e parcela considerável de sua formação se deu em reputadas instituições norte-americanas. Atualmente, é professora titular da Universidade de Brasília. Líder do

Grupo de pesquisa Comunicação Científica na Universidade de Brasília, tem publicado, principalmente, a respeito de comunicação científica, periódicos científicos e profissões da informação. Ressalto a importância da sua pesquisa em comunicação e mediação, destinada a compreender o fluxo de informação, enfatizando o papel dos atores envolvidos, inclusive nós, bibliotecários. Além disso, dedica-se a analisar a aplicação de indicadores para a avaliação desses fluxos, uma temática promissora para que as nossas bibliotecas alcancem um maior nível de qualidade na prestação de serviços.

Mas não paramos por aí. Além de honrarmos a Profa. Suzana Mueller, fazemos presentes nesta tarde todos os bibliotecários que trabalharam pelo prestígio da profissão, incluindo o próprio Rubens Borba. Penso que todos saibam que, na Idade Média, as comunidades judaicas e cristãs tinham uma espécie de livro-ata intitulado *libri memoriales* destinado a registrar os nomes de vivos e mortos, objetivando preservar a sua memória. Uma das fórmulas que invocam a memória dessas pessoas era a seguinte: *quorum nomina ad memorandum conscripsimus* [aqueles de quem escrevemos os nomes para guardarmos na memória]. Estamos fazendo isso agora, meus caros. Na tarde de hoje, por meio da Medalha Rubens Borba de Morais, registraremos o nome de Suzana Mueller nos anais em que já constam nomes de outros bibliotecários notáveis agraciados com a mesma honraria, como Cida Lima, presente em nosso meio, e a saudosa Conceição Moreira Salles. Mas a tarde de hoje vai além da mera celebração de pessoas honradas. Não sei se estão de acordo, mas não é apenas a Profa. Suzana Mueller que sai do Plenário da Câmara dos Deputados investida de certa aura de autoridade por ter sido solenemente reconhecida pela classe como uma profissional de atuação marcante, exemplo a ser imitado, mas também todos aqui presentes.

De fato, nós, bibliotecários da 1ª Região, ao outorgarmos a Medalha a ela, estamos, na verdade, tomando para nós a sua memória. De certo modo, este momento é um ato de criação de uma história nova, como diria Le Goff,[1] erigida a partir da memória da classe. A cada ano, premiamos um bibliotecário e, em sua figura individual, evocamos uma multiplicidade de projetos, embates, vitórias e fracassos envolvendo cenários complexos e atores diversos, questões abrangendo, tantas vezes, aspectos que extrapolam as fronteiras de nossos acervos e serviços de informação. De fato, qual biblioteca não se afeta com a agenda política do Congresso e as taxas de câmbio, por exemplo?

Sem memória, não há identidade. Portanto, meus caros colegas, além de honrar a memória individual da Profa. Suzana Mueller, marcada pelo devotamento à formação de bibliotecários, apropriamo-nos dela como sujeito e a introjetamos em nosso edifício coletivo intitulado Biblioteconomia brasileira. Sua história passa a ser a nossa história e suas vitórias também passam a ser nossas. Desse modo, nossa identidade ainda tão vulnerável, se solidifica, gradualmente. Para Leroi-Gourhan, em sua obra *Le Geste et la Parole*,[2] as bibliotecas, com suas bases de dados gigantescas, nada mais são do que o triunfo das memórias coletivas em

---

[1] LE GOFF, J. Memória. In: _____. *História e memória*. Campinas: Ed. da Unicamp, 2003. p. 419-76.
[2] LEROI-GOURHAN, A. *Le geste et la parole*. Paris: Michel, 1964. v. 1.

detrimento da memória individual. Se nossas bibliotecas estão erigidas a partir do culto à memória das coletividades, façamos o mesmo profissionalmente. Afinal, se a memória coletiva é uma conquista, um canal para a construção de uma identidade, não sejamos modestos em honrar aqueles que trabalharam em prol da Biblioteconomia brasileira. Termino aqui. Neste momento, em nome de todos os bibliotecários da 1ª Região, entrego a Medalha Rubens Borba de Moraes para a professora Suzane Mueller.

O RESPEITO

Fui informado da nota de repúdio endereçada ao Conselho Regional de Biblioteconomia da 7ª Região (CRB-7) pela coordenadora de Leitura do PROLER/Comitê Costa Verde (RJ). Nela, o Conselho Regional de Biblioteconomia da 7ª Região foi acusado de ser antiético, intolerante, injusto e de promover a alienação do povo brasileiro. Recebi a manifestação como um desabafo pela senhora em questão ter sido penalizada em quinze anuidades por coordenar a Biblioteca Municipal Professor Guilherme Briggs, no município de Angra dos Reis (RJ).

A punição pelo exercício irregular da profissão causou desconforto em alguns e culminou na *Carta Aberta ao Conselho Federal de Biblioteconomia e seus Conselhos Regionais*. Nela, 55 pessoas, em sua maioria professores, censuraram os Conselhos Regionais de Biblioteconomia por agirem de "modo radical e beligerante, fiscalizando espaços e autuando profissionais que se dedicam à atividade da leitura, transformando-os em criminosos pelo simples fato de não serem bibliotecários". Ao concluir a leitura, abandonei, de pronto, o texto do pós-doutorado – que a minha orientadora não saiba disso! – e decidi pôr os "pingos nos is", dirigindo-me, especialmente, a alguns colegas bibliotecários que, estranhamente, aplaudiram, curtiram e compartilharam o discurso hostil.

Embora correndo o risco de estar ensinando o Pai Nosso para o vigário, principiarei pelo óbvio. Vocês se recordam de que, desde 1962, a direção de bibliotecas e as atividades de processamento técnico são exclusivas do bacharel em Biblioteconomia? Isso foi expressamente estabelecido pelo Congresso Nacional por meio do art. 6º da Lei nº 4.084.[1] Portanto, é flagrantemente ilegal que um leigo, ainda que detentor de um conhecimento literário ou filosófico notável, administre bibliotecas. Contudo, o mesmo ato normativo (art. 7º) estabelece que as atividades de incentivo à leitura não são de competência exclusiva do bibliotecário. Portanto, nada impede que um professor divulgue o acervo e as atividades desenvolvidas pela biblioteca. A coisa funciona assim: semelhantemente às práticas de higiene bucal, atividades de fomento ao livro podem e devem ser disseminadas em sala de aula, o que não assegura ao docente o direito de coordenar uma biblioteca, nem de obturar um dente. Portanto, é leviana a acusação de que os Conselhos Federal (CFB) e Regionais de Biblioteconomia (CRB) desestabilizam as políticas públicas, monopolizando as ações de promoção à leitura. Na verdade, a ação fiscalizadora, ao firmar marcos entre o bibliotecário e os outros agentes envolvidos, garante que esses atores firmem parcerias fecundas nos quatro eixos estratégicos e nas dezenove linhas

---

[1] BRASIL. Lei n° 4.084, de 30 de junho de1962. Dispõe sobre a profissão de bibliotecário e regula seu exercício. Disponível em: <http://www.planalto.gov.br/ccivil_03/leis/1950-1969/l4084.htm>. Acesso em: 10 nov. 2017.

de ação do PNLL. Desse modo, em vez de prejuízo, a multidisciplinariedade é otimizada, em absoluta consonância à legislação vigente.

Embora surpreso com a familiaridade com que os assinantes da *Carta Aberta* se reportam à nossa legislação profissional, achei bizarro que o caminho apontado por eles para democratizar a cultura passe, necessariamente, pelo descumprimento ou pela reforma da Lei nº 9.674/1998, que dispõe sobre o exercício da profissão de bibliotecário. As duas propostas foram que: os Conselhos sejam mais parcimoniosos em fiscalizar, tolerando leigos na administração das bibliotecas; a lei supramencionada seja reformada, garantindo que outros profissionais exerçam atividades privativas de bibliotecário.[2]

Em relação à primeira sugestão, soa-me como uma piada de mau gosto propor que o Conselho deixe de exercer, zelosamente, a sua competência fiscalizatória. Portanto, se algum CRB adotar a inércia como princípio, o que foi recomendado na *Carta*, ele perde a sua razão de existir e, mais gravemente, descumpre o papel que lhe foi confiado pelo próprio Estado. Aí sim, a revolta constante de certos colegas quanto ao pagamento obrigatório da anuidade passaria a fazer sentido. Entretanto, o que está em jogo não é, simplesmente, o futuro dos Conselhos, mas das bibliotecas. Ao regulamentar a profissão do bibliotecário há mais de cinquenta anos, o Estado brasileiro reconheceu a complexidade das atividades envolvidas na gestão de uma biblioteca e assegurou a

---

[2] BRASIL. Lei nº 9.674, de 25 de junho 1998. Dispõe sobre a profissão de bibliotecário e regula seu exercício. Disponível em: <http://www.planalto.gov.br/ccivil_03/leis/l9674.htm>. Acesso em: 10 nov. 2017.

todo cidadão o direito de se beneficiar de uma gama de produtos e serviços de informação de qualidade, executados por profissionais habilitados. Ademais, não se soluciona a carência de bibliotecários no país permitindo que leigos atuem nas bibliotecas, mas sim por meio de investimentos na formação de novos profissionais. Nesse sentido, medidas positivas têm sido adotadas pelo Governo Federal nos últimos anos. O curso de Biblioteconomia na modalidade a distância constitui uma delas.

Além de proporem que o Conselho faça vista grossa ao pessoal inabilitado, os assinantes da *Carta* sugerem a alteração da Lei nº 9.674/1998, alegando que o abuso da fiscalização se alimenta de brechas legais. Bobagem dantesca. Além de irradiar cristalinidade, o legislador, sensível às diferenças regionais, permitiu, por meio do art. 33 da Lei nº 9.674/1998, que bibliotecas públicas municipais pudessem ser supervisionadas, em certas condições, por um técnico em Biblioteconomia.

Portanto, rechaço, com veemência, as duas sugestões apresentadas na *Carta Aberta*. Embora alguns acreditem que a parcimônia na fiscalização e a reforma da legislação consigam solucionar o problema da falta de profissionais habilitados, tais medidas acabam usurpando do brasileiro, normalmente o mais pobre, o direito de ser atendido por um bibliotecário.

De todo modo, acolho a recomendação dos assinantes da *Carta* quanto a criar um fórum objetivando "discutir juntos um novo caminho". Nesses encontros, poderemos semear linhas de ações integrativas entre os mais diversos profissionais em prol da biblioteca. Estou seguro de que passaremos a encarar a multidisciplinaridade como integração de conhecimentos em torno de um mesmo objeto, não implicando negar ou diminuir o protagonismo do bibliotecário na criação e gestão de bibliotecas.

A única pergunta que ficou sem resposta foi a seguinte: por que os bibliotecários aplaudiram o teor da *Nota de Repúdio* e da *Carta*? Acabo de me recordar, subitamente, da figura de Salvatore, o monge corcunda de *O nome da rosa*[3] que, ao ser ferozmente atacado por Bernardo Gui, o frade dominicano inquisidor, sorri e cantarola na cara do algoz, ignorando o risco que corria. Nunca soube ao certo se foi a heresia ou a idiotia que o levou à fogueira.

---

[3] ECO, U. *O nome da rosa*. 4. ed. Rio de Janeiro: Nova Fronteira, 1983.

O PROGRESSO

Da parte dos bibliotecários, não observei nenhuma manifestação quanto ao Projeto de Lei n° 2.831/2015, de autoria do deputado federal Veneziano Vital do Rêgo.[1] Isso não deixa de ser curioso. É que a matéria nos toca diretamente. Caso aprovada, ela torna obrigatória a instalação de biblioteca pública nos projetos de conjuntos habitacionais financiados pelo governo federal. Em outras palavras, bibliotecas para pobres.

Não me parece ter havido insensibilidade ou descaso de nossa parte em relação à proposição. Creio que o silêncio, pelo menos dessa vez, tenha sido motivado pela desinformação, o que não deixa de soar burlesco a profissionais que se dedicam a coletar, tratar e disseminar informação. Farei um *mea culpa*: fiquei sabendo da existência dessa proposição de modo inusitado; ao transitar, despreocupado, por um dos corredores verdes da Câmara, escutei alguém pronunciar a palavra "biblioteca". Reduzi a

---

[1] BRASIL. Câmara dos Deputados. Projeto de Lei n° 2.831, de 2015. Altera a Lei n° 11.124, de 2005, e a Lei n° 11.977, de 2009, para incluir a obrigatoriedade de instalação de biblioteca pública e salas de estudos nos projetos de conjuntos habitacionais financiados pelo Fundo Nacional de Habitação de Interesse Social (FNHIS) ou implantados no âmbito do Programa Nacional de Habitação Urbana (PNHU). Disponível em: <http://www.camara.gov.br/proposicoesWeb/fichade tramitacao?idProposicao=1701001>. Acesso em: 12 mar. 2016.

marcha, ingressei no Plenário 8 e acompanhei, atenciosamente, a discussão dos membros da Comissão de Educação. Saí de lá com um sorriso estampado na cara. Afinal de contas, não é todo dia que um político ou gestor público admite que pobreza se combate com informação.

Veneziano afirma que a biblioteca, no exercício de sua missão de informar, eleva o cidadão à condição de homem próspero e livre. Foi a primeira vez em que me deparei com um parlamentar brasileiro associando biblioteca à riqueza. Quando incitada a falar a respeito de nosso espaço de trabalho, a elite brasileira costuma enaltecer sua missão custodiadora, repetindo, como um papagaio malandro, os arquétipos da antiga Alexandria ou do medievo cristão. Portanto, não deixa de ser inovador assistir a um deputado admitindo que nossa matéria-prima, a informação, além de gerar riqueza intelectual, produz renda e, por conseguinte, mobilidade social.

Quanto a associar a figura da biblioteca à liberdade, soou-me clichê, pelo menos em um primeiro momento. É que três imagens de criança me vieram à mente: a fachada da sala da leitura que frequentei, decorada com a traumática frase de autor desconhecido "Quem lê viaja"; as manhãs, em que, por meio dos livros, visitava castelos, explorava florestas encantadas e batia papo com magos e princesas; as tardes, em que o encanto literário era quebrado com a venda das cocadas para garantir o pão nosso de cada dia. Embora concorde com o escritor húngaro Imre Kertész[2] de que a leitura é uma espécie de droga que nos

---

[2] KERTÉSZ, Imre. *Liquidation*. New York: A.A. Knopf, c.2004.

entorpece a ponto de tornar agradável a crueldade da vida, ela tende a ser desmascarada frente à condição humana. Talvez a saída seja cultivar a ideia de que ela proporciona acesso a uma modalidade de liberdade mais duradoura, que não se confunde com uma prática lúdica ou funcione como válvula de escape.

Não sei se o deputado Veneziano é leitor de Kafka, mas, ao condicionar a liberdade humana ao direito de se manter informado, ele me fez lembrar do escritor tcheco: "Deveríamos apenas ler livros que nos mordem e nos picam. Se a obra que lemos não nos desperta com um golpe de punho sobre o crânio, qual é a vantagem de ler?".[3] Nessa perspectiva, a leitura nos arrancaria da sonolência egoística e nos introduziria em uma realidade nova, configurada a partir da presença do outro. Nesse caso, o lúdico, o fantástico, o delirante, pode permanecer presente, mas aquele que não sou eu passa a ser valorado. Contudo, o que esse papo tem a ver com a liberdade? Para os gregos antigos, ser livre (*eleuthería*) envolvia a capacidade de alguém se movimentar, tanto física quanto socialmente. Nesse sentido, um escravo era duplamente infortunado, tanto por ter a sua liberdade de ir e vir reduzida, quanto pela impossibilidade de participar das decisões políticas da Cidade-Estado. Portanto, a liberdade se confundia com o exercício da cidadania.

Não se concebe liberdade fora da esfera pública, na qual o corpo e os seus desejos são balizados a partir da percepção do outro. Nesse sentido, a construção de bibliotecas em condomínios para moradores

---

[3] Apud ROTH, Philip. *The anatomy lesson*. London: Cape, 1984. p. 200 [tradução nossa].

de baixa renda me soa genial. Inserido naquele microcosmo, seria possível estabelecer estratégias destinadas a fomentar práticas de liberdade entre seus moradores. Como? Primeiro, criando produtos e serviços destinados a fomentar a visibilização de marcas identitárias compartilhadas e ignoradas, em relação a classe social, cor, etnia ou religião. Segundo, ressaltar, ainda que de maneira diluída, as demandas, embora ignoradas, das minorias sociais diluídas dentro de minorias. Independentemente do que viermos a produzir para a comunidade – atos de escolha, com alto nível de arbitrariedade, como tudo o que se instaura no plano cultural –, devemos nos ater ao fato de que toda política de desenvolvimento social implica, necessariamente, a "ampliação das escolhas das pessoas para que elas tenham capacidades e oportunidades para serem aquilo que desejam ser", como reza o Programa das Nações Unidas para o Desenvolvimento.[4] Em outros termos, progresso rima com liberdade.

Também não se pode esquecer que tratar de liberdade é chafurdar as mãos na política. Embora muita gente confunda fazer política com militância partidária e, pior, com práticas de corrupção, tenho observado, com alegria, um interesse da parte de alguns bibliotecários brasileiros em discutir a Biblioteconomia à luz das questões sociais. Antes tarde do que nunca! Afinal de contas, gerir bibliotecas ignorando a natureza política de cada decisão tomada me parece uma atitude desonesta ou, no mínimo, ingênua. Não servimos a anjos e arcanjos, mas a humanos, caracterizados,

---

[4] DESENVOLVIMENTO HUMANO E IDH. Brasília: PNUD, 2018. Disponível em: <http://www.br.undp.org/content/brazil/pt/home/idh0.html>. Acesso em: 12 jan. 2018

fundamentalmente, por suas diferenças. Exercemos atividades políticas ao incorporarmos títulos no acervo, ao desbastarmos tantos outros, ao adotarmos uma linguagem documentária e ao firmarmos práticas de atendimento no balcão de referência. Portanto, não se trata de uma questão de escolha ser ou não ser político. Todo mundo dá pinta, mesmo quando de bico fechado. É que o silêncio nos trai, *hermanitos*. Dia desses, pediram prudência a determinado grupo de bibliotecários nas redes sociais que defendiam o Estado Democrático de Direito. Esqueceram-se de avisar aos acusadores que prudência não se confunde com medo, letargia e, muito menos, covardia. *Prudentia*, palavra latina, pode ser traduzida como "sagacidade". Não por acaso, trata-se do nome atribuído a Craytus, o deus romano da guerra.

Afirmo, tranquilamente, e sem medo de errar, que um bibliotecário prudente é aquele que, a partir do esquadrinhamento de determinado quadro social, toma, corajosamente, partido – na guerra, sempre há dois lados –, convencido de que sua leitura de mundo é a mais adequada, a mais justa ou, no mínimo, a mais plausível. Isso não implica negar valor ao discurso do outro, mas em tomar para si certo protagonismo de uma história coletiva que vai se desenhando, certo de que o seu silêncio, embora pessoalmente vantajoso em certos aspectos, pode produzir dores agudas para determinados grupos sociais.

Torço para que o projeto de lei do deputado Veneziano seja aprovado, mas adoraria mesmo é que essa proposição, com tantas outras que tramitam nas duas Casas Legislativas federais, nos estimule a discutir, seriamente, o papel social das bibliotecas.

Parece muito razoável que, diante de tantas soluções propostas para o Brasil enfrentar a crise na qual se encontra, é necessário que o bibliotecário passe a encarar a biblioteca não apenas como vítima, mas também como algoz. O que faz nossa profissão ser particularmente interessante é procurar atender às pautas coletivas sem ignorar as nuances dos sujeitos envolvidos. Projeto utópico? Certamente. Mas não confunda utopia com desesperança ou teoria inaplicada. Trata-se, na verdade, de uma estratégia mobilizadora. Sonhamos e lutamos em prol de um povo que, embora acredite que a leitura ajuda a vencer na vida, desconhece alguém que tenha alcançado mobilidade social por meio dessa prática. O projeto social, fundamentalmente utópico, tem por pretensão reduzir as desigualdades sociais a partir da ênfase nas diferenças que caracterizam as pessoas, marcadas por múltiplas identidades, impassíveis frente aos nossos sistemas taxonômicos. Acabo de me recordar do "filósofo" Riobaldo, protagonista de *Grande Sertão: Veredas*: "O Senhor mire, veja: o mais importante e bonito, do mundo, é isto: que as pessoas não estão sempre iguais, ainda não foram terminadas – mas que elas vão sempre mudando. Afinam ou desafinam, verdade maior. É o que a vida me ensinou. Isso que me alegra montão".[5] Que todas as bibliotecas, inclusive as dos condomínios, tenham grandes espaços vazios e tantos outros desordenados. Amém.[6]

---

[5] ROSA, G. *Grande sertão:* veredas.11. ed. Rio de Janeiro: José Olympio, 1976. p. 20.
[6] Adaptação de um artigo publicado na coluna Arenas, da CRB-1 em Revista (Brasília, v. 5, 28 abr. 2016, p. 16-18)

A EMPATIA

Ao receber o convite da coordenação do Seminário Nacional de Bibliotecas Universitárias (SNBU) para ministrar esta palestra, fiquei muito estimulado. Divaguei em um turbilhão de ideias a respeito do que e de como deveria me dirigir aos senhores. Cheguei a acordar, ensandecido, no meio da madrugada, em busca do bloco de notas. A tensão era tamanha que acabei virando a jarra de água sobre o *Moleskine*, e a ideia, que me parecia genial, simplesmente morreu afogada.

O tema que me propuseram – cultura organizacional – é complexo demais para ser tratado em sessenta minutos, o que já se converte em um problemão para qualquer um que queira discuti-lo de maneira responsável. Além disso, temo que a minha fala, ainda que adequada, torne-se insuportavelmente tediosa a ponto de vocês se retirarem, bocejando, do auditório, procurando outro palestrante mais atraente. E, para evitar esse desastre, tomei duas decisões: primeiro, evitarei citar nome de gente importante para justificar o que penso. Somente o farei em caso de urgência urgentíssima. Segundo, serei absurdamente explícito. Talvez bata o recorde de conferencista mais ligeiro de todas as edições do SNBU.

Comecemos pelo princípio. Sem querer me desmentir, tenho que recorrer, desde já, ao conceito de "cultura organizacional". Pela clareza e pontualidade, optei pela definição de Deal e Kennedy. Para eles, a cultura organizacional não passa do "jeito que nós fazemos as coisas por aqui".[1] Estou de acordo. A cultura de uma biblioteca universitária se manifesta por meio de uma série de práticas: seu jeito de selecionar livros, indexar periódicos, dispor seu mobiliário, tratar seus bibliotecários e atender a seus usuários. Mesmo a letargia reiterada deve ser concebida como prática cultural. Também fica implícito que, embora aparentemente homogêneas, as bibliotecas se diferenciam, em maior ou menor grau, exatamente no campo da cultura. Certas bibliotecas universitárias, por exemplo, não oferecem material bibliográfico considerado "estranho" às necessidades da comunidade acadêmica. A Biblioteca Central da UnB, por exemplo, tem por missão "promover e garantir à comunidade universitária o acesso à informação científica e o compartilhamento do conhecimento científico [...], contemplando o ensino, a pesquisa e a extensão".[2] Em outras palavras, informação tem gênero e espécie lá pela UnB. Já a Biblioteca Central da UFMG criou, em 2009, por meio de um acervo com mais de 6 mil livros, o "Espaço de Leitura",[3] programa destinado a fomentar a leitura não acadêmica, definida como "lazer qualificado".

---

[1] DEAL, T. E.; KENNEDY, A. A. *Corporate cultures*: the rites and rituals of corporate life. Readin: Addison-Wesley, 1982. p. 501 [tradução nossa].
[2] UNIVERSIDADE DE BRASÍLIA. BIBLIOTECA CENTRAL. Sobre a BCE. Disponível em: <http://www.bce.unb.br/sobre-a-bce/>. Acesso em: 12 maio 2017.
[3] ESPAÇO DE LEITURA. História. Disponível em: <https://espacoleituraufmg.wordpress.com/historia/>. Acesso em: 9 mar. 2017.

Não se trata, evidentemente, de confrontar essas duas perspectivas culturais, apontando a mais correta, mas de nos perguntarmos: O que faz com que as bibliotecas universitárias assumam posturas distintas? No fundo, estamos nos interrogando a respeito de onde nasce o nosso jeito de fazer as coisas. Penso que as fontes para sanar a questão são duas: primeira, as instituições organicamente superiores às nossas bibliotecas, seja a reitoria, seja o decanato de graduação ou qualquer coisa que o valha; segunda, a própria biblioteca, com uma multiplicidade de crenças, valores, costumes, ritos, cerimônias e redes de comunicação forjada pelos bibliotecários, o pessoal de apoio e outros sujeitos. Longe de ser mera cumpridora das ordens emanadas do lado de fora, a biblioteca é protagonista, inclusive para obedecer, docilmente, a tais regras, ou, por meio de uma série de estratégias discursivas, descumpri-las, ainda que de maneira diplomática. Pois é desse agrupamento de vozes extra e intramuros que a biblioteca universitária se constitui como entidade cultural.

Portanto, não faz sentido nos perguntarmos se a biblioteca é dotada de uma cultura organizacional, mas se a cultura organizacional atualmente adotada é a mais adequada. Obviamente, somente alcanço esse grau de questionamento se reconheço que a cultura de minha instituição pode estar equivocada em um ou mais aspectos. A transformação da cultura organizacional sempre se dá por meio do confronto com o novo. Em algumas situações, o começo da crise e, consequentemente, a aposta em soluções podem se dar com a prática da leitura reflexiva, seja de um livro, seja de uma situação.

É empobrecedor divorciar o pensamento da ação. A reflexão deve ser encarada como o primeiro movimento de um gestor inteligente. Se nossas ações gerenciais fossem contempladas com o mesmo esmero com que preenchemos planilhas de catalogação, talvez a situação de nossas bibliotecas públicas fosse menos apavorante. A não frequência do brasileiro à biblioteca está dissociada da pretensa inexistência ou do desconhecimento deste equipamento cultural. O cidadão sabe nomear a biblioteca mais próxima da sua casa ou do seu trabalho, mas não a considera nada empática para gente não iniciada. Nosso jeito de administrar bibliotecas públicas não o afeta a ponto de fazê-lo abandonar os amigos ou a *Netflix*.

Pois bem. Embora desconheça diagnósticos sérios das bibliotecas universitárias brasileiras, noto desconforto por parte de alguns colegas corajosos que atuam nesses espaços em relação aos problemas enfrentados. As reclamações mais recorrentes são orçamentos minguados e falta de pessoal, talvez meros desdobramentos da crise econômica. Pois desconfio de que a crise da biblioteca universitária brasileira também passa por uma crise cultural profunda.

É que algumas de suas práticas acabam dando a falsa segurança de que nossos desafios centram no incremento do acervo de Direito Previdenciário, na renovação das assinaturas das bases de dados de Medicina e na aquisição, quem sabe, de um superultramegapoderoso metabuscador. Tirando o problema da falta de dinheiro, para alguns vai tudo bem, obrigado: livros ortodoxamente processados; bibliotecários de referência razoavelmente simpáticos; e salão de leitura lotado, ocupado, majoritariamente, por concurseiros de classe média. Talvez a minha ironia não ecoe neste auditório como verdade. Pois deveria, já que a crise se manifesta aí, nesse quadro de falsa segurança coletiva. Onde muitos veem os delicados jardins de Giverny, pintados por Monet, alguns enxergam labaredas *à la* Dante Alighieri. Talvez a sabedoria seja ficar no meio-termo.

Sem ignorar o impacto orçamentário em nossos produtos e serviços, penso eu que nosso calcanhar de Aquiles tem natureza cultural. Peter Senge,[4] professor do MIT, recorre à palavra grega *metanoia* para designar o conjunto de práticas destinadas a promover mudanças nas mentes dos que atuam em uma instituição. Ele está convencido de que novos *softwares* e parafernálias de gestão, tantas vezes vendidos como pacotes soterológicos a bibliotecários desavisados, não produzem qualquer efeito benéfico em uma instituição se o protagonismo da mudança não recair sobre o capital intelectual. Uma obviedade precisa ser dita: bibliotecários ou, se preferirem, "gente que trabalha com a palavra", termo usado pelo maestro, ontem à noite, na abertura do SNBU, são aqueles que decidem o que e quem deve entrar ou permanecer do lado de fora das bibliotecas. Não nego a intervenção de outros atores em nossas práticas, mas ressalto a ampla liberdade por nós exercida no processo de gestão de nossas coleções.

Alguém da plateia pode me questionar: Cristian, você fala em crise na cultura organizacional da biblioteca universitária, mas até agora não entendi bem a

---

[4] SENGE, P. M. *A quinta disciplina*: a arte e a prática da organização que aprende. 29. ed. Rio de Janeiro: Saraiva, 2013.

que se refere, pontualmente. Acredito que só se possa falar em crise se voltarmos às origens e confrontarmos o que fomos e o que nos tornamos. Em outros termos, o primeiro passo para diagnosticar possíveis problemas na esfera organizacional de uma biblioteca é recorrer à sua certidão de nascimento, definindo-a sem titubeios. Pois bem: a Association of College and Research Libraries, da American Library Association (ALA), conceitua biblioteca universitária como "uma combinação orgânica de pessoas, coleções e edifícios cujo propósito é ajudar a seus usuários no processo de transformar a informação em conhecimento".[5]

Se afirmei, categoricamente, que a biblioteca universitária está em crise, estou me reportando, evidentemente, às suas dificuldades em cumprir o seu papel de facilitadora na produção do conhecimento, o que nos reporta, evidentemente, ao seu tripé formativo: pessoas, coleções e edifícios. O professor Aldo Barreto, há mais de vinte anos, denunciava que "discursos de informação não traduzidos e não assimilados formam excedentes [...] que não criam riquezas em forma de conhecimento e conduzem apenas a um elevado custo social".[6]

Pois a pergunta na sequência será: como a biblioteca pode contribuir, efetivamente, com a construção do conhecimento? Mais uma vez, Aldo Barreto nos dá uma pista a esse respeito: "[...] a questão que se

---

[5] ASSOCIATION OF COLLEGE & RESEARCH LIBRARIES. Standards for University libraries: evaluation of performance. Disponível em: <http://zbus.rs/cir/pdf/standardi/StandardsForUniversityLibrariesEvaluationOfPerf.pdf. Acesso em: 12 out. 2016.

[6] BARRETO, A. de A. *A questão da informação*. São Paulo em Perspectiva, São Paulo, v. 8, nº 4, p. 8, 1994.

coloca agora é a de como se trabalhar com a informação como estruturas significantes, no sentido de direcioná-la ao seu propósito de produtora de conhecimento para a sociedade".[7] É verdade que já produzimos estruturas significativa – o que seria um número de chamada colado na lombada do livro senão uma estrutura significativa? E o que falar do MARC21, objeto de um curso ministrado aqui mesmo, na tarde do último domingo? Faltam mencionar os tesauros, as árvores hiperbólicas e os sistemas de classificação dos oitocentos que ainda fazem um sucesso enorme nas bibliotecas universitárias brasileiras. Felicitações a todos os catalogadores e indexadores presentes, mas esse conjunto de mecanismos já não deveria ressoar com a mesma força de trinta anos. Penso que a crise se encontre, ainda que parcialmente, nesse campo: uma supervaloração da técnica destinada a ordenar acervos físicos e digitais acabou consumindo nossa energia para discutir questões precedentes e nevrálgicas. Será que estamos filtrando o mosquito e engolimos o camelo?

Independentemente das mecânicas adotadas na construção de estruturas significativas plausíveis para o momento atual, parece-me que o caminho a se trilhar seja o da cultura de acessibilidade. Merece esclarecer que perceber a acessibilidade como um conjunto de ações destinadas a cadeirantes e cegos é de uma estupidez galopante. Acessibilidade é um substantivo feminino, originário de *accessus*, que significa "aproximação, chegada". Gosto mais do sentido original – de

---

[7] BARRETO, A. de A. *A questão da informação*. São Paulo em Perspectiva, São Paulo, v. 8, nº 4, p. 6, 1994.

accedere, que significa "mover-se" –, pois nos remete, automaticamente, à expressão "mobilidade social", a qual pode ser atrelada à sustentabilidade, conceito-chave neste Seminário. Afinal de contas, ao ser comedido em consumir água ou ao adotar práticas de gestão que garantam acessibilidade irrestrita aos conteúdos informacionais de minha biblioteca, estou garantindo condições concretas de que o outro, tanto no presente quanto no futuro, usufrua desses bens.

No âmbito da biblioteca universitária, a sustentabilidade envolve uma mudança da cultura organizacional, o que, em outros termos, implica abraçar um novo modelo ético pautado nos três elementos constitutivos de qualquer biblioteca universitária: acervos, edifícios e pessoas. A própria Comissão Organizadora reconheceu que não se pode pensar em sustentabilidade da biblioteca universitária sem uma cultura organizacional inteligente, manifesta em processos, recursos e ações relevantes, capaz de contribuir com a missão da instituição de ensino superior. Ora, se a Lei de Diretrizes e Bases da Educação (art. 43, I) estabelece como finalidade da universidade "estimular a criação cultural e o desenvolvimento do espírito científico e do pensamento reflexivo",[8] a biblioteca deve atuar nesse mesmo sentido, dentro daquele tripé: acervos, edificações e pessoal.

Quanto às coleções bibliográficas, minha primeira proposta nasce de uma constatação. O modelo organizacional pautado na oferta de repositórios divididos entre textos monográficos e seriados, ordenados,

---

[8] BRASIL. Lei nº 9.394, de 20 de dezembro de 1996. Estabelece as diretrizes e bases da educação nacional. Disponível em: <http://www.planalto.gov.br/ccivil_03/leis/L9394.htm>. Acesso em: 4 out. 2016.

por sua vez, em dez classes temáticas e classificados por notações criadas no século dos saberes disciplinadores do corpo, perdeu sua razão de ser, pelo menos como estratégia de fomento do conhecimento. Desculpem, mas a ordem de citação proposta por Otlet e Lafontaine promove, no máximo, dupla enxaqueca, vitimando tanto o usuário quanto o pobre do bibliotecário. Já não dá mais para se contentar com o processamento dos estoques de informação serenamente depositados em estantes. A roda da vida gira tanto na Índia quanto no Brasil, meus caros, e a perenidade ilimitada é virtude dos deuses, não das bibliotecas. Recentemente, em uma viagem fiquei gratamente surpreso ao constatar que muitas bibliotecas universitárias da Europa optaram por um modelo mais simples e inteligente de ordenar suas coleções, abandonando os complicados sistemas de classificação. Em certas bibliotecas da Espanha, por exemplo, Dewey está morto e enterrado. *Requiescat in pace.*

Particularmente, defendo que as coleções sejam ressignificadas a partir da ruptura com as classificações decimais dos oitocentos. No Brasil, isso tem sido feito, sem alarde e com sucesso, pelas grandes livrarias. Subdivididos em temas, os livros repousam nas estantes temáticas, ordenados pelo sobrenome do autor. Qualquer cliente medianamente inteligente se familiariza, em poucos segundos, com o "jeito" de organização da livraria. Já me deparei com usuários demandando a mesma simplicidade e eficácia por parte das bibliotecas, mas me parece que o culto à tradição nos impede de enfrentarmos, com bravura, a questão.

Não se trata, simplesmente, de facilitar para o usuário a localização do documento desejado, tampouco abraçar uma ideia pelo simples fato de ser nova. Na verdade, penso que, a partir de então, podemos repensar a biblioteca universitária como um todo, inclusive os seus espaços físicos. Como? Agrupando parte dos documentos (livros, periódicos, gravações, bases de dados, sites da internet, bibliografias especializadas) pelo tema, secundarizando o formato, por exemplo. Na prática, com a ajuda dos departamentos e institutos, a biblioteca identifica, facilmente, disciplinas de graduação consideradas estratégicas na graduação e, a partir de então, modela um acervo múltiplo e relacional, fisicamente presente ou não.

Imagino um aluno de Engenharia Civil da Universidade Federal do Amazonas cursando a disciplina "Concreto Protendido". Ao procurar a biblioteca, ele não se depara com textos básicos e complementares nas estantes do acervo geral, mas lhe é oferecida uma multiplicidade de outras fontes de relevância, como cursos *on-lines*, contatos de *e-mail* dos professores e pesquisadores daquela área, listas de *blogs* e páginas em rede social associados ao tema e bolsas de estágio ou de pesquisa no Brasil e no mundo que possam interessá-lo. Desse modo, passamos a atribuir sentido a essas estruturas significativas, conseguindo, desse modo, criar um ambiente físico propício para a promoção do conhecimento.

Contudo, a ressignificação dos espaços físicos e das coleções é sempre precedida da *metanoia*, ou seja, por uma mudança de mentalidade daqueles que gerenciam a biblioteca universitária. E aqui considero importante apresentar o conceito de sustentabilidade. Afinal de contas, a Comissão Organizadora propôs que as falas produzidas no curso do SNBU em relação às práticas de sustentabilidade estejam em consonância com a perspectiva defendida pela Organização das Nações Unidas (ONU). Ela está se reportando, seguramente, ao Relatório Brundland, que define desenvolvimento sustentável como "[...] aquele que atende às necessidades das gerações atuais sem comprometer a capacidade das gerações futuras de atenderem às suas necessidades e aspirações".[9]

Particularmente, não morro de amores por esse conceito. Ele me soa por demais antropocêntrico. Prefiro recorrer ao campo etimológico: o termo "sustentável" tem origem no verbo latino *sustentare*, que pode ser traduzido como defender, favorecer, apoiar, conservar, cuidar. De todo modo, seja no campo linguístico, seja no político, a sustentabilidade deve ser encarada como uma prática ética, não restrita à pauta da biodiversidade. Como não se recordar de Lévinas[10] ao falar em sustentabilidade? Ao me deparar com o rosto alheio, surge o movimento do Eu, impelido a me comprometer com o Outro. A mudança de mentalidade envolve, portanto, encarar o outro e reconhecer o seu direito de existir, inclusive no espaço público.

O que nos interessa, nesse primeiro momento, é averiguar se temos estabelecido simetria entre o eu (a biblioteca) e o outro (o usuário, entendido da maneira mais ampla possível). É tentador assumirmos um tom monolítico e totalizante em defesa do nosso modo tradicional de fazer as coisas. Contudo, não é

---

[9] ORGANIZAÇÃO DAS NAÇÕES UNIDAS. *Our Common Future, From One Earth to One World* [1987]. Disponível em: < http://www.un-documents.net/ocf-ov.htm#1.2>. Acesso em: 8 out. 2017.
[10] LEVINAS, E. *De outro modo que ser, o mas allá de la esencia*. Salamanca: Sígueme, 1987.

de todo raro bibliotecários converterem suas instituições em QG da absurdidade. O *Irish Times*[11] adotou um tom jocoso ao noticiar a fúria de uma turba de bibliotecários frente à automatização de uma biblioteca. Ranganathan deve estar se revirando no túmulo. Cheguei a enviar um *e-mail* a Dublin sugerindo aos colegas irlandeses que terceirizem o balcão de empréstimo e dediquem seu dia a atividades inteligentes.

Aqui, na *terra brasilis*, também enfrentamos resistência ao Outro. Foi proposta, recentemente, pelo deputado Chico D'Angelo,[12] uma audiência pública, na Câmara dos Deputados, destinada a discutir a possível criação da Biblioteca do Congresso. Infelizmente, embora a audiência tivesse o apoio oficial do Conselho Federal e de 12 dos 14 Conselhos Regionais, o medo nutrido pelo corporativismo de meia dúzia de colegas impediu que o requerimento fosse, sequer, apreciado pela Comissão de Cultura. E passados quase 150 anos em que Rimbaud[13] comparou os bibliotecários de sua cidade a gatos preguiçosos e cediços, grudados em suas cadeiras, ainda nos deparamos com tipos malemolentes que, sob o menor risco

---

[11] O'BRIEN, T. Librarians protest against plans to automate library in Dun Laoghaire. *The Irish Times*, Dublin, 25 Sep. 2016. Disponível em: <http://www.irishtimes.com/news/social-affairs/librarians-protest-against-plans-to-automate-library-in-dun-laoghaire-1.2805067>. Acesso em: 7 out. 2016.

[12] BRASIL. Câmara dos Deputados. Projeto de Lei n° 6, de 2016. Requer a realização pela Comissão de Cultura de audiência pública para fomentar o debate sobre proposta de unificação das Bibliotecas da Câmara dos Deputados e do Senado Federal, que passariam a chamar-se de Biblioteca do Congresso Nacional. Disponível em: http://www.camara.gov.br/sileg/integras/1472029.pdf. Acesso em: 5 out. 2016.

[13] RIMBAUD, Les assis. In: _____. *Réliquaire*: poésies. Paris: L. Génonceaux, 1891. p. 116-8.

de mudança, exibem suas garras. O que diria o *enfant terrible* se se deparasse com esses mesmo tipos, portadores de dedos esverdeados de musgo, apregoando, pateticamente, o importante papel social das bibliotecas no coquetel do Dia do Bibliotecário? Uma lástima constatar que alguns entre nós têm fobia da mudança.

Fico particularmente assustado quando me deparo com um bibliotecário defendendo o seu emprego a partir do rechaço ao novo. "Nada é permanente, salvo a mudança", já dizia Heráclito.[14] E, para os não amantes da Filosofia, dá-lhe Ranganathan:[15] "A biblioteca é um organismo vivo". Bibliotecas crescem, nascem e, algumas, perecem. *Causa mortis*? Anorexia dialógica. Proponho a vocês valorar os corpos abjetos, expressão da filósofa norte-americana Judith Butler[16] para se reportar a uma legião de maus sujeitos, tipos indesejados, que trazem assinalados em seus corpos marcas de ausência ou de sobejamento. São deficientes físicos e loucos de toda sorte; são as sapatas e as bichas que dão pinta; são os negros espalhafatosos e os transgêneros; são os usuários fétidos e tarados, que apodrecem o banheiro e se masturbam entre as estantes; são, também, os bibliotecários petulantes que, mesmo não ocupando cargo de chefia, insistem em dar pitaco no jeito como as coisas são determinadas pela casta de gente bem-nascida e detentora de perfil de gestor já em vidas passadas. Essas figuras, embora ocupem o interior e os arredores da biblioteca universitária

---

[14] HERÁCLITO. *Héraclite*. [Paris]: Grands Classiques.com, 2016.
[15] RANGANATHAN, S. R. *The five laws of Library Science*. Madras: The Madras Library Association, 1937. p. 382.
[16] BUTLER, J. *Cuerpos que importan*: sobre los limites materiales y discursivos del "sexo". Buenos Aires: Paidós, 2005.

brasileira, são, costumeiramente, invisibilizadas por nossas práticas pasteurizadas.

Investir na cidadania, nos direitos humanos, é uma possibilidade, mas não uma vocação. Trata-se de um erro terrível estabelecer uma simetria entre *arché* e *télos*, ou seja, entre origem e destino. Uma biblioteca não traz em si vocação alguma, nem para a liberdade, nem para a opressão. Assim, ela é capaz de se revelar um oásis de tolerância e descambar, em determinada gestão, para um fundamentalismo violentíssimo. O negro do sul dos Estados Unidos, impedido de tomar *O manifesto do Partido Comunista* emprestado, concordará comigo. Se preferir, consulte as mulheres da década de 1940 a respeito dos descritores misóginos encontrados nos catálogos das bibliotecas inglesas. Pergunte a um adolescente brasiliense suburbano, hoje beirando a casa dos quarenta, a respeito da violência simbólica da qual foi vítima, graças ao tom moralista encontrado nos poucos livros que tratavam de homossexualidade na biblioteca que frequentava.

Não podemos confundir investimento nas pessoas com assistencialismo ou caridade cristã. Trata-se de uma estratégia destinada a afastar ou reduzir o caráter anômalo da biblioteca, garantindo-lhe, como retorno, plausibilidade e, por consequência, a sua permanência (o Eu, de Lévinas) a partir do Outro (o marginal)[17] Anteontem, na abertura do SNBU, a reitora da UFAM ressaltou o aumento exponencial de ingressos economicamente vulneráveis na sua instituição, o que tem exigido políticas destinadas

---

[17] LÉVINAS, E. *De outro modo que ser, o mas allá de la esencia*. Salamanca: Sígueme, 1987.

a garantir a sua permanência até a conclusão de sua graduação. É nessa mesma linha que a biblioteca pode atuar. Não é de todo raro escutar frases do tipo: "A função de uma biblioteca universitária é dar suporte às atividades de pesquisa, não devendo se envolver em projetos de cunho social". E outro, lá do alto da torre de cristal, corrobora: "Biblioteconomia social é tarefa da biblioteca pública".

Para justificar minha discordância, posso evocar o bom senso. Prefiro recorrer ao Código de Ética,[18] que, em seu artigo 3º, estabelece como dever do bibliotecário "preservar o cunho liberal e humanista de sua profissão, fundamentado na liberdade da investigação científica e na dignidade da pessoa humana". E haveria uma motivação oriunda da própria universidade para nos motivar a mudar de mentalidade? Se a Lei de Diretrizes e Bases[19] determina, em seu artigo 43, inciso VI, ser tarefa de todo estabelecimento de ensino superior "estimular o conhecimento dos problemas do mundo presente, em particular os nacionais e regionais, prestar serviços especializados à comunidade e estabelecer com esta uma relação de reciprocidade", principiemos pelos anormais que desfilam pelas estantes, que folheiam as nossas revistas, que povoam os nossos olhares. Queremos erigir uma cultura organizacional sustentável, garantidora de um futuro promissor para as novas levas de marginais

---

[18] CONSELHO FEDERAL DE BIBLIOTECONOMIA. Resolução nº 42, de 11 de janeiro de 2002. Dispõe sobre Código de Ética do Conselho Federal de Biblioteconomia. Diário Oficial da União, Brasília, DF, 14 jan. 2002. Seção I, p. 64.

[19] BRASIL. Lei nº 9.394, de 20 de dezembro de 1996. Estabelece as diretrizes e bases da educação nacional. Disponível em: <http://www.planalto.gov.br/ccivil_03/leis/L9394.htm>. Acesso em: 4 out. 2016.

que, porventura, venham a surgir. A relação tensa entre centro e margem tende a perdurar, e os anormais estarão lá. Ontem foram os judeus, hoje os gays e, amanhã, sabe-se lá o diabo. Como o rol de tipos desviantes é longo, resultado da própria arbitrariedade na efetivação dos limites fronteiriços entre centro e margem, escolhi um grupo de anormais, a saber, pessoas com deficiência.

A nova versão da NBR 9050, com suas 148 páginas,[20] que passou a vigorar em outubro do ano passado, deve ser o nosso livro de cabeceira nos próximos meses. Todas as informações concernentes às bibliotecas constam na subseção 10.16, subordinada ao que se designou de "Equipamentos Urbanos", exceto o mobiliário. Na altura do campeonato, se eu começar a desfiar o rosário de determinações ali constantes, vocês me deixam aqui falando sozinho. Mas gostaria de ressaltar, apenas, alguns dos seus aspectos: primeiro, as bibliotecas devem permitir o acesso a recursos audiovisuais, publicações em texto digital acessível e algum serviço de apoio. Os balcões de referência devem ser instalados na entrada e bibliotecários taciturnos devem atuar em outras paragens, já que a norma determina que seu rosto deve estar inteira e uniformemente iluminado, facilitando, desse modo, a leitura labial e gestual. Bibliotecários, por mais importantes que sejam, devem permanecer sentados enquanto atendem cadeirantes, garantindo ao usuário vista lateral. A mesma regra serve para terminais de autoatendimento.

---

[20] ASSOCIAÇÃO BRASILEIRA DE NORMAS TÉCNICAS. NBR 9050: *Acessibilidade a edificações: mobiliário: espaços e equipamentos urbanos*. Rio de Janeiro, 2015.

É bom ressaltar que se trata de regras garantidoras de segurança e de autonomia. E, claro, trata-se de estratégias destinadas a garantir que ele exerça plenamente o seu direito de usuário. A largura de 90 centímetros, no mínimo, para os corredores de estantes, por exemplo, otimiza a possibilidade de ele encontrar fontes documentais até então ignoradas.

Sabemos que o acesso à informação compreende um direito garantido pela Constituição Federal (1988, art. 5, inciso 14).[21] Deficientes estão aqui contemplados. E, para assegurar a igualdade dos desiguais, criou-se a Lei nº 13.146, mais conhecido como Estatuto da Pessoa com Deficiência.[22] Reza o Estatuto que essa pessoa tem resguardada sua plena capacidade civil, podendo exercer sua sexualidade plenamente, decidindo se quer ou não ter filhos e tendo atendimento prioritário no "acesso a informações". Desconheço histórias de padres que aconselharam cadeirantes a não transarem ou de médicos que esterilizaram portadores de síndrome de Down. Infelizmente conheço bibliotecários que não atendem a este grupo de cidadãos em consonância com a lei. Veja o que estabelece o legislador a esse respeito no artigo 7º desta Lei: "É dever de todos comunicar à autoridade competente qualquer forma de ameaça ou de violação aos direitos da pessoa com deficiência".[23] Portanto, é

---

[21] BRASIL. Constituição (1988). Constituição da República Federativa do Brasil de 1988. Disponível em: <http://www.planalto.gov.br/ccivil_03/Constituicao/Constituicao.htm>. Acesso em: 2 out. 2016.

[22] BRASIL. Lei nº 13.146, de 6 de julho de 2015. Institui a Lei Brasileira de Inclusão da Pessoa com Deficiência (Estatuto da Pessoa com Deficiência). Disponível em: <http://www.planalto.gov.br/ccivil_03/_ato2015-2018/2015/lei/l13146.htm>. Acesso em: 4 out. 2016.

[23] BRASIL. Lei nº 13.146, de 6 de julho de 2015. Institui a Lei Brasileira de Inclusão da Pessoa com Deficiência (Estatuto da Pessoa com

fundamental, por razões deontológicas e legais já apresentadas, ater-nos a essas particularidades que tocam as pessoas, as coleções e os edifícios, ou seja, todos os três elementos configuradores de uma biblioteca universitária, segundo definição da ALA. O Estatuto nos ajuda, preliminarmente, a ficarmos atentos a questões envolvendo acessibilidade de edificação ou de serviços de informação, como sites, bem como a oferta de livros em formatos acessíveis ou de fomento à produção de artigos científicos em Libras.

Bem, é isso. Poderia passar o resto da manhã tratando das relações de empatias e antipatias firmadas em nossas bibliotecas universitárias. Adoraria, por exemplo, ter discutido o meu projeto de se criar, em Brasília, a Biblioteca da Diversidade. Gostaria de terminar com uma constatação, resultante de dezesseis anos atuando em duas bibliotecas com orçamentos milionários. *Softwares* pagos não garantem uma cultura organizacional acessível e sustentável. O que torna a existência de uma biblioteca plausível é, fundamentalmente, a reflexão contínua por parte dos bibliotecários quanto às suas práticas em relação ao outro. Isso garante vida longa à biblioteca e mobilidade social para quem a frequenta. Gratidão![24]

Deficiência). Disponível em: < http://www.planalto.gov.br/ccivil_03/_Ato2015-2018/2015/Lei/L13146.htm>. Acesso em: 4 out. 2016.

[24] Adaptação da palestra proferida no XIX Seminário Nacional de Bibliotecas Universitárias, realizada em Manaus (AM), em outubro de 2016.

DA NOVA GERAÇÃO DE INTELECTUAIS BIBLIOTECÁRIOS

Dr. José Fernando Modesto da Silva
Professor da Universidade de São Paulo

É com especial prazer e, ao mesmo tempo, sentimento de desafio estar nas páginas deste livro, uma amostra do pensamento articulado e crítico, bem como do estilo refinado e erudito de Cristian Brayner.

Um escritor que faz parte da nova geração de intelectuais bibliotecários e que ocupa, com talento e competência, o espaço de pensar o ideário da Biblioteconomia brasileira.

Ele chega como uma brisa impregnada de novas ideias para reinterpretar as questões da área na atualidade.

Tem um diferencial pessoal importante, quer seja, a disciplina acadêmica, aliada à experiência profissional e complementada pelo exercício da militância no movimento associativo bibliotecário.

Neste último aspecto, ele reúne credenciais suficientes para fornecer uma análise enriquecedora que rompe conceitos e posicionamentos há muito superados, embora teimosamente vigentes.

Os ensaios que fermentam este livro estão construídos em torno dessa vivência e de observações aguçadas.

E o autor não cede às concessões fáceis ou palatáveis para a audiência da obra – ao contrário, procura provocar e questionar. Assim, é possível que não agrade a todos os leitores. Ademais, não se trata de uma leitura passiva, tampouco se desenvolve sob qualquer prisma ideológico. A ideologia é unicamente Cristian.

É a postura de um espírito e mente dotados de liberdade e do inconformismo permanente diante das verdades e saberes impostos por um poder dominante. Afinal, como ressaltava Isaac Asimov, "O maior bem do Homem é uma mente inquieta".[1]

A leitura propõe um fazer pensar, e pensar para além da "caixa" dos domínios bibliotecários. Olhar dentro do próprio "eu" profissional de maneira dura e realista, conforme destaca Lee Pierce Butler, professor de Biblioteconomia da Universidade de Chicago, 1933 [citado pelo autor], "O bibliotecário é estranhamente desinteressado dos aspectos teóricos de sua profissão. O bibliotecário é o único a permanecer na simplicidade de seu pragmatismo".[2]

É uma leitura inquietante e que integra, continuamente, o interior e o exterior de uma atividade profissional, o seu lado visível e o invisível, exigindo que nossa consciência profissional se amplie a cada novo trecho das reflexões desenvolvidas por Cristian, até que possamos com lucidez perceber que, como bibliotecários, somos as fontes das quais um futuro diferente pode começar a surgir.

---

[1] PENSADOR. Isaac Asimov. Disponível em: <https://www.pensador.com/>. Acesso em: 26 mar. 2018.

[2] BUTLER, L. P. *An introduction to Library Science*. Chicago: University of Chicago Press, 1933. p. xi-xii.

Também fica praticamente impossível escapar da certeza e das indagações que acompanham as leituras, o que reforça a percepção de visualizar o bibliotecário como a fonte criadora da realidade e dos acontecimentos descritos.

O livro deve ser saboreado sem preconceitos ou reservas, para que o espelho refletido da profissão possa ser olhado com toda claridade para melhor observação. Embora, como ressalta Christian Jacob, a biblioteca é um lugar:

> [...] da memória nacional, espaço de conservação do patrimônio intelectual, literário e artístico, uma biblioteca é também o teatro de uma alquimia complexa em que, sob o efeito da leitura, da escrita e de sua interação, se libertem as forças, os movimentos dos pensamentos. É um lugar de diálogo com o passado, de criação e inovação, e a conservação só tem sentido como fermento dos saberes e motor dos conhecimentos, a serviço da coletividade inteira.[3]

Toda biblioteca dissimula uma concepção implícita da cultura, do saber e da memória, bem como da função que lhe cabe na sociedade de seu tempo. Uma biblioteca, em última instância, somente adquire sentido pelo interesse do seu público.

Dessa forma, Cristian Brayner propõe refletir, acuradamente, a formação e a atuação do bibliotecário na ambiência tecnológica e digital da atualidade.

Compreender o espaço da biblioteca brasileira, no contexto de uma sociedade que desconhece o real

---

[3] JACOB, C. Prefácio. In: BARATIN, M.; JACOB, C. (Dirs.). *O poder das bibliotecas*: a memória dos livros no Ocidente. Rio de Janeiro: Ed. da UFRJ, 2000. p. 9.

significado deste espaço de cultura, aprendizagem e lazer, mas que se torna importante aos desejos ou interesses de uma parcela do público pela gratuidade que algumas bibliotecas oferecem no acesso ao Wi-Fi.

Os textos não têm uma ordem temporal ou obrigatória de leitura. Pode-se iniciar a partir de qualquer capítulo, porém não são aleatórios. Estão relacionados por fios condutores de alta eletrificação pelos assuntos que conduzem. Porém, devem ser saboreados por completo.

Com talento e habilidade, o autor extrai sua tese de fatos e acontecimentos recentes no país contidos em registros de notícias jornalísticas, políticas públicas para bibliotecas e relatórios sobre o nível de leitura.

Elabora uma fundamentada análise da deontologia do código de ética do bibliotecário, da atuação das entidades de representação e da legislação do exercício profissional em vigor.

As temáticas dissecadas por Cristian realizam-se com articulada vivacidade. E, dos insumos obtidos, desenvolve uma fundamentação crítica e pertinente.

O livro *A biblioteca de Foucault*, estruturado a partir de entrevistas, palestras e conferências proferidas pelo autor, é, também, autobiográfico, na medida em que retira dos fragmentos de sua história características que o moldam como pensador e profissional.

Na base conceitual do livro, o referencial é Michel Foucault, responsável pelos novos caminhos na análise do poder e da história.

Assim, Cristian estabelece a ligação saber-poder, explicitando os discursos que legitimam bibliotecas e bibliotecários, mas que não lhes permite dominar os acontecimentos de seu próprio destino.

A Biblioteca de Foucault, portanto, analisa o poder sofrido e, principalmente, o poder exercido pela biblioteca a partir da identificação de certos mecanismos ali presentes, como os de separação, interdição e vontade de verdade, ressaltando as possibilidades de resistência.

Apesar de crítico e provocador, o autor é um apaixonado pela Biblioteconomia. A dedicação pessoal em elaborar esta obra demonstra essa viva paixão, bem como seus comprometimento e responsabilidade profissional em relação à área.

ÉTICA, ESTÉTICA E POLÍTICA: POR UMA NOVA BIBLIOTECA

João Cezar de Castro Rocha
Professor da Universidade Estadual do Rio de Janeiro

O que não se deseja

Em *A Biblioteca de Foucault*, Cristian Brayner não hesita em explicitar a biblioteca que não deseja, assim como o bibliotecário que se deve superar. De fato, os ensaios aqui reunidos insistem numa dupla recusa.

De um lado, toma-se distância da imagem gris, asséptica, quase hospitalar, da biblioteca, por assim dizer, (mal) vista como armazém de livros, cujo valor seria exclusivamente medido pelo metro frio da quantidade de material acumulado. E guardado a sete chaves, acrescentaria o autor, por bibliotecários sisudos, taciturnos mesmo.

De outro lado, portanto, questiona-se a imagem consolidada da atividade do bibliotecário, protegido por anacrônicos balcões, como se estivesse entrincheirado, em guarda contra uma figura impertinente e que parece nunca desistir de encontrar a informação que necessita para encontrar o livro que pretende consultar: o leitor. Nesse imaginário, tão dominante que se encontra disseminado em filmes, séries de televisão e HQs, tudo se passa como se um improvável duelo estivesse sempre na iminência de ocorrer, envolvendo bibliotecários e leitores.

Se o dilema não conhece limites geográficos, pois corresponde a um problema associado a certos problemas da Modernidade ocidental, no cenário brasileiro determinadas particularidades agravam aqui e ali as circunstâncias. E já dizia José Ortega y Gasset quem não salva as suas circunstâncias também se perde.

Não é o caso de Cristian Brayner. Sua estratégia discursiva recorda a sátira no sentido clássico. Vale dizer, o autor alveja diretamente e com ironia os impasses da biblioteca, em geral, e da biblioteca brasileira, em particular.

Não exagero.

Vejamos algumas passagens nas quais a verve do autor domina a cena.

Começo pelo insólito pacto estabelecido entre a concepção tradicional de biblioteca e certo desconforto estético:

> É penoso observar que uma instituição cultural dedicada a tutelar a memória registrada se revele tão pouco sensível em fomentar a sensibilidade plástica daqueles que a frequentam. E, para os desavisados, garanto não estar sendo injusto; em minhas frequentes idas e vindas pelo país, observo estarrecido que nossas bibliotecas, de norte a sul, prestam um devotado culto à feiura. Embora se trate de um discurso arriscado, deixo claro que nada me impede de lançar meus sentidos em direção aos cantos e centros, procurando capturar marcas de encanto ou de fealdade em nossas bibliotecas.[1]

---

[1] Ver, neste livro, p. 194.

Essa questão é central no pensamento de Cristian Brayner – como veremos na próxima seção deste breve comentário. Não surpreende, pois, que a ela o autor retorne mais de uma vez: "há tempos muitas bibliotecas brasileiras têm prestado culto à feiura, uma feiura virulenta alastrada desde o saguão de entrada até a coleção pasteurizada, passando pelo mobiliário. Cultivar a fealdade é uma aposta estranha, pelo menos para os gregos antigos".[2]

Tal preocupação se encontra na base de uma reflexão acerca da ética do bibliotecário. Aqui, a filosofia de Emmanuel Lévinas abre caminho para a abertura em relação à alteridade. Numa formulação precisa:

> Como não se recordar de Lévinas ao falar em sustentabilidade? Ao me deparar com o rosto alheio, surge o movimento do Eu, impelido a me comprometer com o Outro. A mudança de mentalidade envolve, portanto, encarar o outro e reconhecer o seu direito de existir, inclusive no espaço público.
>
> O que nos interessa, nesse primeiro momento, é averiguar se temos estabelecido simetria entre o eu (a biblioteca) e o outro (o usuário, entendido da maneira mais ampla possível).[3]

Pensada nessa ótica, a tarefa ética do bibliotecário assume incontornável perfil político, já que a aceitação do outro, do diverso, tornar-se-ia a bússola de políticas públicas de inclusão. Ora, se vivemos em plena era da informação, e se o acesso a ela é um direito indispensável para o exercício da cidadania, então a biblioteca

---

[2] Ver, neste livro, p. 225.
[3] Ver, neste livro, p. 257.

converte-se em espaço estratégico para a formação de um país mais justo e democrático – nada menos.

Chegamos à utopia concreta de Cristian Brayner. Muito concreta – aliás.

Um tríptico: ética, estética e política

Claro: a recusa de uma biblioteca avessa à estética, indiferente a uma ética inclusiva e resistente à dimensão política do acesso à informação; claro, pelo avesso, todas essas recusas têm como contrapartida o projeto de uma nova biblioteca, portanto, de uma prática inovadora do próprio bibliotecário, especialmente no nível micropolítico.

Daí, o diálogo filosófico que permite articular os diversos textos aqui reunidos; trata-se da centralidade da obra de Michel Foucault na reflexão de Cristian Brayner.

Penso, por exemplo, no Foucault de *As palavras e as coisas* (1966); cuja perspectiva foi fundamental na caracterização dos impasses da Modernidade e, sobretudo, de suas ressonâncias na organização tradicional da Biblioteconomia. Isto é, tanto o primado do dado quantitativo quanto a confiança cega em sistemas classificatórios ajudaram a forjar a imagem do bibliotecário como o profissional da impessoalidade, absorto na tarefa improvável de ordenação minuciosa de um depósito de livros em expansão infinita: puro caos sem a faina beneditina do classificador de títulos!

Já o Foucault de *A arqueologia do saber* (1969) e, especialmente, de *Vigiar e punir* (1975) estimulou o pulo do gato de Cristian Brayner: o afã classificatório e o desejo de abarcar a totalidade da Biblioteca de

Babel ocultavam o procedimento da Biblioteconomia tradicional: a exclusão pura e dura de todo e qualquer título que não correspondesse aos valores normativos de determinada época.

Em palavras incisivas:

> Como lócus da palavra, a biblioteca se nutre e reverbera verdades. Foi assim no século XVII, com a forjatura do Estado liberal, e também mais tarde, nos oitocentos, com o advento de um projeto positivista de ciência. O risco está no gene, no modo autoritário de fazer biblioteca, pautado na pretensão de tudo saber, seja cultivando um cânon bibliográfico restrito e pautado em critérios pretensamente objetivos, seja estabelecendo finalidades morais ou pedagógicas bastante questionáveis.[4]

Compreende-se assim o projeto que anima os ensaios deste livro: nada menos do que reinventar a ideia de Biblioteconomia, assim como redimensionar o papel atribuído ao bibliotecário. Projeto perfeitamente desenvolvido na leitura do último Foucault.

Isto é, Cristian Brayner se apropria do Foucault de *A história da sexualidade*, cujo primeiro volume foi publicado em 1986. Desse modo, o autor pôde ampliar ao máximo as noções da Biblioteconomia – entendida como atividade também teórica e não exclusivamente prática – o lugar da biblioteca – considerado como espaço propriamente arquitetônico e não apenas um depósito de material – e o papel do bibliotecário – finalmente reconhecido a vocação política de sua tarefa. Assim, a Biblioteconomia

---

[4] Ver, neste livro, p. 75.

transforma-se em lugar privilegiado para estimular formas alternativas de subjetivação.

Forma-se então o tríptico que singulariza o pensamento do autor: ética, estética e política são os jardins, cuja bifurcação sinaliza os caminhos trilhados nos ensaios aqui coligidos.

Passemos a palavra ao autor:

Melhor: proponho uma leitura-colagem dos textos, a fim de evidenciar os painéis que compõem o tríptico-livro:

> [...] é fundamental admitir que todos os bibliotecários brasileiros são éticos. Como? Sim, defendo que somos éticos, o que não é resultado, evidentemente, de nosso compromisso com as virtudes cristãs ou de algo que o valha. Os bibliotecários são éticos por conseguirem ponderar uma realidade e tomar decisões. Todo sujeito em condições de avaliar e julgar é ético. Portanto, excluindo situações muito particulares, não me parece que o problema a se enfrentar seja definir, a partir da adoção de princípios morais, quem seja ético ou antiético.[5]

***

A Biblioteca Pública de Kista, localizada no subúrbio da capital sueca, foi eleita, em 2015, a melhor biblioteca do mundo. O que a levou a alcançar tal título? Três elementos – beleza, funcionalidade e empatia –, que, no fundo, se reduzem a um único: compromisso estético. Kista, embora não disponha do melhor *software* de gestão de acervos

---

[5] Ver, neste livro, p. 82.

bibliográficos do mercado, abocanhou o importante prêmio por ter tomado para si a missão de intensificar o deleite dos seus frequentadores. Em um cenário idílico constituído por acervos, cafeteria, mídias, mobiliário arrojado e profissionais qualificados para lidar com a diversidade humana, tudo lá desperta e provoca os sentidos. Aplausos para os bibliotecários suecos.

Já aqui pelos trópicos, nada me resta senão me contentar com bibliotecas insípidas, surdas, mudas, agêusicas e invisíveis. A regra é essa. Não me sinto motivado a sair de casa para me enfurnar, em uma tarde de sábado, em um salão de leitura calorento e monocromático.[6]

***

São deficientes físicos e loucos de toda sorte; são as sapatas e as bichas que dão pinta; são os negros espalhafatosos e os transgêneros; são os usuários fétidos e tarados, que apodrecem o banheiro e se masturbam entre as estantes; são, também, os bibliotecários petulantes que, mesmo não ocupando cargo de chefia, insistem em dar pitaco no jeito como as coisas são determinadas pela casta de gente bem-nascida e detentora de perfil de gestor já em vidas passadas. Essas figuras, embora ocupem o interior e os arredores da biblioteca universitária brasileira, são, costumeiramente, invisibilizadas por nossas práticas pasteurizadas.[7]

***

[6] Ver, neste livro, p. 193.
[7] Ver, neste livro, p. 259.

Se é verdade, como dizia Monteiro Lobato, que um país se faz com homens e livros, por que não dar materialidade à afirmação: um país se faz com homens e livros, sem dúvida, mas também com bibliotecas e bibliotecários. Somente sublinhando a relevância da tarefa do bibliotecário, a biblioteca poderá cumprir sua vocação inclusiva e transformadora.

Implícita nesta reunião de ensaios encontra-se, suspeito, o esboço de um futuro livro dedicado à reconstrução crítica das políticas públicas de apoio ao livro e à leitura no Brasil. Ou, quem sabe, um libelo explicitando a ausência de um planejamento numa área tão decisiva.

Para concluir escutemos ainda a voz de Cristian Brayner:

> Apesar do diagnóstico pouco favorável, estou convencido de que toda biblioteca tem uma vocação natural à rebelião. Por ser detentora de um *know-how* capaz de reconfigurar a ordem das coisas estabelecida pelo que Foucault intitulou de "forma pura de poder", a biblioteca se revela como geografia de insurreição em cada uma das suas estantes, em cada bibliografia produzida, em cada atendimento realizado. Trata-se de uma subversão pautada na reflexividade de seu projeto utópico em tudo conservar, o que, ironicamente, é reconhecido e legitimado pelas vozes opressoras, provavelmente por subestimarem a periculosidade de nosso modo de operar.[8]

---

[8] Ver, neste livro, p. 163.

ÍNDICE TEMÁTICO

Acervo
 e tecnologia, 155
 política de desenvolvimento de, 139
Alteridade, 168
 abertura à, 213
 lidar com a, 175
Analfabetismo, 91, 228
 erradicação do
  em Cuba, 101
 funcional, 90
 no Brasil, 90
 redução do, 89
Andreia, 84
Biblioteca
 administração de, 33
 a partir do século XIX, 64
 auxiliar de, 137
 brasileira
  visibilidade da, 134
 com bibliotecário, 173
 como acervo, 78
 como entidade conservadora, 56
 como espaço de beleza, 226
 como é um organismo em crescimento, 172
 como forma histórica de poder, 42
 como geografia de insurreição, 163, 278
 como guardiã da tradição, 87
 como linguagem, 141
 como lugar de alteridade, 230
 como lugar de encontro, 230
 como memória coletiva, 233
 como organismo em crescimento, 168
 como prática discursiva sistêmica, 166
 como sustentáculo do poder político, 57
 como templo da opressão, 163
 crise da, 123
 de Assurbanípal, 87
 definição de, 134
 desinteresse do brasileiro pela, 69
 desinteresse pela, 97
 digital, 39, 164
 digitalização da, 38
 e cidadania, 85, 93
 e compromisso estético, 193, 276
 e diversidade humana, 193, 277
 em crise, 145
 e mobilidade, 144

e o projeto de modernidade, 65
e pluralidade, 140
e processos de subjetivação, 167
escolar, 35
　universalização da, 28, 157
　e vocação natural à rebelião, 163, 278
　fim-último da, 119
　finalidade atribuída à, 135
　futuro da, 170
　insignificância da
　　na malha social, 155
　liberal
　　nos Estados Unidos, 88
　lócus gerador da ética, 159
　mas como sistema axiológico, 161
　moderna, 65
　natureza pedagógica e transformadora da, 185
　nova concepção de, 97
　partidarização da, 37
　pensada para todos, 131
　pública
　　definição liberal de, 88
　　fracasso da, 78
　tradicional, 199
　universitária, 248, 250
　　conceito de, 252
　　crise da, 250
Bibliotecário
　atividades de competência exclusiva do, 118
　brasileiro, 186
　burocrata, 19
　Código de Ética do, 117
　como cientista da informação, 124
　conceito de, 15
　conselheiro, 150
　　funções do, 153
　conservador, 112
　crise identitária do, 97
　democrático, 19
　dia do, 124
　e construção da cidadania, 185
　e IDH, 89
　ético, 165, 168, 172
　identidade do, 136
　indispensabilidade do, 118
　jurídico, 214
　lobista, 156
　moderno, 98
　na malha social, 174
　norte-americano, 134
　parresiasta, 79
　reflexivo, 171
　representação social do, 88
　tradicional, 199
Biblioteconomia, 117, 123, 171
　à luz das questões sociais, 244
　brasileira, 184, 209, 218
　　contemporânea, 119
　　crise da, 92
　　vulnerabilidade social da, 56
　como ciência auxiliar, 24
　contemporânea, 24
　desqualificação da, 37
　dilemas da, 90
　e ética, 84
　e Filosofia, 124
　em sua essência
　　como atividade ética, 162
　e *parrhesía*, 70
　e totalitarismo, 163
　moderna, 66
　no século XIX, 24
　nova percepção de, 56

prática importante para a, 147
Social, 165
Binarismo
　virtual, 206
Burocracia
　brasileira, 37
　conceito de, 18, 212
　excessiva, 212
Calímaco
　dilema de, 84
Cartesianismo, 61
Cidadania, 85
　definição de, 86
　e educação, 85
　em processo de construção, 85
　etimologia, 86
Civitas, 86
Classicismo, 59, 61
　e mecanicismo, 62
Classificação
　decimal, 255
Código de Ética
　do bibliotecário, 169
Conhecimento
　técnicas de representação do, 98
Contemplatio, 84
Corpo, 64
　concepção idealizada de, 63
　disputa hermenêutica em torno do, 127
　docilização do, 72
　invisibilizado, 79
Crise
　identitária, 170
　e ausência de plano de vida, 170
Cultura
　organizacional, 249
　acessível e sustentável, 264
　conceito de, 248
　crise na, 251
　transformação da, 249
Democracia
　conceito de, 18
Digitalização, 38
Dike, 84
Educação, 85
　escolar obrigatória pós-revolução francesa, 88
Eleuthería, 243
Era
　digital, 40
Ética, 81, 159
　biblioteconômica, 167
　como a prática do viver bem, 172
　como prática reflexiva, 83
　como uma área da Filosofia, 82
　definição de, 159
　desprezo pela, 159
　e alteridade, 177
　e autoestima, 172
　e modernidade, 140
　fracasso da, 130
　na biblioteca, 84
　na biblioteca, 82
Etiquetagem, 39
Favor
　política de, 34
Filosofia
　utilitarista, 65
Finitude
　analítica da, 63
Folksonomia, 39
Fronesis, 84
História
　relato, 23
　testemunhal, 23

Homofobia, 91, 115
Ignorância
  para Sócrates, 160
  travestida de informação, 115
Imparcialidade
  rechaço da, 98
Informação, 227
  acesso à, 263
  demandas de, 144
  direito de acesso à, 87, 167
  para combater pobreza, 242
  recursos de, 229
  suportes de, 229
Informção
  direito à, 243
Invisibilidade
  social, 181
Ipseidade, 168
Kalokagathia, 195
Leis
  de Ranganathan, 168, 177
Leitor
  brasileiro, 132, 138
Leitura
  acesso à, 85
  atividades de incentivo à, 236
  como competência estatal, 88
  em crise, 145
  em espaços públicos ou privados, 186
  e politica, 149
  espaços domésticos de, 138
  estímulo à, 152
  exército de contadores de, 145
  gênese da prática da, 138
  hábito de, 145
  no âmbito da biblioteca brasileira, 130
  políticas da, 87
  prática da, 94, 132
  reflexiva, 249
Liberdade
  de expressão, 86
  e exercício da cidadania, 243
  individual, 86
Libri
  memoriales, 232
Livro
  formato digital, 138
  política do, 87
  primeira no Brasil, 90
Máthêsis, 63
Mecanicismo, 62
Medíocre
  etimologia, 131
Memória
  bibliográfica, 28
  bibliográfica nacional, 29, 31
Metanoia, 251
Misoginia, 109, 121, 260
Modernidade, 59, 62, 174
  e sistemas de verdade, 130
  exercício do poder na, 127
  natureza hermenêutica da, 63
  profissões da, 174
Monólogo
  e barbárie, 117
Mulher
  violência contra a, 91
Neutralidade, 92
  falácia da, 98
Objetividade, 92
Parrhesía, 56, 69, 80
  como prática libertadora, 72
Philia, 178
Plano
  de vida
    do bibliotecário, 172
    na filosofia de Paul Ricœur, 170

Poíesis, 164
Política
  pública
    descontinuidade da, 94
Positivimo, 75, 275
Pós-modernidade, 140
Prudentia, 245
Racismo, 115
  combate ao, 120
Reália, 164
Rede
  virtual, 191
Reforma
  Protestante, 88
Renascença, 59
  universo inesgotável da, 61
Revolução
  Francesa, 126
  Industrial, 88
Salvação
  etimologia, 124
Sanidade
  predicados de, 128
Sofrosine, 84
Sustentável
  etimologia, 257
Tagueamento, 39
Tecnologia
  digital, 38
Theoría, 164
Unidade
  narrativa da vida, 171
Universo
  digital, 77
Yobhel, 186

ÍNDICE ONOMÁSTICO

Agamben, Giorgio, 27
Agostini, Angelo, 39
Aguilera, Fernando Gómez, 52
Alighieri, Dante, 46, 160, 251
Almeida, João Ferreira de, 51
Amado, Jorge, 47, 99, 102
Amin, Esperidião, 183
Anastasia, Antonio, 185
Anderson, Benedict, 102
Andrade, Carlos Drummond de, 100
Arcimboldo, Giuseppe, 174
Arenas, Reinaldo, 186, 211, 246
Aristófanes, 46
Aristóteles, 11, 112, 118, 159, 164, 168, 195, 227-29
Asimov, Isaac, 266
Assis, Machado de, 44, 102
Assurbanípal, 58, 87
Bacon, Francis, 41
Báez, Fernando, 166
Bakunin, Mikhail Aleksandrovitch, 212
Baratin, Marc, 15, 155, 267
Barreto, Aldo, 252-53
Barroso, Inezita, 171
Barthes, Roland, 165

Batista, Fulgencio, 100
Bauman, Zygmunt, 125, 126, 130, 137, 140-41
Belkin, Nicholas J., 161
Berger, Peter L., 65
Bergson, Henri, 210
Bhabha, Homi K., 167
Bolsonaro, Jair, 50
Bonavides, Paulo, 150-51, 156-57
Bourdieu, Pierre, 57, 95
Brayner, Aquiles Alencar, 17
Brayner, Cristian, 11-15, 23, 32, 34, 40, 251, 265-68, 271-275, 278
Buarque, Cristovam, 125
Bury, Richard de, 190
Bush, George, 167
Butler, Judith, 52, 259
Butler, Lee Pierce, 25, 52, 266
Cabral, Sérgio, 55
Calanca, Daniela, 216
Calero, Marcelo, 31-32
Calheiros, Renan, 187-89, 191
Calímaco, 84, 194
Canetti, Elias, 47
Carnegie, Andrew, 202
Carneiro, Newton, 209
Carpentier, Alejo, 102

Carvalho, Bernardo, 115
Casanova, Giacomo, 171
Castro, Cesar Augusto, 25, 147
Castro, Fidel, 100-02, 105
Castro, Raúl, 101
Castro Rocha, João Cezar de, 271
Cazuza, Eurídice de, 107
Charcot, Jean-Martin, 109
Chaui, Marilena, 18-19
Chaviano, Daína, 104
Chevalier, Tracy, 205
Coelho, Paulo, 103, 205
Comte, Auguste, 26, 65, 77, 131
Conrad-Martius, Hedwig, 41
Conselheiro, Antonio, 47
Constantin, L.-A., 135
Cortázar, Julio, 102
Courbet, Gustave, 49
Cunha, Eduardo, 185, 187
Cury, Augusto, 137
d'Alembert, J. Le Rond, 62
D'Angelo, Chico, 258
Darwin, Charles, 65
Deal, Terrence E., 248
Dehghan, Saeed Kamali, 204
De Masi, Domenico, 97
Descartes, René, 41
Dewey, Melvil, 25, 58, 65, 121, 129, 226, 255
Dias, Kaique, 50
Dick, Archie L., 92
Diderot, Denis, 62
Dirceu, José, 53, 55-56
Dostoiévski, Fiódor, 222
Dressel, Abigail, 197-200, 202
Dreyfus, Hubert, 74
Duailibi, Roberto, 38
Durant, Will, 210
Dye, Thomas R., 27

Eco, Umberto, 47, 206, 239
Falcão, Pastor Napoleão, 147
Feliciano, Marco, 48
Fernandes, Millôr, 198
Fernández Retamar, Roberto, 102
Filho, Adonias, 209
Finland, Tom of, 139
Fonseca, Edson Nery da, 15, 28, 36, 187, 209, 215, 217-20, 222, 229
Fontana, Henrique, 185
Foucault, Michel, 12, 40-42, 57-65, 71-74, 76, 79-80, 112, 127, 162-63, 174, 198, 200, 268-69, 271, 274-75, 278
Fouchard, Philippe, 195
Francisco, de Assis, Santo, 45
Francisco, de Sales, Santo, 46
Freire, Paulo, 77, 103
Freire, Roberto, 32-33, 103
Fry, Roger, 109
Galileu Galilei, 41
Galindo, Marcos, 11
García Márquez, Gabriel, 205
Garfield, Eugene, 168, 175
Genet, Jean, 47
Girard, René, 108
Gómez, J., 166
Goncourt, Edmond de, 47, 48
Goncourt, Jules de, 47, 48
Goodman, Jonathan, 121
Grossi, Gerardo, 54-56, 61
Guevara, Che, 101
Habermas, Jürgen, 18
Halévy, Marc, 14
Heráclito, 259
Houaiss, Antônio, 164
Huerta, Efraín, 102
Hugo, Victor, 46
Husserl, Edmund, 41

Ivo, Lêdo, 102
Jacob, Christian, 15, 155, 267
Jacob, François, 15, 62, 155, 267
James, Erika Leonard, 138
Jara, Victor, 102
Jesus, Teresa de, 41, 52, 116, 200
Joyce, James, 115, 205
Juvenal, 215
Juvêncio, Carlos Henrique, 29-30, 105
Kafka, Franz, 243
Kant, Immanuel, 75, 194, 196
Kempis, Tomás de, 46
Kennedy, Allan A., 248
Kertész, Imre, 242
Khāmene'ī, Alī, 204
Kien, Peter, 46
Kinsey, Alfred Charles, 45
Koyré, Alexandre, 59-60
Kumbhar, Rajendra, 40
Leal, Bruno, 42
Le Goff, Jacques, 23, 233
Leibniz, Gottfried Wilhelm, 171
Leroi-Gourhan, André, 233
Lévinas, Emmanuel, 141, 257, 260, 273
Lima, Cida, 232
Lobato, Monteiro, 278
Locke, John, 119
Lutero, Martinho, 110
Lynn, L. E., 89
Malafaia, Silas, 50
Mao Tsé-Tung, 171
Marcondes, Luiz, 48
Marshall, Thomas Humphrey, 86, 90
Martí, José, 102
Martin, Clyde E., 45

Marx, Burle, 46, 53, 119, 159, 213
Marx, Karl, 46
Matoso, F., 89
Mauro, Frédéric, 24
Mautner, Anna, 93
Meireles, Cecília, 171
Milner, Helen, 202
Monet, Claude, 251
Moraes Neto, Geneton, 99
Morais, Rubens Borba de, 232
Morus, Thomas, Santo, 46, 119
Motta, Manoel Barros da, 65, 162
Mueller, Suzana, 231-34
Nabokov, Vladimir, 51
Naudé, Gabriel, 88
Neri, Marcelo, 175
Nery, Edson, 15, 36, 187, 209-12, 214-16, 218-21, 228
Neto, Lobbe, 185
Niemeyer, Oscar, 53
Nunes, Clara, 225
O'Brien, Tim, 258
Ortega y Gasset, José, 26, 272
Orwell, George, 46
Otlet, Paul, 226, 255
Papa Inocêncio III, 87
Parnellque, Peter, 167
Pechlivanis, Marina, 38
Peron, Isadora, 47
Pieper, Josep, 199
Piñon, Nélida, 102
Platão, 46, 83, 160, 226
Pomeroy, Wardell Baxter, 45
Popper, Karl, 188
Porete, Marguerite, 179
Proust, Marcel, 211
Rabelais, François, 119
Rabinow, Paul, 74
Rama, Ángel, 102

Ramos, Graciliano, 46, 224
Ranganathan, Shiyali Ramamrita, 118, 168, 172, 175, 177, 201, 258, 259
Ranke, Leopold von, 24
Rêgo, Veneziano Vital do, 241-43, 245
Richardson, Justin, 167
Ricœur, Paul, 168-73, 177
Rimbaud, Arthur, 214-15, 258
Rodrigues, Georgete Medleg, 29, 30, 105
Rosa, Guimarães, 48, 201, 246
Roth, Philip, 243
Rouhani, Hassan, 203
Rousseau, Jean-Jacques, 184
Rovai, Renato, 48
Saggi, L., 41
Salles, Conceição Moreira, 232
Sanchez, Izabela, 48
Santo Agostinho, 14, 179
Santos, Cristian, 129
Saramago, José, 52
Sarney, José, 189
Senge, Peter M., 251
Shaw, Bernard, 50
Silva, José Fernando Modesto da, 265
Simone, Nina, 136
Soares Filho, Eduardo Vargas de Macedo, 198
Sócrates, 160-61
Solari, T., 166
Spencer, Herbert, 65
Spinelli, Miguel, 206
Steenbergen, B. van, 86
Stein, Diony, 41, 50
Stein, Edith, 41
Swetchine, Madame, 119
Tácito, 110
Taine, Hippolyte, 77
Teresa, de Ávila, Santa, 41
Ternes, José, 61
Tolstói, Liev, 47, 138, 179, 196
Turner, Bryan Stanley, 86
Unamuno, Miguel de, 38
Vargas Llosa, Mario, 51
Virgílio, 45
Vita, Luís Washington, 26
Vitória, rainha, 112, 224
Weber, Max, 212
Weil, Simone, 179
Wilde, Oscar, 47, 121
Woolf, Virginia, 20, 67, 107-13, 165
Wyllys, Jean, 185
Zeller, João, 184
Zenódoto de Éfeso, 194

Conheça outro título da Biblioteca Humanidades

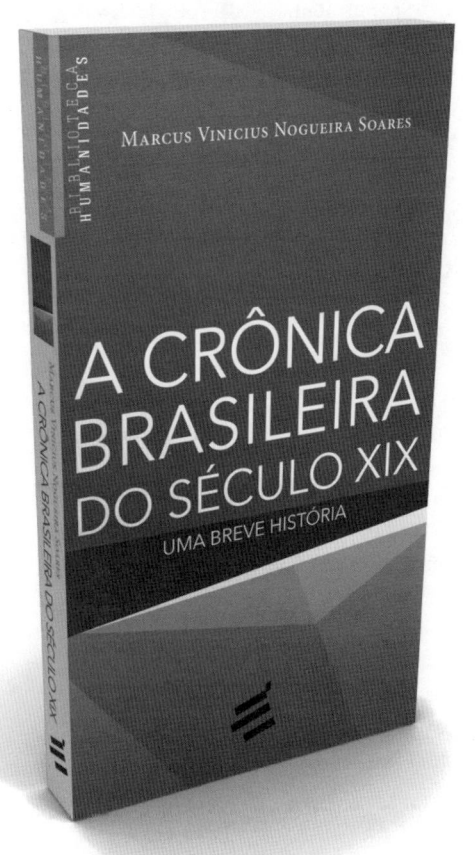

A CRÔNICA BRASILEIRA DO SÉCULO XIX
UMA BREVE HISTÓRIA
Marcus Vinicius Nogueira Soares

Livro único no campo dos estudos literários, fornece o mais completo panorama da história do gênero da crônica no Brasil. Trata-se de uma referência indispensável para pesquisadores das áreas de Letras, História e Comunicação, assim como para o público em geral interessado no gênero da crônica – um dos mais populares na literatura brasileira.

facebook.com/erealizacoeseditora   twitter.com/erealizacoes   instagram.com/erealizacoes

youtube.com/editorae   issuu.com/editora_e   erealizacoes.com.br

atendimento@erealizacoes.com.br